Erika Weinzierl · Zu wenig Gerechte

Erika Weinzierl

ZU WENIG GERECHTE

**Österreicher
und Judenverfolgung
1938–1945**

STYRIA

FÜR MICHAEL UND ULRICH

INHALT

Vorbemerkung 9
Einleitung – Die Stellung der Juden
in Österreich bis 1938 13

I.
Das Schicksal der
österreichischen Juden 1938–1945

1. Entrechtung und Enteignung 31
2. Emigration 47
3. »Reichskristallnacht« 58
4. Deportation und »Endlösung« 72

II.
Österreichische Reaktionen

1. Die Haltung der Kirchen 99
2. Aussagen zeitgenössischer Quellen 125
3. »Gerechte« 140
4. Das Echo eines Aufrufes 171

Schlußbetrachtung 202

Anhang
Dokumentation

I. Gesetz zum Andenken an die Märtyrer und
   Helden – Yad Vashem 5713–1953 (August 19) 213
II. Akten des Yad Vashem-Archivs in Jerusalem 216
III. Antworten auf den Aufruf »Wer hat Juden
   geholfen?« 232
IV. Von Yad Vashem als »Gerechte«
   ausgezeichnete Österreicher 242
V. Einstellung der Österreicher zu Juden
   und Holocaust 1995 244

Schlußfolgerung 247
Quellen und Literatur 248

Vorbemerkung

Die Geschichte dieses Buches reicht weit zurück. Der unmittelbare Anlaß seiner Entstehung war jedoch ein Besuch im Yad Vashem-Institut in Jerusalem im Dezember 1967. Als mir dort die Herren Karl Grunwald und David Alkalay die Akten jener Österreicher zeigten, die vom Staat Israel wegen ihrer Verdienste um die Rettung von Juden vor der nationalsozialistischen Verfolgung als »Gerechte« ausgezeichnet worden sind, entstand in mir der Plan, mit ihrem Inhalt vor allem die österreichische Jugend bekannt zu machen.

Der Versuch seiner Verwirklichung ließ mich jedoch bald erkennen, daß es mit einer bloßen Edition dieser Akten nicht getan sein könne. Aber auch eine Darstellung österreichischer Hilfeleistungen ist nur in Verbindung mit einer Darstellung der Verfolgung der Juden und der Haltung, die die Österreicher zu ihr eingenommen haben, verantwortbar, da es nicht um die Erbringung eines Alibis geht, die gar nicht möglich ist. Eine gemeinsame Untersuchung beider Aspekte, der Verfolgung und der Hilfe, war aber bisher nicht vorhanden, so daß ich infolge der ungünstigen Quellenlage – vor allem für den zweiten Aspekt – auch methodisch für mich neue Wege suchen mußte. Im Bereich des Gesamtproblems hatte ich mich bisher nur mit der Erforschung des konfessionellen Antisemitismus in Österreich und des Antisemitismus in der österreichischen Literatur von 1900 bis 1938 beschäftigt. Außerdem hielt ich im Sommersemester 1966 an der Universität Salzburg ein Seminar über die Geschichte des Antisemitismus in Österreich. Einige Ergebnisse dieses Seminars und der angeführten Forschungsarbeiten sind auch in das vorliegende Buch aufgenommen worden, das einerseits eine

Kompilation von Aussagen der einschlägigen Literatur ist, andererseits aber auch bisher unbekanntes Material verwertet. Es ist seit dem Erscheinungsjahr der ersten Auflage 1969 auf mehr als das Doppelte gewachsen. Außerdem habe ich selbst seither in Salzburg und ab 1979 am Institut für Zeitgeschichte der Universität Wien weitere Seminare und Lehrveranstaltungen zum Thema veranstaltet und mehrere wissenschaftliche Aufsätze vor allem über den österreichischen Antisemitismus veröffentlicht. Außerdem habe ich 1979 einen zehn Punkte umfassenden Fragebogen über »Kirche und Nationalsozialismus« an alle damals über 60 Jahre alten katholischen Priester Österreichs ausgesendet. Zwei Fragen bezogen sich auf »Kirche und Juden vor 1938« und »Haben Katholiken in der NS-Zeit Juden geholfen?«. Einschlägige Antworten sind bereits in der zweiten Auflage 1985 enthalten. Seither erschienene Publikationen anderer Forscher wurden selbstverständlich auch berücksichtigt.

In die sehr komprimierte Darstellung habe ich deshalb immer wieder umfangreiche Quellenzitate eingefügt, um die nüchterne Aufzählung von das Vorstellungsvermögen übersteigenden Fakten und Zahlen mit Einzelbeispielen lebendiger zu machen. Im Interesse einer möglichst weiten Verbreitung wurde auch diesmal auf einen Anmerkungsapparat verzichtet, dafür aber ein sehr ausführliches Literaturverzeichnis zusammengestellt. Die Originalantworten auf den Aufruf von 1969 in den Medien »Wer hat Juden geholfen?« befinden sich im Besitz der Verfasserin, Kopien im Dokumentationsarchiv des österreichischen Widerstandes in Wien. Die Antworten auf die Priesterbefragung 1979 besitzt zumindest noch vorläufig die Verfasserin.

Ich bin mir wohl bewußt, daß die Gestaltung der Thematik nie gewachsen sein kann, daß sie weiter verbreitert und vertieft gehört, was mittlerweile einigen Salzburger und Wiener Dissertanten und Diplomanden zumindest partiell möglich war. Ich hoffe dennoch, mit diesem meinem dritten Versuch auch einen kleinen Beitrag zur Erforschung dieses dunkelsten Kapitels der österreichischen Geschichte leisten zu können. Es soll gerade in einer Zeit, in der Fremdenfeindlichkeit wächst und Antisemitismus nicht verschwunden ist, nicht verschwiegen werden.

Mein Dank gilt allen, die mir bei der Arbeit geholfen haben. Es sind dies: die Mitarbeiter bzw. die Direktoren des Departments »Gerechte der Völker« im Yad Vashem-Institut in Jerusalem seit den sechziger Jahren, David Alkalay (1963–1969), Donia Rosen (1969–1976), Vera Prausnitz (1976–1982) und Dr. Mordecai Paldiel (seit 1982); weiters die Botschaft des Staates Israel in Wien, im besonderen die Botschafter Yitzhak Patish, Yissakhar Ben-Yaakov und Michael Elizur sowie Botschaftsrat-Gesandter Uri Prosor, Prof. Univ.-Doz. Dr. Herbert Steiner und Hon.-Prof. Dr. Wolfgang Neugebauer im Dokumentationsarchiv des österreichischen Widerstandes in Wien; Mag. C. Gwyn Moser, Dr. Jonny Moser, Dr. Fritz Rubin-Bittmann und Mag. Brigitte Ungar-Klein, Wien, für Informationen über »U-Boote«; Alisa Stadler, Dr. Günter Fellner und Dr. Karin Dengler für die Übersetzung israelischer Akten. Dr. Trautl Brandstaller-Keller, zur Zeit der ersten Auflage Lektorin des Verlages Styria, für ihre Initiative, Verlagsdirektor Dr. Gerhard Trenkler, der die zweite und dritte Auflage ermöglichte und die vierte noch initiierte, Lektor Dr. Hubert Konrad, der die vorhergehenden Auflagen betreute. Der derzeitige Verlagsdirektor Mag. Fritz Müller hat mich zur Fertigstellung der vierten Auflage ermuntert und gedrängt.

Zu danken habe ich auch Theodora Bogalin, Gerlinde Spatzenegger-Kuhr, Helga Neugebauer und Claudia Rapp für die technische Hilfe; Mag. Ariane Heilingsetzer für die Mitarbeit bei der Ordnung der Materialien für die zweite Auflage 1985, allen Österreicherinnen und Österreichern, die seit 1969 auf meine in allen österreichischen Massenmedien gestellte Frage »Wer hat Juden geholfen?« geantwortet, und den katholischen Priestern, die den von mir 1979 versendeten Fragebogen »Kirche und Nationalsozialismus« ausgefüllt haben.

Wien, im Frühjahr 1997 *Erika Weinzierl*

Einleitung

Die Stellung der Juden in Österreich bis 1938

Die erste urkundlich gesicherte Erwähnung von Juden auf österreichischem Boden in der Zollordnung von Raffelstätten stammt aus dem Beginn des 10. Jahrhunderts. In den mehr als tausend Jahren, die seither vergangen sind, wurde das Schicksal der Juden in dem auch heute noch zu 75 Prozent katholischen Österreich fast ausschließlich von katholischen Herrschern und Staatsmännern bestimmt. Die Anordnungen der mittelalterlichen kirchlichen Judengesetzgebung – Errichtung von Ghettos, Kennzeichnung der Juden durch eigene Tracht u. a. – setzten sich dennoch in Österreich zunächst nur sehr langsam durch. Trotz ihrer Beschränkungen wurde die Wiener Judengemeinde unter dem Schutz der Babenberger im 13. Jahrhundert zur größten des Heiligen Römischen Reiches. Der letzte Babenberger, Herzog Friedrich II. der Streitbare, erließ 1244 ein Judenprivileg, in dem er die Juden rechtlich sicherte. Schwere Anklagen gegen Person oder Eigentum eines Juden sollten künftig nicht mehr allein auf Grund der Aussagen christlicher Zeugen entschieden werden. Am Ende des 13. Jahrhunderts kam es in einigen kleineren Städten erstmalig zu Judenverfolgungen. Sie erreichten ihren Höhepunkt nach der großen Pest von 1348, für deren Urheber man die Juden hielt.

Die habsburgischen Herzöge Albrecht II. (1330–1358) und Rudolf IV. (1358–1365) haben mit ihren Verordnungen die judenfreundliche Politik der letzten Babenberger trotzdem noch fortgesetzt. Erst unter Albrecht III. (1365 bis 1395) und Albrecht IV. (1395–1405) wurden die Rechte der Juden eingeschränkt. Schließlich haben die Hussitenkriege zur ersten großen Austreibungs- und Vernichtungsaktion unter den österreichischen Juden geführt.

Der Vorwurf der Zusammenarbeit mit dem hussitischen Feind und angeblicher Hostienfrevel dienten Herzog Albrecht V. 1420/21 als Vorwand für die Ausweisung und Verbrennung der Juden in seinem Herrschaftsbereich. Die jüdische Handschrift »Die Wiener Gesera« schildert den Leidensweg dieser Juden, von denen die letzten 210 im März 1421 gemeinsam verbrannt wurden, nachdem sie die Zwangstaufe verweigert hatten. Wenige Jahrzehnte später bewirkte die Ritualmordbeschuldigung, vor allem die angebliche Ermordung des Knaben Simon von Trient, 1475, die Verfolgung und Austreibung der Tiroler Juden. Vermutlich ist auch die Vertreibung der Juden aus Steiermark und Kärnten 1476 und aus Salzburg 1498 vom Ausgang des kirchlichen Prozesses gegen die nachweislich unschuldigen »Mörder« Simons beeinflußt worden.

Im 16. Jahrhundert durften sich aber in Wien wieder einzelne Juden niederlassen, da der Landesfürst ihre finanziellen Dienste, auf die sie ja infolge der kirchlichen Gesetze beschränkt waren, benötigte. Gegen Ende des Jahrhunderts bildete sich in Wien wieder eine jüdische Gemeinde. 1625 wurde das zweite Wiener Ghetto gegründet. Es wurde von Kaiser Ferdinand II. (1619–1637), der in den habsburgischen Erbländern der Gegenreformation zum Sieg verhalf, trotz des heftigen Widerstandes des Wiener Magistrates in Schutz genommen. Dieser bat Kaiser Ferdinand III. bei seinem Regierungsantritt 1637 um die Ausweisung aller Juden auf ewige Zeiten und beschuldigte sie »der Aufsaugung der Reichtümer, der Verbreitung der Pest, Anfeindung der christlichen Religion von Stadt und Land«. Dennoch entschloß sich erst Kaiser Leopold I. unter dem Einfluß seiner spanischen Gemahlin und des Bischofs von Wiener Neustadt Kolonitsch 1669/70 zur neuerlichen Austreibung aller Wiener Juden, die die Zwangstaufe verweigerten. Als des Kaisers berühmter Hofprediger seit 1677, der schwäbische Augustinermönch Abraham a Sancta Clara (Ulrich Megerle), in seinen Predigten die Juden angriff, ihnen gemeinsam mit Totengräbern und Hexen die Schuld an der Pest gab, war Wien eine Stadt ohne Juden.

Die Judenaustreibung bewirkte jedoch im Handel und im Finanzwesen solche Schäden, daß noch während der Regierungszeit Leopolds I. wieder einzelne Juden in Wien zugelassen wurden. Als sogenannte »Hofjuden« erhielten sie besondere Privilegien, darüber hinaus – wie Samuel Oppenheimer und später Samson Wertheimer – Macht und Einfluß als kaiserliche Heereslieferanten und Darlehensgeber.

1704 bestätigte Kaiser Leopold I. Emanuel Oppenheimer eine Schuld von mehr als 2 Millionen Gulden. Von 1688 bis 1709 streckten die Juden dem Ärar 78 Millionen Gulden vor. Dennoch waren auch die privilegierten Hofjuden und kaiserlichen »Oberfaktoren« nicht frei von Beeinträchtigungen. Sie durften auswärtige Juden nicht beherbergen und nur leise beten, um ihren christlichen Nachbarn kein Ärgernis zu geben. Von den bis zur Regierung Kaiser Josephs II. geltenden strengen Einschränkungen und Beeinträchtigungen waren aber die armen, in den Ghettos zusammengepferchten Juden weit mehr betroffen als ihre reichen Glaubensgenossen in bevorzugter Stellung. 1772 gab es in Wien 594 Juden, die für die Dauer ihres mit fünf oder zehn Jahren begrenzten Aufenthaltes eine hohe Toleranzsteuer zahlen mußten und vor administrativen Schikanen dennoch nicht gesichert waren, ja zum Teil in der ständigen Angst vor Umsiedlung oder Ausweisung lebten.

Joseph II. hat schon als Mitregent seiner Mutter Maria Theresia versucht, in den österreichischen Erbländern eine Religionspolitik der Toleranz durchzusetzen. Er scheiterte am Widerstand der streng katholischen Kaiserin. Sie starb Ende November 1780. Bereits am 13. Mai 1781 erließ Joseph II. zur »besseren Bildung und Nutzung der Juden für den Staat« Verfügungen, die die Lage der Juden in Böhmen wesentlich erleichterten. Das Toleranzedikt für die Juden Wiens und Niederösterreichs stammt vom 2. Januar 1782. Der Inhalt dieser Dekrete ist folgender: Abschaffung des Leibzolles und der Ghettos, Erweiterung der jüdischen Handelsfreiheiten, Ermunterung zur Errichtung von Fabriken, Pflicht des Besuches deutscher Normalschulen, Zulassung zu allen öffentlichen Lehranstalten und akademischen Berufen, zu den Künsten, dem Handwerk, allerdings ohne Recht auf die Erlangung der Meisterwürde, und zum Ackerbau. Die Militärpflicht für Juden wurde 1788 eingeführt, freiwilliger Dienst in der Armee war schon vorher möglich.

Von den früheren Beschränkungen wurden jene der Einwanderung, die Toleranzsteuer und die jüdischen Heiratstaxen, das Verbot der Erwerbung von Haus- und Grundbesitz, die Verweigerung des Bürgerrechtes und das Einfuhrverbot für ausländische jüdische Bücher beibehalten. Von diesem Verbot wurde z. B. die Bibelübersetzung Moses Mendelsohns betroffen. Außerdem wollte der Kaiser im Interesse seines Einheitsstaates die Juden in diesen einschmelzen. Er drängte die hebräische Sprache zurück, hob den rabbinischen Gerichtsstand auf und verbot die Gründung einer jüdischen Gemeinde in den Orten, in denen es keine gab, z. B. in Wien. 1787 mußten die Juden deutsche Vor- und Zunamen annehmen.

Trotzdem hat Joseph II. die Lage der Juden, die noch unter Karl VI. und Maria Theresia einem starken Druck ausgesetzt waren, wesentlich erleichtert. Unter Karl VI. war sogar das mittelalterliche gelbe Judenzeichen trotz des großen Einflusses der »Hofjuden« wieder eingeführt worden. Unter Maria Theresia wurden die Juden aus

Prag ausgewiesen. Es war ihnen nicht erlaubt, sich gleich den Christen den Bart scheren zu lassen, sie rangierten im Zolltarif neben dem Vieh. So bereitwillig Maria Theresia auf den Rat getaufter Juden, wie z. B. Joseph von Sonnenfels, hörte, ihre jüdischen Hoffaktoren empfing sie nur hinter einem Vorhang verborgen. Wenn Joseph II. den Juden auch noch lange nicht die Gleichberechtigung gewährte, so führte er sie doch aus dem Ghetto heraus, gab ihnen die Möglichkeit zu sozialer Entfaltung. Die österreichischen Juden haben daher Joseph II. immer in dankbarer Erinnerung behalten.

Nach dem Tod des Kaisers, 1790, forderte der Wiener Magistrat die Aufhebung des Toleranzpatentes, obwohl damals die Zahl der in Wien lebenden Juden noch sehr gering war. 1784 waren es 65 Tolerierte mit ihren 504 Personen zählenden Familien, 1789 72 Tolerierte. Leopold II. lehnte zwar die Aufhebung des Judenpatentes ab, doch kam es unter der Regierung seines Sohnes Franz II. zu einem Rückschlag. In Wien wurde ein eigenes Einwanderungsamt eingerichtet, das die Aufenthaltserlaubnis, die sogenannte »Bollette«, für die pro Tag 30 Kreuzer zu bezahlen waren, alle 14 Tage erneuerte. Ein Nicht-Tolerierter durfte sich nicht länger als einen Monat in Wien aufhalten. Dieses »provisorische« Judenamt ist erst drei Tage vor der Märzrevolution des Jahres 1848 aufgelöst worden. Von Gleichberechtigung kann also bis dahin nicht die Rede sein. Im Gegenteil, in den ersten Jahrzehnten des 19. Jahrhunderts wurde eine wahre Flut von Verordnungen zur Einschränkung der den Juden gewährten Toleranz erlassen. Nur zwei Beispiele: 1826 verordnete die Studienhofkommission, daß jüdische Privatlehrer keine christlichen Kinder unterrichten dürften. Im selben Jahr besagte ein Hofkanzleidekret, daß jüdische Hebammen nur im Notfall Christinnen und nur auf deren Verlangen und nur in Gegenwart einer anderen Christin entbinden dürften. Erst nach 1830 setzte sich der auch schon vorher in Einzelfällen nachweisbare Geist des Liberalismus in der Bürokratie so weit durch, daß Verordnungen dieser Art nicht mehr erlassen wurden. Zum Durchbruch verhalf ihm zunächst die Revolution von 1848.

Der Aufstieg des Bürgertums hatte aber schon früher begonnen, und die Juden hatten an ihm Anteil. Vereinzelt gehörten sie sogar bereits zu den Spitzen der Gesellschaft, wie Arnstein, Eskeles, Hönigstein, Wertheimstein und Salomon Mayer Rothschild, der so wie Leopold von Herz mit Metternich verkehrte und dessen Politik unterstützte. Während der Kriege gegen Napoleon erwiesen sich die Juden als besonders patriotisch und opferbereit. Zur Zeit des Wiener Kongresses war der Salon Fanny Arnsteins ein internationales Zentrum des gesellschaftlichen und politischen Lebens von Wien. Die Bitte der Wiener, mährischen und böhmischen Juden um Gleichberechtigung wurde von Kaiser Franz, der fünf Juden die erbliche Baronie verlieh, aber doch nur einer Kommission übergeben, das heißt nicht erfüllt. Ab 1811 war es jedoch den Wiener Juden möglich, gemeinschaftlichen Hausbesitz zu erwerben, so daß erstmals ein gemeinsames Bethaus eingerichtet werden konnte. 1826 wurde der neuerbaute Tempel in der heutigen Seitenstettengasse eingeweiht. Auch der Aufbau sozialer und karitativer Institutionen, die jüdischen Kindern, Kranken, Witwen und Waisen helfen sollten, war bereits im Gange. Die jüdischen Notabeln, die alle wegen ihrer Verdienste um den Aufbau der österreichischen Wirtschaft geadelt worden waren, stellten dafür die Mittel zur Verfügung. Die Mehrheit der Juden – 1830 lebten in Wien 1600 – verdiente jedoch ihren Lebensunterhalt im Kleinhandel, da sie durch die Abneigung christlicher Meister gegen jüdische Lehrlinge von handwerklicher Beschäftigung weitgehend ausgeschlossen waren. Um so stärker war daher auch der Drang nach höherer Bildung, zur Universität, war das Streben gerade der intelligenten und begabten Juden, sich in den freien Berufen

Rang und Ansehen zu verschaffen. In der Jurisprudenz, der Medizin und der Journalistik ist dies einigen von ihnen schon vor 1848 gelungen.

Zu ihnen gehörte auch der Sekundararzt des Allgemeinen Krankenhauses, Dr. Adolf Fischhof, der am 13. März 1848 der Stimmung der in der Wiener Herrengasse versammelten Menge so beredten Ausdruck gab, daß er die historische Wende jenes Tages wesentlich mitbewirkte. Die Hoffnungen der Juden, durch die Revolution die ersehnte Gleichberechtigung zu erlangen, waren groß. Ihnen entsprach ihre Teilnahme an den liberalen, demokratischen und schließlich auch revolutionären Bewegungen jener Zeit. Fischhof, der bekannte Prediger Mannheimer, der Journalist Kuranda, Goldmark und Frankl gehörten zu den gewählten Abgeordneten des ersten österreichischen Parlaments. Diesem war von der sogenannten Pillersdorfschen Verfassung vom 25. April 1848 die Aufhebung der Beschränkungen der Juden überlassen worden. Der österreichische Reichstag, in dem das josephinisch-liberale Bürgertum dominierte, sah auch in den §§ 13–15 der von ihm erarbeiteten Verfassung die volle konfessionelle und bürgerliche Gleichberechtigung für alle Staatsbürger vor. Er konnte seine Arbeit jedoch nicht vollenden. Die neoabsolutistische Regierung Schwarzenberg löste ihn auf und oktroyierte eine Verfassung, in der die »staatsbürgerlichen Pflichten« über der vollen bürgerlichen Gleichberechtigung standen. Es kam daher wieder zu Rückschlägen. 1851 wurde der Judeneid wieder eingeführt, die Freizügigkeit wurde beschränkt.

Fortschritte in der Lage der Juden wurden aber auch in der Ära des Neoabsolutismus erzielt, was zum Teil auf den jungen Kaiser Franz Joseph persönlich zurückging. Als ihm die Juden Wiens ihren Glückwunsch anläßlich seiner Thronbesteigung überbrachten, redete er sie in seiner Danksprache als »Israelitische Gemeinde von Wien« an, wodurch ein Präjudiz für die Gründung einer solchen gegeben war. 1852 wurde das provisorische Gemeindestatut genehmigt. Der erste Vorsitzende der Gemeinde wurde Leopold Wertheimstein. Damals lebten 14.000 Juden in Wien. Sie konnten mit dem Seitenstettener Tempel nicht mehr das Auslangen finden. Daher wurde in der Leopoldstadt der zweite Wiener Tempel errichtet. An ihm wirkte der berühmte Prediger Jellinek, der 1863 eine eigene Ausbildungsstätte für jüdische Gelehrte gründete. Aus ihr ging – wenig später – die »Jüdisch-theologische Lehranstalt« hervor.

Da die Wirtschaft des neoabsolutistischen Systems bereits weitgehend vom liberalen Geist durchdrungen war, konnte der Aufstieg der Juden in ihr ungestört fortschreiten. Nach seinem Zusammenbruch erhielten die Juden zunächst das Recht, auch außerhalb Wiens christliche Dienstboten zu halten. 1860 wurden sie zum Bau-, Müller- und Apothekergewerbe zugelassen, der Erwerb von Grund und Boden wurde ihnen gestattet. 1861 wurde Anselm Rothschild als erster Jude Mitglied des Herrenhauses. Das Staatsgrundgesetz vom 21. Dezember 1867 gewährleistete jedermann die volle Glaubens- und Gewissensfreiheit und den vom Religionsbekenntnis unabhängigen »Genuß der bürgerlichen und politischen Rechte«. Der liberale Verfassungsstaat brachte den Juden die uneingeschränkte Emanzipation, die volle bürgerliche Gleichberechtigung. Sie ermöglichte den Juden den Aufstieg in der Wissenschaft, vor allem in der Medizin, in Industrie und Wirtschaft, in der Presse und in der Literatur. Die Juden der Monarchie nützten die so lange und sehnlich erwartete Chance. Vor allem die Haupt- und Residenzstadt Wien mit ihren Bildungsstätten zog Juden aus allen Teilen des Vielvölkerreiches an: 1856 gab es in Wien 15.600 Juden, 1869 40.300 und 1880 72.590, 1891 118.295 und 1910 175.318 Juden, 8,6 Prozent der Gesamtbevölkerung. Aber nicht nur die Juden folgten dem Sog Wiens. Von 1900 bis 1910 wuchs die Gesamtbevölkerung der Stadt um 21,2 Prozent, die jüdische um 19,3 Prozent. Unmittelbar nach dem Ersten Weltkrieg erreichte die Zahl der Juden in Wien mit 201.500 den absoluten Höhepunkt. 1934 lebten in ganz Österreich 191.481 Glaubensjuden, davon 176.034 in Wien, 1938 nur noch 169.978 und in ganz Österreich 185.246.

Der große Durchbruch der Juden ist in der Ära des Hochliberalismus erfolgt, die für Österreich gleichzusetzen ist mit der Epoche der Industrialisierung im liberal-kapitalistischen Geist. Die durch sie bewirkten sozialen Umwälzungen förderten Existenzangst und Konkurrenzneid gerade im deklassierten Kleinbürgertum. Es wurde anfällig für konfessionell und wirtschaftlich motivierten Antisemitismus, der sich in Ansätzen schon 1848 in der Form akzentuiert hatte, daß die Konservativen alle Schuld an der Revolution den Juden zuschrieben. Darüber hinaus hieß es in einem Wiener Flugblatt aus dem Jahr 1848 geradezu prophetisch: »Die Christen, die keinen Christusglauben mehr haben, werden die wüthendsten Feinde der Juden sein. Wenn das Christenvolk kein Christentum und kein Geld mehr hat, dann, Ihr Juden, laßt Euch eiserne Schädel machen, mit den beinerne werdet Ihr die Geschichte nicht überleben.«

In den siebziger und achtziger Jahren haben Hochschullehrer, Politiker und katholische Priester diesen Antisemitismus von neuem entfacht. In der veränderten sozialen und politischen Lage nahm er bald Größenordnungen an, die bis dahin unvorstellbar gewesen waren. Von katholischer Seite wurde er schon vor dem Börsenkrach von 1873 entfacht. Rohlings »Talmudjude«, das Pamphlet eines deutschen katholischen Theologen und nachmaligen Professors in Prag, das von Antisemiten aller Schattierungen trotz seiner Entlarvung durch Joseph Bloch bis weit in das 20. Jahrhundert hinein immer wieder zitiert wurde, ist 1871 erschienen. 1875 nahm der Chirurg Theodor Billroth gegen die weitere Zunahme der Juden in der Medizin Stellung, wobei er die

These vertrat, daß die Juden nicht Deutsche anderer Konfession, sondern anderer Nation seien. Obwohl er sie später korrigierte und selbst Mitglied des Vereines zur Abwehr des Antisemitismus wurde, hat sie den Antisemitismus der nationalen Burschenschaften wesentlich verstärkt. 1878 schloß die Verbindung »Libertas« als erste Wiener Burschenschaft ihre jüdischen Mitglieder aus, da sie nicht als Deutsche angesehen werden könnten, auch dann nicht, wenn sie getauft waren. Durch Kontakte mit deutschnationalen Burschenschaften wurde auch Georg Ritter von Schönerer auf den Antisemitismus aufmerksam. Er und seine Anhänger haben ihn dann rassistisch aufgeladen und maßlose Judenhetze zur Grundlage ihrer Politik gemacht. Seine mit ihr errungenen Erfolge haben schließlich Karl Lueger dazu veranlaßt, den Antisemitismus auch auf die Fahnen der unter seiner Führung um den Aufstieg kämpfenden Christlichsozialen Partei zu schreiben. Durch Schönerer und Lueger ist – wenn auch mit verschiedener Argumentation und Akzentsetzung – der politische Antisemitismus in Österreich in den neuen, dem zerfallenden liberalen Lager entwachsenen Massenparteien heimisch geworden. Er nahm allerdings nicht von Österreich seinen Ausgang, und er war auch nicht nur hier zu finden. In diesem Zusammenhang sei für Deutschland auf Marr, Stöcker, Ahlwardt und den 1879 von Treitschke entfesselten Berliner Antisemitismusstreit verwiesen.

In die österreichische Literatur ist der Antisemitismus später eingedrungen als in die Politik. Da ihn in diesem Bereich nur höchst mittelmäßige Begabungen verfochten, geriet Adam Müller-Guttenbrunn mit dem Spielplan des ersten und bis 1938 auch einzigen österreichischen Theaters, dessen Direktor sich gegenüber dem christlichsozialen Gründerverein vertraglich verpflichten mußte, keine Stücke jüdischer Schriftsteller aufzuführen, in große Schwierigkeiten. Das »Antisementheater«, wie die liberale Presse das Kaiser-Jubiläums-

Stadttheater (die heutige Volksoper) aus diesem Grund nannte, hat daher bereits unter seinem zweiten Direktor den »Arierparagraphen« fallengelassen.

Trotzdem hat der politische Antisemitismus des ausgehenden 19. Jahrhunderts das Wiener Klima in einem Maß verändert und in einigen sozialen Schichten mit einem Haß gegen die Juden erfüllt, den auch der junge, sozial wurzellose Hitler in sich aufsog und der gerade die aufgeschlossensten und assimilationsfreudigsten Juden mit der Frage konfrontieren mußte, ob ihr bisheriger Weg der richtige sei. Mit vollem Recht konnte Joseph Bloch im Reichsrat den antisemitischen Abgeordneten zurufen: »Wir sind hier älter als Sie mit Ihren Anhängern. Wir haben unser Bürgerrecht mit unserem Blute und dem Blute unserer Ahnen erkauft.« Die brutale Rückverweisung auf die Eigenart des Judentums durch den Antisemitismus blieb bestehen und forderte es nicht nur in Österreich zur Besinnung auf die Wurzeln der eigenen Kraft heraus: Nationales Erwachen und religiöse Wiedergeburt gingen Hand in Hand.

Aufgrund der bei Ernest Renan und anderen einsetzenden Betonung des arisch-semitischen Gegensatzes schrieb der Wiener Oberrabbiner Jellinek schon 1869 zur Verteidigung der jüdischen Ehre das Buch »Der jüdische Stamm«, in dem zum erstenmal ein modernes jüdisches Stammesbewußtsein im Sinn eines jüdischen Nationalbewußtseins auftauchte. In den siebziger Jahren gründete der Schriftsteller Smolensky in Wien eine eigene jüdische Zeitschrift »Haschachar« (Morgenröte). 1883 entstand die erste jüdisch-nationale Studentenverbindung »Kadimah«. Ab 1885 gab Nathan Birnbaum mit bewußtem Bezug auf das Buch Leo Pinskers die zionistische Zeitschrift »Autoemanzipation« heraus.

Theodor Herzl kannte diese Bemühungen allerdings nicht, als er unter dem überwältigenden Eindruck des Dreyfus-Prozesses, den er als Berichterstatter der »Neuen Freien Presse« in Paris miterlebte, 1895 seinen

»Judenstaat« schrieb und durch ihn Führer des Zionismus und geistiger Vater des Staates Israel wurde. Es war also nicht unmittelbar der Wiener Antisemitismus, der den Weg Herzls entscheidend bestimmte, doch haben Budapester und Wiener Jugenderlebnisse in dem Burschen der deutschnationalen Verbindung »Albia« eine Ansprechbarkeit für jüdisches Schicksal wachgehalten, hat das geistige Klima Wiens seine Erweckung ermöglicht.

Daß sich zunächst gerade führende Wiener Juden gegen ein »Nationaljudentum« wehrten, ist angesichts ihrer Situation in den letzten Jahrzehnten der Donaumonarchie verständlich. Die jedem Extremismus und damit auch dem Antisemitismus abgeneigte korrekte Haltung des Kaisers Franz Joseph, der 20 Juden adelte, die Konsolidierung der Wirtschaft, der politische Niedergang Schönerers und die Etablierung der Christlichsozialen als »Reichspartei« – die Rom übrigens schon 1895 zur Mäßigung ihres Antisemitismus angehalten hatte – bewirkten in den Jahren vor dem Ersten Weltkrieg ein deutliches Abflauen des Antisemitismus. Im kulturellen und gesellschaftlichen Leben dieser Zeit waren die Juden weithin führend. Der Aufstieg zahlreicher Juden in das Großbürgertum ermöglichte es, ihren hochbegabten Söhnen den Weg in Kunst und Wissenschaft freizugeben. Außerdem gab es eine breite Schicht akademisch gebildeter Juden. 1890 betrug der Anteil der Juden unter den Wiener Studenten 33,6 Prozent, in den Berufen der Rechtsanwälte, Ärzte und Journalisten ungefähr 50 Prozent. Sie haben in Wien die größte geistige Fruchtbarkeit des westlichen Judentums entwickelt und dadurch dieser Stadt und Österreich unendlich viel gegeben. Die Weltgeltung österreichischer Wissenschaft und Kunst beruht vor allem auf den Leistungen von Juden, die, wie Breuer, Freud, Mahler, Hofmannsthal, Schnitzler, Zweig, Werfel, Kafka oder Broch, in jenem Vorkriegsösterreich geboren wurden. In einem Land, das in seiner nichtjüdischen guten Gesellschaft immerhin Männer wie Baron Suttner, Professor Nothnagel, Graf Hoyos oder Baron Leitenberger besaß, die 1891, zutiefst beschämt über den Antisemitismus, einen Verein zu dessen Abwehr gründeten. In einem Land, vor allem in einer Stadt, in der an einer Nahtstelle zwischen West und Ost die Erhaltung des Judentums durch den Osten und seine Befruchtung durch den Westen in einzigartiger Weise geglückt ist.

Im Ersten Weltkrieg haben sich die österreichischen Juden ebensowenig von der allgemeinen Kriegsbegeisterung 1914 ausgeschlossen wie von der Kriegsdienstleistung und den mit ihr verbundenen Opfern. Ihr Anteil an den kämpfenden Truppen war zum Teil sogar überprozentuell hoch. Allein die Gedenktafel für die 1914–1918 gefallenen Juden des 2. Wiener Gemeindebezirkes (Leopoldstadt) verzeichnete über 400 Namen. Der Gedanke an einen Zusammenbruch der Monarchie lag ihnen im allgemeinen fern. Die Ermordung des Ministerpräsidenten Stürgkh durch Dr. Friedrich Adler, den Sohn des Führers der Sozialdemokraten Victor Adler, 1916 hat sie zum Teil sogar tief erschreckt. Der Mehrzahl der altansässigen Wiener Juden waren die durch den Krieg in den Westen getriebenen ostjüdischen Flüchtlinge so fremd wie den meisten Wienern. Noch nahm sie die von dem in Wien geborenen Martin Buber bewußt betonte und religiös begründete Wesensverschiedenheit der Juden nicht zur Kenntnis. Sein »Freunde, wir sind unterwegs, um unsretwillen, um euretwillen, um des Heils willen« wurde mit dem Stempel des »Neuchassidismus« versehen, der nur eine Minderheit ansprach. Das scheinen auch die Wahlen in die Wiener Kultusgemeinde nach 1918 zu beweisen. Sie setzte sich aus 20 Assimilanten, 13 Zionisten und drei Orthodoxen zusammen.

Die Notsituation der Nachkriegszeit ließ auch viele Österreicher wieder nach einem »Sündenbock« Ausschau halten. Der politische Antisemitismus flammte erneut auf, geschürt von den Deutschnationalen, von den Christlichsozialen nicht eingedämmt. Der im Mai 1919 von einem Christlichsozialen der Nationalversammlung vorgelegte Vorschlag, die Ostjuden in Lagern zu internieren, wurde jedoch von einem Sozialdemokraten abgewiesen. Der Versuch des großdeutschen Innenministers Waber, bei der Volkszählung 1923 die Rassenzugehörigkeit zu erheben, scheiterte daran, daß die Mehrheit der Presseparole folgte und in die dafür vorgesehene Rubrik das Wort »weiß« eintrug. Der Aufstieg des Nationalsozialismus im Deutschen Reich bewirkte bei dessen österreichischen Anhängern zwar eine Radikalisierung des sogenannten »völkischen« oder Rassenantisemitismus. Ihre Brutalitäten und Morde, wie z. B. das nationalsozialistische Bombenattentat auf den jüdischen Juwelier Futterweit, 1933, ließen aber doch viele Christlichsoziale zur Besinnung kommen.

Im ersten Nachkriegsjahrzehnt hatten führende Publizisten und Politiker dieser Partei nicht nur jüdische Spekulanten oder Sensationsjournalisten, wie Castiglioni, Bosel oder Bekessy, angegriffen, sondern darüber hinaus einen gehässigen Antisemitismus vertreten. In den dreißiger Jahren mäßigten sie angesichts der Judenpolitik Hitlers, ihres gefährlichsten politischen Feindes, ihren Standpunkt. Die österreichischen Juden wurden daher auch nach der Niederwerfung der österreichischen Sozialdemokratie, die von 1889 bis 1934 aus dem Judentum kommende Führer besessen hatte (Adler und Bauer), im Bürgerkrieg vom Februar 1934 in ihrer Gleichberechtigung – von Einzelfällen abgesehen – nicht beeinträchtigt. Der christliche Ständestaat Dollfuß' und Schuschniggs fand deshalb auch unter den Juden treue Anhänger. Er wurde sogar zur Zuflucht jüdischer Emigranten aus dem Dritten Reich. In Presse, Kunst und Wissenschaft kam es in jener Zeit zu einer letzten Blüte der österreichischen jüdischen Geistigkeit, der gerade auch Karl Kraus so sehr zugehört. Im Salon des Ehepaares Werfel verkehrten Bundeskanzler Schuschnigg, Minister, Gelehrte und Künstler. Die Salzburger Festspiele, die Schöpfung Reinhardts und Hofmannsthals, gaben dem klein gewordenen Österreich Rang und Namen im internationalen Kulturleben. Jüdische Dichter erweckten in ihren Werken die untergegangene Habsburgermonarchie zu neuem Leben. Sie haben wesentlich den »Habsburgermythos« in der Literatur geschaffen wie auch die Wiener Kultur des Fin de siècle, die seit den sechziger Jahren unseres Jahrhunderts in zunehmendem Maß vor allem von amerikanischen, mittlerweile aber auch von österreichischen Historikern erforscht wird. Die Schöpfer dieser Hochkultur einer zu Ende gehenden Epoche nahmen damit auch Abschied von einer »Welt von gestern«, die schon nach wenigen Jahren angesichts des drohenden Heute durch das Licht dankbarer Erinnerung verklärt wurde.

Ein gemeinsames Morgen sollte es nicht mehr geben. Der 11. März 1938 besiegelte das Schicksal der Juden und der Österreicher. Daß ein großer Teil der letzteren den Untergang des eigenen Staates zunächst bejubelte, darf nicht vergessen machen, daß der »Anschluß« mit Gewalt erfolgt ist, daß im Kampf gegen den Nationalsozialismus von 1938 bis 1945 35.300 Österreicher, ein halbes Prozent der Gesamtbevölkerung, ihr Leben verloren. Die Vertreibung und Vernichtung der österreichischen Juden in jenen Jahren ist trotzdem das traurigste und beschämendste Kapitel der österreichischen Geschichte; allerdings auch nicht in ihr allein.

I.
Das Schicksal der österreichischen Juden 1938–1945

1. Entrechtung und Enteignung

Schon in den ersten Stunden der nationalsozialistischen Herrschaft in Österreich waren die Juden Angriffen auf ihr Recht und Eigentum schutzlos preisgegeben. Bereits in der Nacht vom 12. auf den 13. März 1938 kam es in Wien, wo 90 Prozent aller österreichischer Juden lebten, und in einigen anderen österreichischen Städten zu Plünderungen jüdischer Wohnungen und Beschlagnahmungen jüdischer Geschäfte. Die ersten Massenverhaftungen, mit denen die Gestapo unmittelbar nach dem Einmarsch der deutschen Truppen begann, trafen mit Zehntausenden Anhängern der sogenannten »System-Zeit« und bekannten Marxisten eine große Zahl prominenter Juden, unter ihnen Funktionäre der Israelitischen Kultusgemeinde und der Zionistischen Organisation Österreichs. Allein unter den 151 Häftlingen des ersten Transportes, der am 1. April 1938 nach Dachau abging, befanden sich 60 Juden. Am 24. Mai befahl dann die Gestapo generell die unverzügliche Verhaftung »unliebsamer, insbesondere kriminell vorbelasteter Juden« und ihre Überführung nach Dachau, wodurch willkürlichen Verhaftungen Tür und Tor geöffnet waren. Ungefähr 2000 Juden fielen ihnen zum Opfer.

Raubzüge und Verhaftungen wurden damals allerdings noch geheimgehalten, denn noch waren sie nicht »gesetzlich« gedeckt. Verfemung und Verspottung der Juden wurden jedoch in aller Öffentlichkeit unter dem Beifall schaulustigen Pöbels vorgenommen. Besonderer Beliebtheit erfreuten sich bei ihm die »Reibpartien«. Sie bestanden aus von SA-Männern aus ihren Wohnungen geholten Juden aller Alters- und Gesellschaftsgruppen, Männern, Frauen, Rabbinern, Kaufleuten, Arbeitern, Kriegsveteranen, die meistens mit den bloßen Händen oder Zahnbürsten die Straßen von den Wahlparolen Schuschniggs und den Krukenkreuzen der »Vaterländischen Front« säubern mußten.

Ein englischer Journalist, der sich in jenen Tagen in Wien aufhielt, hat eine »Reibpartie« am Praterstern folgendermaßen beschrieben: »Sie mußten das Bild Schuschniggs entfernen, das mit einer Schablone auf den Sockel eines Monuments gemalt worden war. SA-Leute schleppten einen bejahrten jüdischen Arbeiter und seine Frau durch die beifallklatschende Menge. Tränen rollten der alten Frau über die Wangen, und während sie starr vor sich hinsah, konnte ich sehen, wie der alte Mann, dessen Arm sie hielt, versuchte, ihre Hand zu streicheln. Arbeit für die Juden, endlich Arbeit für die Juden! heulte die Menge. Wir danken unserem Führer, er hat Arbeit für die Juden beschafft!«

Auch Carl Zuckmayer hat in seinen im Grund so versöhnlichen Erinnerungen ein bedrückendes Bild von jener antijüdischen Massenhysterie gezeichnet, der im Taumel der ersten »Anschluß-Begeisterung« nicht wenige Wiener erlegen sind. Spott und Hohn ergossen sich über die jüdischen »Sündenböcke«, die, mit Schildern mit antisemitischen Parolen um den Hals, durch die Gassen getrieben wurden und denen Rufe wie »Juda, verrecke!« in den Ohren gellten. Die Auslagen jüdischer Geschäfte wurden beschmiert, »Arier« an deren Betreten durch Wachposten der SA gehindert. In dieser Situation flüchtete nicht nur der Schriftsteller Egon Friedell in den Tod: Im März und April 1938 stieg die Zahl der jüdischen Beerdigungen um 23 bzw. 27 Prozent. 1937 waren von 973 Wienern, die Selbstmord begangen hatten, 98 Juden gewesen, 1938 von 1358 428.

Die systematische offizielle Entrechtung der Juden begann mit dem Erlaß des »Anschlußbundeskanzlers« Seyß-Inquart vom 15. März 1938 über die Vereidigung der Beamten des Landes Österreich auf den »Führer«, von der laut § 3 des Erlasses die jüdischen Beamten ausgenommen waren. Als Jude galt – den Bestimmungen der Nürnberger Gesetze von 1935 gemäß –, wer von mindestens drei der Rasse nach volljüdischen Großeltern abstammte sowie mit Juden verheiratete Mischlinge. Alle Beamten, die keinen Diensteid ablegten, waren automatisch ihres Amtes enthoben. Diese faktische Entlassung aller jüdischen Beamten wurde am 31. März mit ihrer gesetzlichen Versetzung in den Ruhestand abgeschlossen. Wenige Tage zuvor, am 26. März, hatte Hermann Göring in der Wiener Nordwestbahnhofhalle unter dem Beifall seiner Zuhörer die österreichische Wirtschaft als Spielball internationaler und besonders jüdischer Spekulationen beschrieben, die »völlige Verjudung des Handels« als Ursache für die Verarmung des Landes bezeichnet. Die Stadt Wien, in der 300.000 Juden (in Wirklichkeit im März 1938 in ganz Österreich 185.246) lebten, könne sich nicht mehr eine deutsche Stadt nennen: »Wien muß wieder eine deutsche Stadt werden, weil sie in der Ostmark Deutschlands wichtige deutsche Aufgaben hat. Diese Aufgaben liegen sowohl auf dem Gebiete der Kultur wie auch auf dem Gebiete der Wirtschaft. Weder auf dem einen noch auf dem anderen können wir auf die Dauer den Juden gebrauchen.« Genau einen Monat später war im »Völkischen Beobachter« zu lesen: »Bis zum Jahre 1942 muß das jüdische Element in Wien ausgemerzt und zum Verschwinden gebracht worden sein. Kein Geschäft, kein Betrieb darf zu diesem Zeitpunkt mehr jüdisch geführt sein, kein Jude darf irgendwo mehr Gelegenheit zum Verdienen haben ...«

Zur Erreichung dieses Zieles wurden Entrechtung und Enteignung der Juden vom Frühjahr 1938 an konsequent sowie härter und schneller als im sogenannten »Altreich« betrieben. Bereits Anfang April wurde den jüdischen Anwälten die Ausübung ihres Berufes untersagt. Am 22. April erschien eine Verordnung gegen die Unterstützung oder Tarnung jüdischer Gewerbebetriebe. Am 24. April verfügte das damals noch bestehende österreichische Unterrichtsministerium, daß inländische jüdische Studenten ihr Studium »nur nach Maßgabe einer Verhältniszahl von zwei vom Hundert für die einzelnen Fachgebiete« fortsetzen könnten. Schon am 8. Dezember 1938 wurden aber die Universitäten für die Juden ganz gesperrt, und wenig später wurde auch den jüdischen Teilnehmern am Ersten Weltkrieg die Benutzung der wissenschaftlichen Bibliotheken und Institute untersagt. Im Laufe des April war die Ausschulung der jüdischen Schüler aus den öffentlichen Schulen erfolgt, wovon 16.000 Schüler betroffen wurden. Sie wurden zunächst in von der Stadt Wien zur Verfügung gestellten Räumen unterrichtet. Nach Ablauf des Schuljahres 1938/39 wurde dann jeder öffentliche Unterricht jüdischer Kinder verboten.

Aufgrund einer Verordnung vom 26. April 1938 mußten alle Juden, die ein Vermögen von 5000 Reichsmark oder mehr besaßen, dieses bis zum 30. Juni anmelden. 47.768 Juden kamen dieser Verpflichtung nach und meldeten insgesamt Besitz und Vermögen im Wert von über zwei Milliarden Mark an. Am 18. Mai wurde die »Vermögensverkehrsstelle für Juden« errichtet. Ihre Aufgabe war die Entgegennahme der Anmeldung von Judenvermögen, die Genehmigung der Veräußerung gewerblicher, land- und forstwirtschaftlicher Betriebe der Juden, Genehmigung der Erwerbung oder Neueinrichtung von Erwerbsunternehmungen durch Altreichsdeutsche oder Ausländer – mit einem Wort die Bürokratisierung der bis dahin »wilden« Arisierungen. Die Vermögensverkehrsstelle arbeitete sehr erfolgreich. Laut Bericht des »Völkischen Beobachters« vom 20. November 1938 waren damals von den im März 1938 registrierten 26.236 jüdischen Betrieben und Geschäften bereits 30 Prozent arisiert: »Naturgemäß wurden die wichtigsten im besten Stand befindlichen Betriebe zuerst entjudet.« Diese Betriebe wurden unter dem Druck der

Lage und der Vermögensverkehrsstelle meist nur zu einem Bruchteil ihres Wertes verkauft. Dies geht schon daraus hervor, daß für die bis Ende Dezember 1938 arisierten Betriebe den jüdischen »Verkäufern« insgesamt weniger als 10 Millionen Mark bezahlt wurden, und zwar auf ein Sperrkonto, von dem monatlich nicht mehr als 500 Mark, nach dem 11. November 1938 sogar nur noch 400 Mark abgehoben werden durften. Bis Ende September 1938 waren außerdem 4339 jüdische Betriebe ohne jede Entschädigung kommissarischen Verwaltern übergeben worden, von denen es zunächst 25.000 und im November 1938 noch 3500 gegeben haben soll (Bericht von Minister Fischböck in einer Sitzung im Reichswirtschaftsministerium am 14. Oktober 1938).

Für die Art, wie die Mehrzahl der Verkäufe abgewickelt wurde, nur zwei Beispiele: Eine Familie hatte 1937 mit der Jüdin Anna Springer Verkaufsverhandlungen über deren Geschäft in der Leopoldstadt begonnen und 1300 Schilling bezahlt. Ein weiterer, noch auszuhandelnder Betrag sollte den Verkauf perfekt machen. Ende April 1938 teilte die Rechtsabteilung der Bezirksgruppe Leopoldstadt der NSDAP der Verkäuferin mit: »Nunmehr sind die Werte der Geschäfte weiter gesunken und käme ein Verkauf des Geschäftes überhaupt nicht in Frage. Ein Verkauf des Firmennamens oder des Kundenstocks ist bei Ihrem Geschäft nicht denkbar gewesen. Einzig und allein war eine alte Rolle und einige brüchige Stellagen abzulösen. Diese Dinge entsprechen einen (!) Wert von S 1300.–, den Sie bereits in Händen haben. Damit ist das Eigentumsrecht an diesen Gegenständen an die Familie B. übergegangen. Sie haben daher keine weiteren Ansprüche an die Familie B.«

Nach dieser »kleinen« Arisierung ein größerer Fall aus der Kriegszeit: Im September 1940 erklärte sich Professor Dr. Fritz Bruckner nach der »Sicherstellung« seiner sogar von der Gestapo auf 385.000 RM geschätzten Sammlung zur Theatergeschichte Wiens mit Handschriften

Raimunds und Nestroys »im Zuge der Untersuchung« bereit, die Sammlung für 5000 RM der Nationalbibliothek zu verkaufen.

Der Griff nach dem jüdischen Besitz einerseits und die systematische Verdrängung der Juden aus der Erwerbstätigkeit andererseits bewirkten bei jenen Juden, die nicht so vermögend waren, daß sie rasch auswandern konnten, eine rapide Verarmung. Die am 15. März 1938 unter die Aufsicht der Gestapo gestellte und gesperrte, am 2. Mai 1938 wiedereröffnete Wiener Israelitische Kultusgemeinde, deren Hauptaufgabe zunächst die soziale Unterstützung der Juden war, bekam dies schon an der ständig steigenden Benützung der Einrichtung »Notausspeisungszentrale« zu spüren: Bis zu 40.000 Wiener Juden pro Tag mußten die öffentliche Ausspeisung in Anspruch nehmen. Sogar im ersten Vierteljahresbericht 1939 des Sicherheitshauptamtes in Berlin wird die Situation der österreichischen Juden ein Jahr nach dem »Anschluß« folgendermaßen beschrieben: »Der Verlust jeder wirtschaftlichen Basis hat auch in der Ostmark für das Judentum eine weitgehende Verschlechterung der Lage gebracht. Die soziale Aufgliederung verschiebt sich dort immer mehr auf eine umfangreiche Proletarisierung.«

Sie war die Folge der wirtschaftlichen Ausschaltungs- und der sozialen Isolierungsmaßnahmen, denen die Juden nach der Einführung der Nürnberger Gesetze am 20. Mai 1938 in Österreich in besonders rascher Folge ausgesetzt waren, um mit dem »Altreich« gleichzuziehen. Ab 14. Juni waren alle jüdischen Gewerbebetriebe anmeldepflichtig. Am 25. Juli wurde kundgemacht, daß die Approbation jüdischer Ärzte mit 30. September erlöschen würde. Künftig durften sie nur mehr ihre eigene Familie und Juden behandeln. Die mit 23. Juli allgemein eingeführte »Kennkarte« war für Juden auf der Vorderseite mit einem großen »J« versehen. Mitte September wurden in den Wiener Spitälern über Befehl Eichmanns die jüdischen Patienten von den anderen abgesondert,

»weil arischen Pflegerinnen nicht zuzumuten sei, daß sie für jüdische Patienten sorgen«. Ende September wurde die Löschung der jüdischen Anwälte aus der Anwaltsliste verordnet. Am 5. Oktober wurden die deutschen Pässe der Juden für ungültig erklärt. Ihre mit Geltung für das Ausland ausgestellten Pässe wurden erst dann wieder gültig, wenn sie von der Paßbehörde mit einem Merkmal versehen wurden, »das den Inhaber als Juden kennzeichnet«.

Nach der »Reichskristallnacht«, den Novemberpogromen 1938, wurde auf Reichsebene am 29. November 1938 jene Polizeiverordnung erlassen, die künftig die Basis für alle räumlichen und zeitlichen Beschränkungen der Juden bildete, des Inhalts, »daß sie bestimmte Bezirke nicht betreten oder sich zu bestimmten Zeiten in der Öffentlichkeit nicht zeigen dürfen«. Die Nichteinhaltung solcher Verbote wurde mit Geldstrafen bis 150 RM oder mit Haft bis zu sechs Wochen bestraft. Bereits im Jänner 1939 wurden die Juden von der Benützung von Schlaf- und Speisewagen ausgeschlossen. Im Juni wurde ihnen in Wien der Besuch städtischer Bäder mit Ausnahme jenes im 14. Bezirk sowie der Besuch des Praters verboten. Schon am 7. Februar 1939 wurde angeordnet, daß die Juden den Vornamen Israel oder Sara führen müßten. Ebenfalls noch vor Kriegsausbruch war ihnen jegliche Betriebsführung sowie die Ausübung der gesamten Heilkunde, der Zahn- und Tierheilkunde und der Pharmazie verboten worden. Bereits am 21. Februar 1939 war eine Verordnung über die Abgabe von Wertgegenständen im Besitz von Juden aus Österreich und am 17. April das Verbot der Mitnahme von Wertgegenständen und bestimmten Gebrauchsgegenständen bei der Auswanderung erlassen worden. Am 30. April erschien eine Verordnung über die »Mietsverhältnisse mit Juden«, aufgrund deren in der Folge die meisten noch in Wien lebenden Juden gekündigt und bis 1941 in bestimmten Vierteln der Stadt, vor allem im 2. Bezirk, konzentriert wurden.

Bis zum Kriegsausbruch wurden mehr als 250 antijüdische Verordnungen erlassen. Nun erfolgten weitere verschärfte Maßnahmen: Am 29. September 1939 wird den Juden die Benützung aller öffentlichen Parkanlagen untersagt, was in Wien der Polizeipräsident schon im Juni 1938 für den Kaipark, den Lainzer Tiergarten, den Türkenschanzpark, den Schloßpark Schönbrunn und den Stadtpark getan hatte. Am 27. Oktober wird die Vermögensabgabe der Juden deutscher Staatsangehörigkeit von 20 auf 25 Prozent erhöht. Ab November dürfen jüdische Säuglings- und Kinderschwestern sowie Pflegerinnen ihren Beruf nur mehr bei Juden oder an jüdischen Anstalten ausüben. Auf dem Namensschild am Wohnhaus ist ausdrücklich anzuführen »jüdische Säuglings- und Kinderschwester«. Zu dieser Zeit werden die Denkmäler berühmter österreichischer Juden von den öffentlichen Plätzen entfernt. Den Studenten wird befohlen, in ihren Dissertationen Juden oder jüdische Quellen nicht mehr zu zitieren.

Ab 1. Jänner 1940 durften die Juden nur innerhalb bestimmter Zeiten, die ein bis zwei Stunden nicht überschritten, einkaufen gehen. Im Februar wurden sie von den privaten Krankenversicherungen und im Juli auch die arbeitsverpflichteten Juden von der Benützung der Gemeindeküchen (WÖK) und aller Sozialeinrichtungen der Gemeinde Wien ausgeschlossen. Im September werden ihnen das Arbeitsentgelt für Feiertage, die außertariflichen Familien- und Kinderzulagen, Geburts- und Heiratshilfe, zusätzliche Altersversicherungen und Wochenhilfe gestrichen. 1941 müssen sie dafür erstmals eine Sozialausgleichsabgabe von zusätzlich 15 Prozent ihres Einkommens zahlen. Die Lebensmittelzulagen für Kinder werden gestrichen, und die jüdischen Lebensmittelkarten sind mit einem »J« – schließlich sogar auf jedem Abschnitt – gekennzeichnet. Kleiderkarten bekamen sie überhaupt keine, und zuletzt durften nur mehr Lebensmittel, die nicht kartenpflichtig waren, an Juden verkauft werden.

Im Mai 1941 veröffentlichte eine jüdische Auswanderungshilfsaktion ein Merkblatt, in dem den Juden die wichtigsten sie betreffenden Verfügungen nachdrücklich in Erinnerung gerufen wurden:

»1. Der Besuch von Theatern, Konzerten, Museen, Bibliotheken, Lichtspielhäusern, öffentlichen Vorführungen, Vergnügungsstätten, Sportplätzen und Gaststätten ist ausnahmslos verboten.

2. Der Wareneinkauf und das Betreten von Geschäften außerhalb der für Juden festgesetzten Zeit ist unzulässig.

3. Für Juden besteht ein Ausgehverbot zur Nachtzeit (derzeit beginnend ab 21 Uhr).

4. Juden ist das Betreten öffentlicher Parkanlagen verboten.

5. Juden sind vom selbständigen Rundfunkempfang ausgeschlossen.

6. Juden dürfen das Gebiet von Groß-Wien ohne besondere Erlaubnis nicht verlassen.

7. Staatszugehörige Juden müssen ihre Kennkarte stets bei sich tragen und in Eingaben die Kenn-Nummer und den Kennort ihrer Unterschrift beifügen.

8. Es ist Juden nicht erlaubt, Einzelansuchen an die obersten Stellen und die obersten Behörden des Reiches zu richten.

9. Die in der Zentralstelle für jüdische Auswanderung erfaßten Personen sind verpflichtet, alle Wohnungs- und Standesveränderungen jeweils ohne Verzug persönlich dieser Stelle zu melden.

10. Das Verbreiten von Gerüchten betreffend Umsiedlungs- und Auswanderungsangelegenheiten ist strengstens untersagt.

11. Sowohl der unmittelbare als auch der mittelbare Nachrichtenverkehr mit dem feindlichen Ausland ist strengstens verboten und unter empfindliche Strafe gestellt.«

Für die Wirkung jeder dieser diskriminierenden Schikanen auf die Betroffenen soll hier nur ein Gedicht des 1921 in Wien geborenen Dichters Erich Fried sprechen:

KEIN KINDERSPIEL

Ein Spielplatz
Für Kinder
Das war etwas Einfaches
Etwas
Was gar nicht zum Nachdenken war
Nur zum Freuen
Ein Spielplatz
War nichts als ein Spielplatz

Jetzt ist er
Ein verbotenes Gebiet
Verboten für Kinder
Die nicht zur Rasse
Des Führers gehören

Das ist kein Kinderspiel mehr
Als artfremdes Kind
Auf den Spielplatz zu gehen
Das ist ein gefährliches Spiel
Dafür kannst du abgeholt werden
Und auch deine Eltern
Verstehst du?
Abgeholt werden
Wer weiß wohin?

Die weitgehende Einhaltung der angeführten und weiterer entwürdigender Bestimmungen wurde durch die Kombination von permanenter Hetze gegen die Juden mit harter Bestrafung von Übertretungen erreicht. Schon im Sommer 1938 wurde die Ausstellung »Der ewige Jude« nach Wien gebracht, wo sie innerhalb dreier Monate von 350.000 Wienern, darunter von allen Schülern, besucht wurde. In der unmittelbar nach dem »Anschluß« gleichgeschalteten Presse wurden immer wieder antijüdische Artikel und Meldungen publiziert. An der Spitze stand aber natürlich Streichers »Der Stürmer«, der vom März 1938 an laufend Berichte und Briefe aus Österreich und vor allem aus Wien veröffentlichte, in denen die Juden als »Teufel in Menschengestalt«, als »unter dem Tier stehende Rassenschänder« und vor Schmutz starrende »typische Ostjuden« unheimlich und verächtlich zugleich gemacht wurden. Besonders aggressiv war auch der »Österreichische Beobachter«, das im Linzer Gauverlag herausgegebene »Traditionsblatt für alte Kämpfer«, in dem die Juden aller nur denkbaren Schurkereien beschuldigt und auf die vulgärste Weise verspottet wurden. So propagierte er im März 1940 ein Lied, das nach der Melodie des bekannten Volksliedes »Es klappert die Mühle am rauschenden Bach« zu singen war. Seine erste Strophe lautete: »Wer red't mit die Händ und wer hatscht mit die Fieß? Der Jud! Wer macht a Geseires und mauschelt so sieß? Der Jud! Er ist überall auf der Erde zu Haus und ist so verbreitet wie Wanze und Laus, der Jud, der Jud, der Jud!«

Im Dezember 1940 richtete der »Österreichische Beobachter« eine eigene Sparte »Der Schandpfahl« ein, in der mit Bild und später auch mit Namen »artvergessene deutsche Frauen« gebrandmarkt wurden, die »entgegen allen ernsthaften und wiederholten Abmahnungen sich nicht davon abbringen« ließen, »mit volksfremden Ausländern intime Beziehungen zu unterhalten: Der Österreichische Beobachter hat schon einmal, in der illegalen Zeit, mit der Einrichtung des Prangers, an den jene Frauen kamen, die trotz Ermahnungen und Warnungen mit Juden verkehrten, die besten Wirkungen erzielt.« Wenn auch ab 1942 die Judenhetze in der Presse etwas an Intensität verlor, so hörte sie doch bis zuletzt nicht auf. Noch am 18. April 1945 erschien in der »Salzburger Zeitung« ein Artikel mit der Überschrift »Jüdische Erzieher im Anmarsch«, in dem es hieß, daß die angloamerikanischen »Erzieher« ausschließlich Juden seien.

Die Verächtlichmachung der den nationalsozialistischen Machthabern ausgelieferten Juden im Lande einerseits und die dauernden Hinweise auf die Macht des bösartigen und rachsüchtigen internationalen Judentums andererseits förderten die Gleichgültigkeit und Feindseligkeit vieler »Volksgenossen« gegenüber den Juden. Diese gerieten zweifellos auch durch Denunziation in die Maschinerie der Gestapo. Es wäre sonst nicht erklärlich, daß allein in der Zeit vom 11. September bis 11. Oktober 1940 32 Juden und 74 Jüdinnen wegen der Nichteinhaltung der für Juden geltenden polizeilichen Beschränkungen, wie Ausgehverbot, Nichteinhaltung der Einkaufszeit, Besuch von Theater und Kino usw., bei der Staatspolizeileitstelle Wien angezeigt worden sind. Im selben Zeitraum wurde in 173 Fällen gegen Juden wegen Verdachtes der Rassenschande, der Vermögensverschleppung, Anhäufung von Geld usw. das Ermittlungsverfahren eingeleitet. Insgesamt wurden im September und Oktober 1940 »1323 Judenvorgänge bearbeitet«, wie es im Tagesrapport der Wiener Gestapo vom 5. bis 6. November 1940 wörtlich heißt.

Im Einzelfall sah dies so aus, daß z. B. der 71jährige Stefan Auspitz von Achteneck wegen des Besuches von für Juden verbotenen Parkanlagen zehn Tage in Haft gehalten wurde, der ebenfalls 71jährige Arzt Wilhelm Fischer wegen der Nächtigung in für Juden verbotenen Alpenhütten 21 Tage. Im Juni 1941 wurde ein »Mischling I. Grades«, der es unterlassen hatte, »den gesetzlichen Vornamen ›Israel‹ zu führen«, festgenommen. Da er bei Erlaß des Reichsbürgergesetzes mit einer »Volljüdin« verheiratet gewesen war, galt auch er als Jude. Im Oktober 1941 wurden eine 69jährige Frau und ein 68jähriger Mann verhaftet, weil sie in der Stadtbahn einen Sitzplatz eingenommen hatten, »während arische Frauen stehen mußten«. Die Pianistin Paula Ehrlich wurde festgenommen, weil sie »noch im Juni 1941« am Gartenbau-Tennisplatz Tennis gespielt hatte und im Sommer drei Wochen auf dem Semmering auf Urlaub gewesen war. Alle jüngeren wegen solcher »Vergehen« angezeigten Juden wurden außerdem über Eichmanns »Zentralstelle für jüdische Auswanderung« bis zum »Vorliegen der Auswanderungsmöglichkeiten in den Arbeitsprozeß« eingereiht, was zu diesem Zeitpunkt bereits Zwangsarbeit und bald darauf Deportation bedeutete. 1941 heißt es in solchen Fällen in den Gestapo-Berichten immer nur mehr: »… wurde zwecks Umsiedlung in das Generalgouvernement in das jüdische Sammellager Wien 1 … überstellt.«

Nach dem deutschen Überfall auf die Sowjetunion 1941 wurden trotz der damals schon in Gang befindlichen Deportationen von Wiener Juden in das Generalgouvernement die Schikanen gegen die noch im Reichsgebiet verbliebenen Juden weiter verschärft. Obwohl alle jüdischen Männer zwischen 16 und 60 und alle Frauen zwischen 17 und 45 Jahren zumeist als Hilfsarbeiter dienstverpflichtet waren, durften sie die hintere Plattform der öffentlichen Verkehrsmittel nur an Werktagen und nur dann benützen, wenn ihre Arbeitsstelle mehr als sieben Kilometer von ihrer Wohnung entfernt war. Ab August war ihnen auch die Benützung privater Leihbibliotheken, bald darauf die Führung ihres akademischen Titels untersagt. Am 1. September 1941 wurde die Polizei-Verordnung über die Kennzeichnung der Juden, die schon seit 1939 im Generalgouvernement vorgeschrieben war, für das Reich erlassen. Der erste Paragraph dieser Verordnung lautet: »Juden, die das sechste Lebensjahr vollendet haben, ist es verboten, sich in der Öffentlichkeit ohne einen Judenstern zu zeigen. Der Judenstern besteht aus einem handtellergroßen, schwarz ausgezogenen Sechsstern aus gelbem Stoff mit der schwarzen Aufschrift ›Jude‹. Er ist sichtbar auf der linken Brustseite des Kleidungsstückes fest aufgenäht zu tragen.« Mit diesem Rückgriff auf mittelalterliche Praktiken hatte die mit der besonderen Kennzeichnung der jüdischen Kennkarten 1938 begonnene sichtbare Diskriminierung der Juden ihren Höhepunkt erreicht. Im Jänner 1942 wurden in Wien allein an zwei Tagen 29 Menschen »wegen Übertretung der Polizeiverordnung über die Kennzeichnung der Juden vom 1. September 1941« festgenommen und mit sechs bis acht Wochen Haft bestraft. Weiters heißt es im Gestapo-Bericht: »Nach der Verbüßung werden sie in das Sammellager überstellt und in das Generalgouvernement evakuiert.«

Ausgesondert und gebrandmarkt, durften die Juden nicht einmal in der anonymen Masse der Großstadt unerkannt bleiben. Der Stern ist daher auch von den Juden als quälendstes Zeichen ihrer Isolierung und Erniedrigung empfunden worden, selbst wenn ihnen Beschimpfungen in der Art, wie sie der bekannte deutsche Romanist Victor von Klemperer als »Sternträger« erleben mußte, erspart blieben: »Ein Auto bremste im Vorbeifahren auf leerer Straße, ein fremder Kopf beugt sich heraus: ›Lebst du immer noch, du verdammtes Schwein? Totfahren sollte man dich, über den Bauch!‹ ... Nein, alle Einzelfelder reichen nicht aus, die Bitterkeiten des Judensterns zu notieren.«

Rückblickend muß der Stern als letzte Stufe der konsequenten psychologischen Vorbereitung der »Endlösung« gewertet werden. 1941 waren zwar die Gaskammern noch nicht in Betrieb, doch waren bereits Zehntausende von Juden den Massenerschießungen im Osten zum Opfer gefallen. Die systematische Entrechtung der mit allen Mitteln totalitärer Propaganda verächtlich gemachten Juden war die entscheidende Vorbedingung dafür, daß die Untertanen des Dritten Reiches in ihnen nicht mehr Mitbürger sahen, sondern Volksschädlinge und Staatsfeinde, deren Vernichtung zuletzt zur patriotischen Pflicht erklärt wurde. Daher ist das Faktum, daß selbst in der Deportations- und Vernichtungsphase Entrechtung und Enteignung noch fortgesetzt bzw. gesteigert wurden, nicht nur auf den Sadismus der nationalsozialistischen Machthaber, sondern auch auf deren sozialpsychologische Taktik zurückzuführen. Dafür noch einige Beispiele:

1942 durften Juden öffentliche Verkehrsmittel nur mehr mit staatspolizeilicher Bewilligung benutzen. Die Inanspruchnahme nichtjüdischer Friseure ist ihnen verboten. Sie werden über Betreiben von Goebbels von der Zeitungs- und Zeitschriftenauslieferung durch Post, Verlagsanstalten und Straßenhändler ausgeschlossen. Nur der Bezug des wöchentlich einmal erscheinenden jüdischen Nachrichtenblattes ist ihnen erlaubt. Sie müssen ihre schon 1941 registrierten Elektrogeräte, Schallplatten, Schreibmaschinen, Fotoapparate, optischen Geräte, Fahrräder und Pelzmäntel abliefern. Ihre Haustiere müssen sie verschenken oder vertilgen, »denn Juden sind nicht würdig, Hunde zu halten«. Die Wirkung dieser Entrechtung und Diffamierung zeigt sich an den »Ärgernissen«, um deretwillen man auch noch die letzten Juden aus dem Gesichtskreis der Wiener verbannt. Die Verhaftung eines 66jährigen jüdischen Altersrentners eine Woche vor Weihnachten 1942 wurde im Gestapo-Bericht folgendermaßen begründet: »Er hat auf belebten Straßen Zigarettenstummel gesammelt und durch sein Verhalten und sein ekelerregendes Aussehen bei den Passanten Ärgernis erregt.«

Im November 1942 wurden alle jüdischen Körperschaften einschließlich der Kultusgemeinde in Wien aufgelöst. An ihre Stelle trat der Ältestenrat der Juden, an seiner Spitze der von der Gestapo ernannte Leiter. Alle jüdischen Friedhöfe mit Ausnahme der israelitischen Abteilung des Zentralfriedhofes wurden aufgelassen. Im Juli 1943 wurden die Juden verpflichtet, an ihrer Wohnungstüre einen Judenstern anzubringen.

Ebenfalls im Juli 1943 wurde die Verordnung erlassen, daß nach dem Tod von Juden ihr Vermögen an das Reich fällt. »Die Einziehung des Vermögens der in die Ostgebiete abzuschiebenden Juden« zugunsten des Reiches war schon im Schnellbrief des Reichsfinanzministers vom 4. November 1941 angeordnet worden. Die »gesetzliche« Grundlage dafür bildete dann die 11. Verordnung zum Reichsbürgergesetz vom 25. November 1941, derzufolge ein Jude, »der seinen gewöhnlichen Aufenthalt im Ausland hat«, nicht deutscher Staatsbürger sein kann: »Der gewöhnliche Aufenthalt im Ausland ist dann gegeben, wenn sich ein Jude im Ausland unter Umständen aufhält, die erkennen lassen, daß er dort nicht vorübergehend verweilt ... Das Vermögen des Juden, der die deutsche Staatsangehörigkeit auf Grund dieser Verordnung verliert, verfällt mit dem Verlust der Staatsangehörigkeit dem Reich.« Der nationalsozialistische Staat hatte sich damit noch vor der Koordinierung der »Endlösung« im Jänner 1942 in Berlin-Wannsee zum »legalen« Erben seiner Opfer gemacht. Die Perversion dieses »Rechtsstaates«, dem auch Österreicher als Erfüllungsgehilfen dienten, hat das österreichische Judentum vernichtet.

2. Emigration

Unmittelbar nach dem 12. März 1938 wählten folgende Gruppen von Juden den sofortigen Weg in die Emigration: verängstigte Ostjuden, die in die östlichen und nördlichen Nachbarländer Österreichs zu flüchten versuchten, meist aber schon vor der Grenze von der Polizei zurückgehalten wurden; prominente deutsche Künstler und Wissenschaftler, die nach 1933 aus dem Deutschen Reich nach Österreich emigriert und hier nun besonders gefährdet waren; führende Zionisten und Juden, die sich für den Ständestaat aktiv engagiert hatten. Die dramatischen Umstände einer solchen Flucht sofort nach dem »Anschluß« hat Carl Zuckmayer eindringlich beschrieben. Die Mehrheit des jüdischen Mittelstandes war allerdings zunächst geneigt, die Entwicklung abzuwarten. Sie hoffte, es werde sich für sie auch unter dem Nationalsozialismus eine Lebensmöglichkeit ergeben. Hingen doch gerade die jüdischen Bürger mit besonderer Liebe an Wien, dessen geistige Atmosphäre sie so wesentlich mitbestimmt und getragen hatten. Die rasche und erbarmungslose Verletzung ihrer Grund- und Freiheitsrechte, ihre Ausschaltung aus immer mehr Berufszweigen zwang aber bald eine wachsende Zahl von Juden, auch unter den schwierigsten Bedingungen zu emigrieren. Vor allem nach der zweiten großen Verhaftungswelle im Mai 1938, die 2000 Juden traf, stieg die Auswanderung sprunghaft an. Sie erreichte im August 1938 mit 9729 auswandernden Juden ihren ersten Höhepunkt.

Die Hauptlast der mit der Emigration Tausender Menschen verbundenen Organisations- und Vermittlungsarbeit trugen die im Mai wiedereröffnete Kultusgemeinde sowie das Palästina-Amt und die Zionistische Vereinigung und zionistische Jugendbewegungen. Der Leitung des Palästina-Amtes oblag die Aufrechterhaltung des Kontakts mit dem damals noch unter britischem Mandat stehenden Palästina und die Verteilung der in erster Linie für junge oder kapitalkräftige Emigranten ausgestellten Zertifikate und Einreisebewilligungen. Der Zionismus, vor 1938 von einem Teil des österreichischen Judentums entschieden abgelehnt, wurde nun auch die letzte Hoffnung überzeugter Assimilanten. Die »legalen« Einreisebewilligungen wurden von der britischen Mandatsverwaltung jedoch nur spärlich verteilt, und die »illegale« Einreise war mit solchen Devisen- und anderen Schwierigkeiten verbunden, daß weniger als 10 Prozent der 1938 bis 1941 emigrierten österreichischen Juden nach Palästina gelangten. Das Palästina-Amt richtete auch Ausbildungskurse für Emigranten ein, um ihnen die in Palästina erforderlichen Kenntnisse in der Landwirtschaft und bestimmten Handwerkszweigen sowie in Iwrith und Englisch zu vermitteln. Auch die Kultusgemeinde organisierte eine große Zahl von Umschulungs- und Sprachkursen, deren Absolvierung für Tausende Emigranten das einzige Kapital für den Aufbau einer neuen Existenz in der Fremde darstellte. Denn von Mitte März 1938 an war die Ausbeutung der jüdischen Emigranten aus Österreich das erfolgbringende Exerzierfeld jenes Mannes, der sich hier die Sporen für seine zentrale Stelle bei der Durchführung der »Endlösung« verdiente: Adolf Eichmann.

Adolf Eichmann, 1906 in Solingen geboren, aber in Linz aufgewachsen, war bis zu seinem Eintritt in die NSDAP und SS 1932 der erfolglose Sohn eines angesehenen Bürgers. Nach dem Verbot der NSDAP in Österreich emigrierte er in das Deutsche Reich. Dort gelangte er aufgrund einiger weniger Kenntnisse des Freimaurertums und der hebräischen Sprache, die er sich aus persönlichem Interesse angeeignet hatte, als Referent für Judenfragen in das SD-Hauptamt, wo er ab November 1937 die zionistischen Angelegenheiten bearbeitete. Nach dem »Anschluß« mit der Leitung aller jüdischen Angelegenheiten beim SD-Führer des Oberabschnittes Donau beauftragt, erklärte der damalige SS-Obersturmführer Eichmann Ende März jüdischen Funktionären unmißverständlich, daß er das jüdische Problem auf die schnellste und wirksamste Weise lösen müsse.

Die Lösung war damals für ihn eindeutig noch die rascheste Emigration möglichst vieler Juden, die dafür einen hohen Preis an das Reich zahlen sollten. Den ihm von führenden Zionisten vorgeschlagenen Plan zur Förderung illegaler Transporte nach Palästina lehnte er allerdings schon im Frühjahr 1938 mit der Bemerkung ab: »Aus diesen Transporten wird nichts, wir brauchen keine Verbrecherzentrale in Palästina. Die Juden werden atomisiert.« Nur der Hartnäckigkeit und Geschicklichkeit seiner Verhandlungspartner Dr. Perl und Galili (Krivos) war es zu verdanken, daß das Reichsfinanzministerium in Berlin die Wiener Nationalbank dennoch anwies, ihnen für 2000 Juden je 20 Pfund zum offiziellen Kurs von 12 Mark per Pfund zur Verfügung zu stellen. Der erste aus 386 Auswanderern bestehende Transport dieser Art verließ Wien am 9. Juni 1938. Zu seiner Abfertigung am Südbahnhof fand sich sogar Eichmann ein.

Für seine Organisatoren war das größte Problem auch weiterhin die Beschaffung der erforderlichen Devisen, die für diese »illegalen« Transporte von den jüdischen Organisationen Westeuropas nicht zur Verfügung gestellt wurden. Im Gegensatz zu deren Verhalten half die seit ihrer Wiedereröffnung unter der Leitung von Dr. Josef Löwenherz stehende Israelitische Kultusgemeinde Wien, soweit ihr das möglich war. Als die meist sehr armen burgenländischen Juden aus ihrer Heimat ausgewiesen wurden – laut »Stürmer« »fremdrassige Gauner« –, trieb sie 200.000 RM auf, um ihnen die Aufnahme in einen Transport zu ermöglichen. Die Einreise in andere Länder war jedoch ebenfalls teuer. Vor allem aber wurde ihre Realisierung infolge der erpresserischen Forderungen Eichmanns eine Aufgabe, der sich die Juden allein nicht gewachsen sahen. Schon am 2. Juni 1938 hatten Eichmann und ein Beamter der Reichsbank Dr. Löwenherz und dem Leiter des Palästina-Amtes Dr. Rothenberg die Einrichtung einer Beratungsstelle für Devisen- und Emigrationsfragen befohlen, da die deutschen Behörden den Juden keine Devisen zur Verfügung stellen würden. Die für die Auswanderung benötigten Devisen müßten aus dem Ausland beschafft werden. Die Emigranten, denen ein Viertel ihres Vermögens als »Reichsfluchtsteuer« abgenommen wurde, durften nicht mehr als 10 Mark Bargeld und 20 Mark in ausländischer Währung mitnehmen. Aktien durften nicht ausgeführt werden, ebenso keine in- oder ausländischen Versicherungspolizzen. Das Umzugsgut mußte durch einen beeideten Sachverständigen geschätzt werden. Für neu erworbenes Eigentum hatten die Emigranten eine zusätzliche Steuer von 100 Prozent des Preises zu bezahlen.

Die Durchführung dieser Bestimmungen hielten Löwenherz und Rothenberg nur in Zusammenarbeit mit Eichmann für möglich. Daher ging die Initiative zur Errichtung der »Zentralstelle für jüdische Auswanderung« unter der Leitung Eichmanns im August 1938 von ihnen aus. Ihr Wirkungsbereich erstreckte sich zunächst nur auf Wien und Niederdonau. Sie wurde im ehemaligen Rothschildpalais in der Prinz-Eugen-Straße untergebracht, in dem auch eine Expositur der für die Glaubensjuden zuständigen Israelitischen Kultusgemeinde und je eine der Gildemeester-Hilfsorganisation und der Schwedischen Mission für die nichtmosaischen Juden zugelassen wurden. Von nun an bekamen die zur Auswanderung Entschlossenen von dieser Stelle zunächst einmal Formulare, deren Erledigung durch Eichmanns »Fließbandsystem« erfolgte: Der Bewerber um einen Paß hatte der Reihe nach die Schalter der Kultusgemeinde, der Wirtschafts- und Finanzbehörden sowie der Gestapo zu passieren. Wenn er dann endlich einen kurz befristeten Paß erhielt, war er um den Großteil seines Eigentums gebracht. Die zur Beschleunigung der jüdischen Auswanderung errichtete Zentralstelle hat die Auswanderung in zahlreichen Fällen um Monate verzögert, um die Emigranten bis zum letzten Groschen zu erpressen.

Für das SD-Hauptamt in Berlin mag nicht zuletzt der finanzielle »Erfolg« ein Grund dafür gewesen sein, daß die Zentralstelle den Juden aus dem Reich als Vorbild für die Organisation der Auswanderung dargestellt wurde. Nach ihrem Muster wurde im Februar 1939 in Berlin unter der Leitung Heydrichs eine Zentrale Reichsstelle für jüdische Auswanderung errichtet, mit deren Geschäftsführung Eichmann aufgrund seiner »Erfolge« in Österreich im Oktober 1939 betraut wurde. Nach der Bildung des Reichssicherheitshauptamtes (RSHA) im September 1939 wurde er im Dezember 1939 in das Amt IV (Geheime Staatspolizei) des RSHA versetzt, in dem er im Jänner 1940 das Referat IV D 4 (Auswanderung und Räumung) und später das Referat IV B 4 (Judenangelegenheiten, Räumungsangelegenheiten) übernahm. Damit war die organisatorische Basis für die ein Jahr später aktuell werdende »Endlösung« geschaffen.

1938 haben die Rücksichtslosigkeit und Härte der Eichmannschen Methoden bei den österreichischen Juden zweifellos auch die letzte Illusion von einer menschenwürdigen Existenz im Dritten Reich zerstört und daher die Zahl der Emigranten wesentlich erhöht. Bis Mitte Mai 1939 waren nach einem Bericht des »Völkischen Beobachters« 100.000 österreichische »Glaubensjuden« emigriert. Die meisten waren vorher nach Wien gezogen, da sich hier die zentralen Auswanderungsstellen befanden. Am 30. April 1939 war die Verteilung in Nieder- und Oberösterreich sowie im Burgenland wie folgt (die Zahlen in der Klammer zeigen den Stand vom 2. Mai 1938): »Niederdonau: Baden bei Wien 120 (1821), Gänserndorf 25 (434), Mistelbach keine (306), Mödling

35 (1012), Neunkirchen 12 (402), St. Pölten 90 (1283), Tulln und Klosterneuburg 115 (510), Wiener Neustadt 5 (847). Oberdonau: Linz 35 (908), Steyr keine (72). Burgenland: Lackenbach keine (528), Mattersburg keine (369). Die im ehemaligen Burgenland jetzt noch lebenden 12 Konfessionsjuden wohnen ausschließlich in Neudörfl und Rust.« Hiezu muß gesagt werden, daß die jüdischen Gemeinden des Burgenlandes, die zu ihren christlichen Mitbürgern stets sehr gute Beziehungen hatten, die ersten und am schwersten betroffenen Opfer der NS-Verfolgung waren. Schon am 26. März 1938 wurden zehn begüterte jüdische Familien aus Frauenkirchen vertrieben. Daher kam es dort auch zu frühen, wenn auch vereinzelten Hilfsaktionen: Die Franziskaner in Frauenkirchen ließen dem jüdischen Gemeindevorsteher heimlich Lebensmittel zukommen. Die Kittseer protestierten sogar gegen die schlechte Behandlung ihrer Juden, die im April 1938 zwischen der »Ostmark«, Ungarn und der Slowakei hin und her gejagt wurden. Als am 31. Juli 1939 das Palästina-Amt aufgelöst wurde und Eichmann das Schwergewicht seiner Tätigkeit bereits nach Prag verlagert hatte, waren 104.000 österreichische Juden ausgewandert. Von diesen hatten 41.500 nur mit Hilfe der Kultusgemeinde das Reichsgebiet verlassen können, die ihnen Beiträge bis zur vollen Höhe der Fahrtkosten, Anschaffungsbeiträge und Landungsgelder in fremder Währung zahlte.

Die Mittel dazu hatte Dr. Löwenherz durch persönliche Verhandlungen in Wien, Berlin, Paris und London aufgetrieben. Vor allem das »American Joint Distribution Committee«, das Londoner »Council for German Jewry« und die Pariser »Hicem« stellten namhafte Devisenbeträge – bis 1942 viereinhalb Millionen Dollar – zur Verfügung. Außerdem wurden die vermögenden Emigranten veranlaßt, die ihnen übergebenen Devisen mit Reichsmark zu bezahlen, die ebenfalls für Auswanderungszwecke verwendet wurden. Unter ihnen spielten die schon erwähnten Umschulungskurse eine besondere Rolle. Sie wurde in einem Tätigkeitsbericht der Kultusgemeinde von 1939 folgendermaßen begründet: »Nach Neuordnung der Verhältnisse im Jahre 1938 kam man zur Erkenntnis, daß die bisherige Berufsschichtung der Wiener Juden im Falle der Auswanderung eine Existenzgründung im Auslande häufig erschwere.

Das Bestreben, einer möglichst großen Zahl von Juden handwerkliche und gewerbliche Tätigkeiten beizubringen, mußte unverzüglich unter Einsatz aller in Betracht kommenden Kräfte in die Tat umgesetzt werden. Nicht nur ungelernten Arbeitern, auch den bisherigen Angehörigen kaufmännischer, intellektueller und administrativer Berufe mußte die Möglichkeit geboten werden, manuelle Berufe derart zu erlernen, daß sie sich im Ziellande mit den erworbenen Kenntnissen eine bescheidene Existenz gründen oder zumindest als qualifizierte Hilfsarbeiter ihr Brot verdienen könnten.« Am 30. Juni 1941, eine Woche nach dem Überfall der deutschen Wehrmacht auf die UdSSR, lebten in Wien trotz des so »erfolgreichen« Wirkens Eichmanns und der intensiven Bemühungen österreichischer und internationaler jüdischer Organisationen, die Emigration möglichst vieler österreichischer Juden zu erreichen, noch 53.208 Juden, 19.687 Männer und 33.521 Frauen. In beiden Gruppen waren die meisten über 60 Jahre alt: 9958 Männer und 13.739 Frauen, für die eine Umschulung kaum mehr in Frage kam.

Bis 1942 richtete die Kultusgemeinde 3101 solcher Kurse ein, durch die 20.432 Männer und 21.773 Frauen, insgesamt 42.205 Personen, neuen Berufen zugeführt wurden. Die Gesamtzahl der in Umschulungsfragen beratenen Juden betrug rund 60.000. Die Umstellung und Eingewöhnung im Exil fielen trotzdem allen Emigranten schwer. Zu den Schwierigkeiten, die die fremde Sprache und der geänderte Sozialstatus bereiteten, kam noch die nicht gering zu veranschlagende Belastung, daß die meisten Länder den Flüchtlingen ihre Grenzen nur unwillig bzw. in sehr beschränktem Maße geöffnet hatten. Zur Zeit der Konferenz von Evian im Juli 1938, auf der unter dem Vorsitz des Delegierten Roosevelts, Myron C. Taylor, die Vertreter von 32 Staaten über das jüdische Flüchtlingsproblem berieten, ließen nur wenige Staaten jüdische Emigranten unbehindert einreisen. Laut »Stürmer« vom Juni 1938 war es »am besten« noch in Palästina, Australien und Nordamerika. Gegen die Einwanderung »mittelloser Juden« – entgegen einem noch heute vorhandenen Vorurteil die Mehrheit der österreichischen Juden – hatten die Schweiz, Frankreich, Rumänien, Ungarn und die Tschechoslowakei sogar ihre Grenzen gesperrt. Jugoslawien ließ nur getaufte Juden einreisen, und Polen nahm nicht einmal die früheren polnischen Staatsbürger auf. Die meisten jüdischen Flüchtlinge nahm Großbritannien auf: monatlich tausend, von denen ein Viertel aus Österreich kam. Allerdings durften sie bis Kriegsbeginn nur solche Stellungen annehmen, für die keine besondere Arbeitsbewilligung notwendig war, das heißt also in erster Linie im Haushalt und im Dienstleistungsgewerbe. Obwohl in Evian selbst kein Erfolg erzielt wurde, so haben sich doch danach die USA entschlossen, die Einwanderungszahl für die deutschen und österreichischen Juden auf 27.000 pro Jahr zu erhöhen. Australien erklärte sich bereit, innerhalb von drei Jahren 15.000 Flüchtlinge aufzunehmen. Unter dem Eindruck der »Reichskristallnacht« lockerten dann auch andere Staaten ihre Einwanderungsbestimmungen. Kuba erklärte sich bereit, allen Juden Visa zu erteilen, die 100 Dollar hinterlegen konnten.

Nach dem Überfall Hitlers auf Polen fielen die im September 1939 in den Krieg eingetretenen Staaten, vor allem Großbritannien, als Zufluchtsstätten aus. Dennoch konnten bis 1941 noch einige tausend österreichische Juden – allerdings unter den größten Schwierigkeiten –

nach den USA, Mittel- und Südamerika, Schanghai und Palästina auswandern. Bis zur endgültigen hermetischen Schließung der deutschen Grenzen für jüdische Auswanderer im November 1941 hatten 128.500 Juden, also ungefähr zwei Drittel der vor dem März 1938 in Österreich ansässigen, das Land verlassen. 55.505 von ihnen waren in europäische Länder emigriert, 28.700 nach Nordamerika, 11.580 nach Mittel- und Südamerika, 28.172 nach Asien und den Nahen Osten, 1880 nach Australien und Neuseeland, 644 nach Afrika.

Die meisten, 30.850, hatte Großbritannien aufgenommen. Ihm folgten die Vereinigten Staaten mit 28.615, China, hauptsächlich Schanghai, mit 18.124 und Palästina mit 9195. Auf dem europäischen Kontinent führte Italien mit der Aufnahme von 4460 österreichischen Juden, dann kam Belgien mit 4270, die Schweiz mit 2265, Polen mit 2260, Jugoslawien mit 1644, Frankreich mit 1635, Holland mit 1151, Ungarn mit 915. Nach Großbritannien, den USA und Palästina waren im Rahmen ihrer beschränkten Möglichkeiten Kuba, die Niederlande und Dänemark besonders aufnahmebereit.

Insgesamt wanderten österreichische Juden in 89 verschiedene Staaten aus, von denen eine Reihe europäischer im Krieg von den Armeen Hitlers besetzt wurde. Auf diese Weise gerieten viele Flüchtlinge, die bereits geglaubt hatten, der deutschen Herrschaft entronnen zu sein, wieder in die nationalsozialistische Vernichtungsmaschinerie. Zu den ihr Entkommen gehörte eine große Zahl prominenter Gelehrter und Künstler, von denen hier nur genannt seien: die Schriftsteller Raoul Auernheimer, Richard Beer-Hofmann, Franz Blei, Felix Braun, Hermann Broch, Max Brod, Ferdinand Bruckner, Elias Canetti, Ernst Lothar, Robert Neumann, Alfred Polgar, Alexander Roda-Roda, Joseph Roth, Felix Salten, Adrienne Thomas, Friedrich Torberg, Hans Weigel, Franz Werfel, Carl Zuckmayer, Stefan Zweig; die Komponisten Paul Abraham, Ralph Benatzky, Emmerich

Kálmán, Erich Wolfgang Korngold, Arnold Schönberg, Oscar Straus, Egon Wellesz; die Gelehrten Otto Benesch, Martin Buber, der 1904 an der Universität Wien zum Doktor der Philosophie promoviert worden war, Karl und Charlotte Bühler, Felix Ehrenhaft, Sigmund Freud, Hans Hoff, Hans Kelsen, Karl Landsteiner, Paul Lazarsfeld, Otto Loewi, Lise Meitner, Ludwig Mises, Wolfgang Pauli, Karl Popper, Erwin Schrödinger, Victor A. Weißkopf; die Dirigenten Rudolf Bing, Joseph Krips, Bruno Walter; die Regisseure Fritz Lang, Leopold Lindtberg, Otto Preminger, Max Reinhardt, Berthold Viertel; die Schauspieler und Sänger Elisabeth Bergner, Ernst Deutsch, Fritz Kortner, Alfred Piccaver, Richard Tauber; die Virtuosen Fritz Kreisler und Arnold Rosé.

Schon diese unvollständige Aufzählung zeigt, wieviel intellektuelles und künstlerisches Potential Österreich durch die vom Nationalsozialismus erzwungene jüdische Emigration verlorengegangen ist, da nach 1945 nur mehr wenige der Genannten zurückkommen konnten oder wollten. Daß die nach 1945 häufig beklagte Provinzialisierung des österreichischen und besonders des Wiener Kulturlebens mit der Austreibung und Vernichtung des österreichischen Judentums in einem ursächlichen Zusammenhang steht, ist relativ bald von namhaften Kulturkritikern des In- und Auslandes gesehen worden. Von dem, was die Emigration für die Auswanderer selbst bedeutete, ist jedoch kaum bzw. nur in ihren Memoiren die Rede. In ihrer ganzen Bitterkeit haben eine Existenz, »unbehaust in geborgten Sprachen und umgetrieben vom Wind« jenseits aller materiellen Schwierigkeiten vor allem die Älteren und jene empfunden, die eine besondere Beziehung zur Sprache haben: die Dichter.

Von Stefan Zweig, der als 61jähriger im brasilianischen Exil 1942 Selbstmord beging, stammt daher auch die erschütterndste Schilderung der Situation nach Ausbruch des Krieges in einem Londoner Reisebüro, in dem sich ehemalige Universitätsprofessoren, Bankdirektoren, Kaufleute, Gutsbesitzer und Musiker aus ganz Europa um ein Visum in irgendein Land der Erde drängten, das noch bereit war, sie aufzunehmen, eine »gespenstische Schar« von 50 gequälten Menschen, eine winzige Vorhut des ganzen europäischen Judentums, auf der Flucht vor dem hitlerischen Waldbrand. Sie alle haben das erlebt und wohl niemals ganz verwunden, was Zweig so eindringlich beschrieben hat: »Jede Form von Emigration verursacht an sich schon unvermeidlicherweise eine Art von Gleichgewichtsstörung. Man verliert – auch dies muß erlebt sein, um verstanden zu werden – von seiner geraden Haltung, wenn man nicht die eigene Erde unter sich hat, man wird unsicherer, gegen sich selbst mißtrauischer. Und ich zögere nicht zu bekennen, daß seit dem Tage, da ich mit eigentlich fremden Papieren oder Pässen leben mußte, ich mich nie mehr ganz als mit mir zusammengehörig empfand. Etwas von der natürlichen Identität mit meinem ursprünglichen und eigentlichen Ich blieb für immer zerstört. Ich bin zurückhaltender geworden, als meiner Natur eigentlich gemäß wäre, und habe – ich, der einstige Kosmopolit – heute unablässig das Gefühl, als müßte ich jetzt für jeden Atemzug Luft besonders danken, den ich einem fremden Volk wegtrinke. Mit klarem Denken weiß ich natürlich um die Absurdität dieser Schrullen, aber wann vermag Vernunft etwas wider das eigene Gefühl? Es hat mir nicht geholfen, daß ich fast durch ein halbes Jahrhundert mein Herz erzogen, weltbürgerlich als das eines ›citoyen du monde‹ zu schlagen. Nein, am Tage, da ich meinen Paß verlor, entdeckte ich mit achtundfünfzig Jahren, daß man mit seiner Heimat mehr verliert als einen Fleck umgrenzter Erde.«

3. »Reichskristallnacht«

Die in der Nacht vom 9. auf den 10. November 1938 mit Wissen und im Auftrag Hitlers durch den Reichspropagandaminister Goebbels einerseits und durch die SS-Führer Himmler und Heydrich andererseits im ganzen Deutschen Reich ausgelösten organisierten Terroraktionen gegen die Juden sollten offiziell die »spontane« Vergeltung des deutschen Volkes für den Tod des deutschen Legationsrats in Paris Ernst vom Rath sein, der den Folgen eines Attentats des 17jährigen Juden Herschel Grynszpan erlegen war. Dessen alter Vater war Ende Oktober – ebenso wie Tausende anderer von der deutschen Polizei schlagartig an die deutsche Grenze abgeschobenen polnischen Juden – hilflos, frierend und hungernd im Niemandsland umhergeirrt, da Polen den nach seinen Gesetzen Staatenlosen die Aufnahme verweigerte.

Wenn auch die Ausnützung der Tat Grynszpans durch die Machthaber des Dritten Reiches so eklatant war, daß schon damals in der ausländischen Presse der Verdacht geäußert wurde, er sei in Wirklichkeit ein deutscher Agent provocateur, für einen Racheakt hatte er zweifellos Motive. Daß dieser nicht, wie Grynszpan wollte, den deutschen Botschafter als Repräsentanten des nationalsozialistischen Staates, sondern einen den Nationalsozialismus sogar ablehnenden jungen Diplomaten traf, spricht jedenfalls gegen eine planmäßige Vorbereitung des Attentats. Seine blitzartige, auf brutale Einschüchterung und Ausbeutung der deutschen Juden angelegte »Vergeltung« zeigt jedoch, daß hier die erste sich bietende Gelegenheit für einen schon länger vorbereiteten Schlag benützt wurde. Das beweist gerade die Entwicklung in der »Ostmark«, die seit dem Frühjahr 1938 das Exerzierfeld für die deutsche Judenpolitik war.

Im September hatte man die Juden der niederösterreichischen Kleinstadt Horn gezwungen, binnen 24 Stunden die Stadt zu verlassen. Anfang Oktober beschloß die NSDAP-Gauleitung Wien, durch »spontane Massenaktionen« in einigen bürgerlichen Bezirken (17. bis 19. Bezirk) die Juden zu vertreiben. Nach der später bewußt praktizierten Vorgangsweise, die Juden an ihren hohen Feiertagen mit neuen quälenden Maßnahmen zu überfallen, drangen am 5. Oktober, dem jüdischen Versöhnungstag, SA-Männer in Zivil in den genannten Bezirken in jüdische Wohnungen ein, nahmen deren Inhabern die Wohnungsschlüssel ab und schickten die total verschreckten Juden zum Donaukanal, wo angeblich Schiffe nach Palästina warteten, oder zum Ostbahnhof. Über Intervention des Leiters des jüdischen Kriegsopferverbandes, der mit der Kultusgemeinde und dem Palästina-Amt zu den einzigen offiziell anerkannten jüdischen Organisationen gehörte, wurde die wohl nur aus sadistischen Gründen erklärbare, sonst jedoch völlig sinnlose Aktion aufgrund einer Berliner Weisung von Gauleiter Bürckel abgeblasen. Ein Beamter der Gestapo gab dies dem Kriegsopferverbandspräsidenten Professor Benzion Lazar mit der Bemerkung bekannt, es habe sich um ein »Versehen« gehandelt. Die dabei aus ihren Wohnungen Vertriebenen mußten dennoch zwei Tage in der Kultusgemeinde warten, ehe sie ihre Schlüssel zurückerhielten.

Herbert Rosenkranz hält es in seinem Buch über die »Reichskristallnacht« einer Untersuchung wert, »ob das Wiener Experiment nicht der Organisierung des Reichspogroms zum Vorbild gedient haben mochte«, und weist selbst auf einige Parallelen hin. Überzeugend kann Rosenkranz jedenfalls die zentrale Rolle des früheren Finanzministers im Anschlußkabinett Seyß-Inquart, Dr. Hans Fischböck, auf der Berliner Sitzung unter dem Vorsitz Görings am 12. November 1938 nachweisen, auf der die gänzliche Ausschaltung der Juden aus der Wirtschaft beschlossen wurde. Außerdem ist bereits der Oktober 1938 von einer Serie von Ausschreitungen gegen die Wiener Juden gekennzeichnet, deren Dichte selbst für die »Ostmark« neu war: Mitte Oktober wurden in jüdischen Bethäusern und in zahlreichen jüdischen Geschäften und Wohnungen Fensterscheiben und Möbel zerschlagen. Dabei wurden einige Juden mißhandelt und verletzt. Am 16. Oktober wurde in der Leopoldstadt im Tempel in der Tempelgasse ein Brand gelegt, der einen Teil des Gebäudes vernichtete. Zwei weitere Brandlegungen in Synagogen und die Zerstörung von vier jüdischen Geschäften in der Brigittenau folgten. In der zweiten Monatshälfte wurden in der Leopoldstadt und in der Brigittenau an die 2000 Juden polizeilich perlustriert und die meisten von ihnen in überfüllten Polizeigefängnissen und Notarresten inhaftiert. Nach einigen Tagen Haft wurden die Juden mit dem Auftrag, sich täglich beim Polizeiamt Leopoldstadt zu melden, gruppenweise entlassen. Ferner wurde ihnen die baldige Ausreise nahegelegt. Die Situation der Wiener Juden hat sich daher durch den Novemberpogrom wohl noch beträchtlich verschärft, er bedeutete für sie aber »keinen plötzlichen Einschnitt in bisherige Lebensbedingungen wie in Deutschland« (Rosenkranz). War doch schon im Oktober 1938 das Phänomen, das den Gegnern der Nationalsozialisten und dann ihnen selbst zur Bezeichnung des 10. November« diente – mit den Splittern zertrümmerter Auslagenscheiben und Fenster übersäte Straßen –, in Wien gar nicht selten. Es war der Vorbote der »Reichskristallnacht«.

Über ihre Inszenierung und ihre Ergebnisse liegen genaue und zum Teil sogar kritische Berichte des Sicherheitsdienstes und der Gestapo vor, da diese von der geplanten Vorgangsweise etwas später als die SA und die Parteistellen verständigt worden waren und sich daher übergangen fühlten. Schon diese Berichte sind zum Teil in jener von den Nationalsozialisten in den

Jahren der »Endlösung« zur Perfektion gebrachten pedantischen Bürokratensprache der »Schreibtischmörder« geschrieben. Außerdem geht aus allen Berichten hervor, daß man sich zwar auf die »kochende Volksseele« berief, gleichzeitig aber genaue Einsatzbefehle erteilte. Als Beispiel dafür werden aus dem Geheimbericht des SS-Untersturmführers Fast, des Leiters des SD-Unterabschnittes Tirol, vom 12. November 1938 einige Abschnitte wörtlich wiedergegeben:

»Nach der Vereidigung der SS am 9. November 1938, 24 Uhr, forderte mich der Führer der 87. SS-Standarte, SS-Sturmbannführer Erwin Fleiß, auf, in Vertretung des dienstlich abwesenden SS-Obersturmführers Dr. Gelb um 1 Uhr im Dienstzimmer des Gauleiters Hofer zu erscheinen. Der Gauleiter traf punkt 1 Uhr von München kommend in seinem Dienstzimmer ein. Anwesend waren die Führer der Gliederungen SS-Oberführer Feil, SA-Brigadeführer Waidacher usw. sowie die Leiter der Ordnungspolizei und Sicherheitspolizei, SS-Hauptsturmführer Dr. Spann von der Stapostelle Innsbruck, SS-Untersturmführer Dr. Franzelin von der Polizeidirektion Innsbruck usw., außerdem der Beauftragte für die Arisierung Pg. Hermann Duxneuner und ich als Vertreter des SD-Unterabschnittes Tirol.

Der Gauleiter gab folgendes bekannt:

Als Antwort auf den feigen jüdischen Mordüberfall auf unseren Gesandtschaftsrat vom Rath in Paris hat sich die kochende Volksseele im Reich bereits gegen die Juden gewandt. Unter anderem seien bereits mehrere Synagogen in Brand gesteckt worden. Es sei notwendig, daß sich auch in Tirol in dieser Nacht (vom 9. auf 10. November 1938) die kochende Volksseele gegen die Juden erhebe. Eventuell entstehende Brände von jüdischem Eigentum seien Sache der Feuerwehrlöschpolizei und nicht Sache des Eingreifens von Gliederungen der Bewegung. Die Polizeibehörde hätte im Rahmen der gesamten Aktion folgende Aufgaben:

1. Plünderungen seien zu verhindern, ebenso die Vernichtung oder Beschädigung arischen Vermögens.
2. Die Juden seien gegen Ende der Aktion zu ihrer eigenen Sicherheit in Schutzhaft zu nehmen, und zwar sofort als möglich, insbesondere Arbeitsfähige.

Der kochenden Volksseele sei bis in der Früh 6 Uhr volle Aktionsfähigkeit zu gewähren; bis dahin habe die Polizei nirgends den Demonstranten gegenüber in Erscheinung zu treten.

Während dieser Besprechung erhielt der stellvertretende Leiter der Stapostelle, SS-Hauptsturmführer Doktor Spann, ein F. S. des Gruppenführers Heydrich aus München mit den bekannten Anweisungen für die Stapo und den SD bezüglich der Judenaktion.

Abschließend – gegen 2.30 Uhr – wurden an Hand der Judenliste, die von Pg. Duxneuner beschafft wurde, die einzelnen Gliederungen planmäßig zur Aktion gegen jüdische Objekte und Personen eingesetzt, in Verbindung mit einem strengen Befehl zum Anlegen von Zivilkleidung.

Die allgemeine SS erhielt folgende Objekte und Personen zugeteilt:

1. Synagoge in der Straße der Sudetendeutschen,
2. die jüdischen Anwesen Gänsbacherstraße 4 (Graubart) und Gänsbacherstraße 5 (Bauer & Schwarz),
3. den Leiter der jüdischen Kultusgemeinde Doktor Richard Berger, Anichstraße Nr. 13.«

Die genannten Juden Richard Graubart, Karl Bauer und Richard Berger wurden bei der Durchführung der Aktion getötet. Wilhelm Bauer erlitt so schwere Kopfverletzungen, daß die Ärzte an seinem Aufkommen zweifelten. Weiters wurden 18 der insgesamt 130 Innsbrucker Juden verhaftet. »Nahezu alle von ihnen waren verletzt, jedoch nur einer auf schwere Art.« Das Ehepaar Popper wurde nach Zerstörung seiner Wohnung in die Sill geworfen. Es konnte sich jedoch retten, worauf der Mann verhaftet wurde. Wenn sich solche Vorfälle in dem kleinen, weitgehend schon »judenreinen« Innsbruck abgespielt haben, ist die vom Obersten Parteigericht der NSDAP seinerzeit angegebene Zahl von 91 Todesopfern der »Reichskristallnacht« sehr wahrscheinlich zu niedrig.

Dennoch wagte Goebbels in seinem öffentlichen Aufruf, mit dem er noch am 10. November den von ihm selbst entfesselten Pogrom wieder abblies, folgendes zu behaupten: »Die feige Mordtat des Juden Grynszpan hat im gesamten deutschen Volk eine nur allzu verständliche Empörung hervorgerufen, die sich auch angesichts der unvergleichlichen Gemeinheit der Tat und der unverfrorenen Frechheit, mit der sie ausgeführt wurde, in judenfeindlichen Kundgebungen äußerte. Wenn dabei trotz der so berechtigten Wut aller Deutschen keinem Juden ein Haar gekrümmt wurde, so mag man das in der Welt der Diszipliniertheit des deutschen Volkes zugute halten.«

Um die »Selbsthilfeaktionen« der Bevölkerung nunmehr befehlsmäßig zum Abschluß zu bringen, wurde auch der Tiroler SD, diesmal allerdings in Uniform, in der Nacht vom 10. auf den 11. November nochmals eingesetzt: »Ein Einschreiten war nicht notwendig, da in der Bevölkerung ein weiteres Aufflackern der Sühneaktion nicht mehr in Erscheinung trat.«

In Graz, wo SD und Gestapo erst nach der SA und der Gauleitung von »einer bevorstehenden Aktion« Kenntnis erhielten, wurden noch in der Nacht zum 10. November 350 Juden verhaftet. Sie wurden zunächst in den Arrest des Bezirksgerichtes gebracht, von wo sie am Abend des 11. mit der Bahn in ein Konzentrationslager überstellt wurden. Die Synagoge und die Aufbahrungshalle des jüdischen Friedhofes wurden »eingeäschert«. Einige Geschäfte in der Annenstraße wurden zerstört. Aber: »Tätliche Ausschreitungen gegen Juden sind nicht vorgekommen.«

Im Burgenland und in Niederösterreich wurden die Synagogen, Zeremonienhäuser und privaten Bethallen zerstört. In Niederösterreich, im Burgenland und in der

Oststeiermark wurden 45 jüdische Friedhöfe verwüstet. Auch in Linz kam es zur Zerstörung der Synagoge und zu Verhaftungen, aber nicht zu Plünderungen von Geschäften, da diese ebenso wie in Graz bereits alle »arisiert« waren. Dasselbe gilt für Klagenfurt, doch tobte sich dort die von der SA repräsentierte »kochende Volksseele« in jüdischen Wohnungen so aus, daß ein Sachschaden von insgesamt 200.000 Reichsmark entstand.

Für Salzburg stellte ein interner Polizeibericht fest, daß weiten Teilen der Bevölkerung wegen der »mangelnden Propaganda« nicht einmal der formale Anlaß für die »Volksempörung«, der Tod vom Raths, bekannt war. Die Ausschreitungen in der Nacht vom 9. auf den 10. November 1938 waren daher ausschließlich das Werk von »Funktionsangehörigen«. In der »Salzburger Zeitung« vom 10. November 1938 stand allerdings anderes: »In der Gaustadt Salzburg richtete sich der erste Sturm der Entrüstung gegen die Synagoge. Schon kurz nachdem im Laufe der Nacht das Ableben des Gesandtschaftsrates vom Rath in der Stadt bekannt geworden war, zog eine erregte Volksmenge vor das jüdische Wahrzeichen und zerstörte Fenster, Einrichtungsstücke und die jüdischen Kultgegenstände. Kein Wunder, daß auch alle Salzburger Geschäfte, die heute noch Juden gehören, die Wut der Bevölkerung zu spüren bekamen.« Das Ergebnis war die Zerstörung von sieben noch nicht »arisierten« Geschäften in der Stadt, die Vernichtung der Synagogeneinrichtung, Geschäftszerstörungen auch in Badgastein und Hallein. Die Waren mußten an die Nationalsozialistische Volkswohlfahrt abgeliefert werden. 60 bis 70 jüdische Männer, 41 in der Stadt Salzburg, wurden verhaftet und nach Dachau gebracht.

Am härtesten wurden von der »Reichskristallnacht« die Wiener Juden getroffen. Die Durchführung der »spontanen« Aktionen übernahmen von seiten der SS die Standarten 11 und 89, deren Führern jene Objekte zugeteilt wurden, für deren Vernichtung sie verantwortlich waren, so z. B. dem nachmaligen Mussolini-Befreier Otto Skorzeny zwei Synagogen im 3. Bezirk. Im Kreis VIII waren die Träger der Aktion seit dem Morgen des 10. November ausnahmslos Ortsgruppenleiter der NSDAP. Gegen Geschäfte und Wohnungen gingen in erster Linie politische Leiter und SA-Männer vor. In einigen Bezirken beteiligte sich auch die HJ, deren besonders rohes Verhalten sogar im Bericht des Wiener SD-Führers, SS-Hauptsturmführer Trittner, kritisch vermerkt wird, wie überhaupt über die »Reichskristallnacht« eine Fülle nationalsozialistischer Quellen, vor allem Durchführungsberichte von SS- und SD-Führern, vorliegt. Aus ihnen ergibt sich, daß 17 Tempel und 61 Bethäuser – laut »Stürmer« von Dezember 1938 nicht »wirkliche Gotteshäuser, sondern Stätten des Verbrechens« – vor allem durch Brandlegung mit Handgranaten zerstört wurden. 4083 jüdische Geschäfte wurden, zumeist geplündert und verwüstet, gesperrt. Allein im Kreis I wurden 1950 Wohnungen »ausgeräumt«. 7800 Juden wurden verhaftet, unter ihnen 1226, deren Einreiseerlaubnis in das Ausland bereits erteilt war oder die schon als Auswanderungswillige bei der »Zentralstelle für jüdische Auswanderung« geführt wurden. Alle Verhafteten wurden in sogenannten »Sammelstellen« in Schulen und anderen Notgefängnissen, wie z. B. den Sofiensälen, in unbeschreiblicher Enge und zum Teil unter maßlosen Quälereien festgehalten. Allein in der ehemaligen Klosterschule in der Kenyongasse wurden 27 Juden getötet und 88 schwer verletzt. 680 Juden begingen am 10. November und den folgenden Tagen Selbstmord. Von den Verhafteten wurden 4600 ab dem 16. November in das KZ Dachau verschickt, wo sie von allen »Reichskristallnachthäftlingen« am ärgsten mißhandelt wurden. 1865 wurden vorläufig »zurückgestellt« und 982 entlassen. Von den Zurückgestellten befanden sich noch zu Weihnachten allein 35 im Polizeigefangenenhaus. Wie viele weitere noch in das KZ gebracht oder freigelassen wurden, ist den vorliegenden Gestapo- und Polizeiberichten nicht zu entnehmen. Von den Dachauer Häftlingen wurden im ersten Halbjahr 1939 ungefähr 4000 unter der Bedingung, innerhalb zweier Wochen zu emigrieren, entlassen.

Im ganzen Deutschen Reich sind im Verlauf der »Reichskristallnacht« über 26.000 Juden verhaftet worden. Von ihnen wurden 10.911 in das KZ Dachau, 9845 nach Buchenwald und der Rest nach Sachsenhausen gebracht. In den KZ starben mehrere hundert infolge der Mißhandlungen durch die Wachmannschaften. In der »Reichskristallnacht« selbst gab es nach den Untersuchungen des Obersten Parteigerichtes der NSDAP »91 Fälle von Tötungen«. Der angerichtete Sachschaden betrug nach den ersten Schätzungen Heydrichs schon am 12. November 1938 25 Millionen Reichsmark; ungefähr 7500 Geschäfte waren zerstört worden. Diese Bilanz veranlaßte Göring bei der von ihm einberufenen und geleiteten Besprechung mit Heydrich und Vertretern des Reichsfinanz- und des Reichswirtschaftsministeriums im Berliner Reichsluftfahrtministerium am 12. November 1938 zu dem Ausruf: »Mir wäre lieber gewesen, ihr hättet zweihundert Juden erschlagen und hättet nicht solche Werte vernichtet!«

Auf dieser Sitzung, auf der der schon genannte Österreicher Hans Fischböck eine führende Rolle spielte, wurde folgendes beschlossen:

1. Die deutschen Juden müssen die durch den Pogrom entstandenen Schäden begleichen und die von den Versicherungen gezahlten Entschädigungen dem Reich zurückerstatten.

2. Als Sühne für den Tod Ernst vom Raths ist ihnen eine Bußzahlung im Betrage von 1 Milliarde Reichsmark auferlegt.

3. Alle jüdischen Unternehmen, Geschäfte und Handwerksbetriebe werden zwangsarisiert. Der Erlös aus

dem Verkauf dieser Betriebe muß auf ein Sperrkonto eingezahlt werden.

Die ebenfalls auf dieser Sitzung beschlossene Zwangsdeponierung von Wertpapieren und Aktien in jüdischem Besitz ging von Fischböck aus, der auch die Gründung einer »Treuhandstelle« der NSDAP zur Verwertung der Waren der liquidierten jüdischen Geschäfte und zur Einziehung jeglichen jüdischen Eigentums einschließlich der Zinshäuser vorschlug.

Wenn sich auch die Vertreter der staatlichen Zentralstellen die Vorhand bei der Durchführung der im Verordnungsweg erlassenen Sanktionen gegen die Juden sichern konnten, so hatte das Wiener Gauwirtschaftsamt doch schon am 10. November 1938 die Errichtung einer »Zentralstelle zur Verwertung aller im Gau befindlichen jüdischen Waren« beschlossen. Alle leicht verderblichen Waren mußten bis spätestens 14. November ohne Vergütung bei der NSV abgeliefert werden. Nach diesem Muster kam es vor dem Beginn der Deportationen 1941 in Wien auch zur Errichtung der Verwaltungsstelle »Vugestap«, die für den »Verkauf der von der Geheimen Staatspolizei, Staatspolizeileitstelle Wien, beschlagnahmten Umzugsgüter jüdischer Emigranten« organisiert wurde. Sie teilte aufgrund der eingereichten Antragsformulare (A für Möbel, B für Gebrauchsgegenstände) den Bewerbern sogar noch Kleider, Wäsche und Geschirr der vertriebenen und zum Teil schon ermordeten Juden zu Preisen zu, die aus dem Schätzwert und den äußerst niedrig gehaltenen Verkaufsspesen gebildet wurden. Der Verkauf fand auf dem Wiener Messegelände, Tierhalle 1 und 2, statt. Seine Dauer wurde von der »Vugestap« von vornherein auf »mehrere Monate« geschätzt ...

Damit sind wir jedoch der Entwicklung schon vorausgeeilt in eine Zeit, in der die Untertanen des Dritten Reiches dem Schicksal der Juden noch abgestumpfter gegenüberstanden als zur Zeit der »Reichskristallnacht«.

Sie hat damals die ganze zivilisierte Welt erregt, und es stellt sich die Frage, wie die Österreicher auf sie reagiert haben. Ihre Beantwortung muß ebenso wie die Behandlung des Gesamtproblems vorwiegend aufgrund nationalsozialistischer Quellen erfolgen, bei deren Aussagen – wie schon oben betont – aus mehreren Gründen Vorsicht geboten ist. Eine Kritik der Judenverfolgung ist in ihnen äußerst selten zu finden, doch läßt sogar die Akzentuierung der »Stürmer«-Hetze im Dezember 1938 einige Rückschlüsse auf die Stimmung zu. Dort hieß es auf dem Titelblatt unter dem Titel »Mordjude«: »Verrückte Judentat beschmutzt das Land, in dem der Mörderjude Gastrecht fand, ihr schafft dem Mördervolk nur freie Bahn, seid ihr mit dem Verbrecher zu human!« Darüber hinaus ist infolge der erwähnten ungleichzeitigen Information von SA, Partei, SS und SD und der Spannungen zwischen allen diesen Mächtegruppen der Schock über die ersten nationalsozialistischen Massenpogrome auch in den parteiinternen Berichten zum Ausdruck gekommen.

Für Österreich gilt das vor allem für die Aktennotiz des SS-Hauptscharführers Seeliger über eine Sitzung im Wiener Gauwirtschaftsamt über die »Vorfälle am 10. November 1938«, in der es heißt: »Über die stimmungsmäßige Auswirkung der Aktion herrscht unter den Teilnehmern nur eine Meinung: Ablehnung und Erschütterung über die Tatsache, daß bei der Durchführung Skandalszenen vorgefallen sind, die das Ansehen der Partei und des Reiches aufs schwerste schädigen. So haben u. a. zwei Hoheitsträger erklärt, daß, wenn es heute eine andere Partei im Reiche geben würde, es Pflicht eines jeden anständigen Menschen wäre, diese andere Partei zu unterstützen. Die Versammelten geben einmütig ihrer Überzeugung dahingehend Ausdruck, daß Pogrome und Vandalismus nicht die Mittel sind, um die Judenfrage zu lösen, und daß Schädigungen, Raub und Plünderung in der Bevölkerung und in weiten Kreisen der Parteigenossenschaft nur Abscheu hervorgerufen hat.«

Auch der schon erwähnte SS-Hauptsturmführer Trittner, der in seinem »Erfahrungsbericht über die Judenaktion vom 9. bis 11. November 1938« vom 21. November mehrfach das disziplinierte Vorgehen von SS und SD betont, resümierte ähnlich: »Diese Konfiskationen und sinnlosen Zerstörungen riefen naturgemäß bei der Bevölkerung schärfste Ablehnung hervor. Die Behandlung der Juden war zum Großteil eine sehr harte und artete meistens in brutale Züchtigung aus. Das Bekanntwerden dieser Einzelheiten wirkte auf die allgemeine Stimmung drückend, wodurch auch die anfängliche günstige Aufnahme der Gesamtaktion mit der Zeit in Mitleidenschaft gezogen wurde.«

Noch am 10. November hatte der gleiche Trittner erklärt, daß alle diese Aktionen (Tempelbrände, Verhaftungen der Juden und Schließung der jüdischen Geschäfte) »die ungeteilte Zustimmung der versammelten Menschenmassen« gefunden hätten. Man habe auf die Ausbeutung der arischen Bevölkerung durch die Juden in der »Systemzeit« hingewiesen, auf die vielen jüdischen Betrügereien, und der Hoffnung Ausdruck gegeben, daß die Juden, die nur ein gerechtes Los treffe, nach dem Pariser Mord nun endgültig aus Wien hinausgetrieben würden. Vor der Kreisleitung Leopoldstadt hat sich nach einem anderen SD-Bericht sogar eine große Menschenmenge versammelt, die diese Aktion durch Zurufe »freudigst begrüßte«. »Bei den Ein- und Ablieferungen konnte man die Bevölkerung schwer von Mißhandlungen der Juden zurückhalten. Öfters durchbrachen viele, darunter meistens Arbeiter, die Absperrungen und verprügelten Juden. Man hörte dabei vielfach die Rufe wie: ›... Schlagt sie tot, die Hunde, lernt ihnen in Dachau die Arbeit‹ und anderes mehr.«

Obwohl klar ersichtlich ist, daß dieser Bericht die Pogromstimmung bewußt ausmalt und wohl auch ihre

Dimensionen vergrößert, so war sie doch, von geschickten Propagandisten inszeniert, zweifellos vorhanden. Außerdem darf nicht übersehen werden, daß von Ereignissen solcher Art nicht nur in Wien vor allem der Mob angezogen wird. Daher verdient folgender, diesmal unterspielende Passus aus dem ersten Bericht Trittners vom 10. November 1938 besondere Beachtung: »Mitleid mit dem Los der Juden wurde fast nirgends laut, und wo sich ein solches dennoch schüchtern an die Oberfläche wagte, wurde diesem von der Menge sofort energisch entgegengetreten, einige allzu großen Judenfreunde wurden festgenommen.«

Die Namen dieser Wiener, die den Mut hatten, ihr Mitleid mit den Juden inmitten einer aufgehetzten Masse zu äußern, und ihn mit dem zumindest zeitweiligen Verlust der eigenen Freiheit bezahlen mußten, sind nicht bekannt.

Das gleiche gilt auch von jenen Wiener Polizisten, die damals jüdischen Häftlingen vor dem Abtransport in das KZ noch eine Begegnung mit ihren Angehörigen ermöglichten oder ihnen in zwei Tage lang verpflegungslos gelassenen Sammelstellen einen Teil der eigenen Ration abtraten, weil sie die Hungerqualen der Arretierten nicht länger mit ansehen konnten. Daß die »Reichskristallnacht« bei vielen traditionell mehr oder minder antisemitischen Katholiken eine Änderung ihrer Einstellung gegenüber den Juden bewirkte, ihnen für die Inhumanität des NS-Regimes »die Augen öffnete«, wird in den Antworten auf die eingangs erwähnte Priesterbefragung von 1979 mehrmals erwähnt.

Im allgemeinen war jedoch die Reaktion der Österreicher auf die »Reichskristallnacht« ähnlich ihrem Gesamtverhalten gegenüber dem Schicksal der Juden im Dritten Reich. Wohl die Mehrheit der Bevölkerung und auch ein Teil der Parteigenossen lehnten die Gewalttaten ab, doch hatten nur wenige, für die Geschichtsschreibung bis jetzt meistens anonym Gebliebene, den Mut, ihre Meinung außerhalb ihrer vier Wände kundzutun oder gar den Juden aktiv zur Seite zu stehen. Es fehlte ihnen gegenüber jenes Solidaritätsgefühl, das z. B. die Dänen oder Holländer mit ihren jüdischen Mitbürgern verband. Sicherlich beruhte dieses auch darauf, daß dort die deutsche Judenpolitik ausschließlich aus Aktionen der von Anfang an abgelehnten und verhaßten deutschen Besatzung bestand. Darüber hinaus hat aber in Österreich wie in Deutschland eine lange antisemitische, aus konfessionellen, sozioökonomischen und rassistischen Quellen gespeiste Tradition dem Nationalsozialismus gerade in der Einstellung zu den Juden vorgearbeitet. Für diesen wiederum war die »Reichskristallnacht« ein Testfall. Er zeigte, daß nach fünfjähriger systematischer Entrechtung und Verfemung der Juden auch bei deren gewaltsamer Verfolgung, bei Raub und Mord, im Dritten Reich kein kollektiver Protest, kein Aufstand zu erwarten war.

4. Deportation und »Endlösung«

Karl Dietrich Bracher hat schon vor einigen Jahren mit Recht darauf aufmerksam gemacht, daß die Idee einer Judenvernichtung durch Gas bereits in »Mein Kampf« auftaucht und von seinem im Krieg durch Giftgaseinwirkung kurzfristig erblindeten Verfasser positiv bewertet wurde:

»Zwölftausend Schurken zur rechten Zeit beseitigt, hätte vielleicht einer Million ordentlicher, für die Zukunft wertvoller Deutscher das Leben gerettet.« Hitler machte diese Äußerung im Rückblick auf den Ersten Weltkrieg. Der Zweite Weltkrieg gab ihm dann die Möglichkeit zur Realisierung aller jener Pläne, einschließlich seines mörderischen Rachefeldzuges gegen die Juden, die in »Mein Kampf« nachzulesen sind, von den meisten der zeitgenössischen Leser aber als Hirngespinste eines Phantasten abgetan wurden.

Schon unmittelbar nach Kriegsausbruch fand zwischen dem 9. und 11. September 1939 in Wien eine Verhaftungsaktion von Juden statt, bei der 1048 Männer festgenommen wurden, unter ihnen 125 Insassen jüdischer Altersheime, von denen mit einer einzigen Ausnahme alle 74 bis 85 Jahre alt waren. Nach einem Zwischenaufenthalt in Wiener Gefängnissen wurden sie Ende September in das KZ Buchenwald transportiert. Die Behandlung im sogenannten »kleinen Lager« in Buchenwald war von einer derartigen Brutalität – Erschießungen und Vergiftungen durch die SS-Wachmannschaft fanden laufend statt –, daß im Jänner 1939 von den 1048 am 2. Oktober eingelieferten Juden bereits 700 tot waren. Das Jahr 1945 und damit die Befreiung haben überhaupt nur 27 erlebt.

Die rasche und siegreiche Beendigung des Polenfeldzuges bewog das Reichssicherheitshauptamt dazu, den Plan eines Judenreservates, der im Februar 1939 von Alfred Rosenberg auf einer Pressekonferenz noch als Madagaskarprojekt erörtert worden war, im nunmehrigen Generalgouvernement unter deutscher Herrschaft zu verwirklichen. Es nahm dafür das Gebiet südlich von Lublin »mit seinem stark sumpfigen Charakter« in Aussicht, »welche Maßnahme womöglich eine starke Dezimierung der Juden herbeiführen könnte«, wie der Distriktsgouverneur Schmidt dem ehemaligen österreichischen »Anschlußkanzler« Arthur Seyß-Inquart bei einer Inspektionsreise in Polen im November 1939 erklärte. Diese Äußerung beweist, daß schon lange vor der Wannseekonferenz, ja sogar noch vor dem deutschen Überfall auf Rußland, dem die Verwendung des Terminus »Endlösung der Judenfrage« in einem Erlaß des RSHA unmittelbar vorhergeht, die Vernichtung der Juden sogar mittelrangigen nationalsozialistischen Funktionären eine erstrebenswerte Selbstverständlichkeit war.

Zum Zeitpunkt der Inspektionsreise Seyß-Inquarts waren bereits 1584 Juden aus Österreich in zwei Transporten von Wien nach Polen, und zwar genau in jenes Gebiet südlich von Lublin, »zum Aufbau eines Barackendorfes in Nisko« deportiert worden. Der für alle Umsiedlungen in das Generalgouvernement zuständige nunmehrige SS-Hauptsturmführer Eichmann hat diese ersten Judendeportationen aus Österreich, die mit jenen aus Mährisch-Ostrau überhaupt die ersten Aktionen dieser Art außerhalb Polens waren, mit Vertretern der Gestapo Wien organisiert. Sie gingen am 20. und 26. Oktober 1939 vom Wiener Aspangbahnhof ab. Sie waren von der Israelitischen Kultusgemeinde auf Befehl der Zentralstelle für jüdische Auswanderung zusammengestellt worden. Laut Gestapo-Bericht vom 21. Oktober hatte die übrige Bevölkerung nur spärliche Nachrichten darüber und wußte »im großen und ganzen von dieser Aktion nichts«.

Für die einzelnen Transporte, denen je 25 Schupo-Beamte unter Führung eines Polizeimeisters zugeteilt waren, »die jede Fluchtgefahr mit der Waffe zu verhindern« hatten, war eine jüdische Transportleitung verantwortlich. Die Transporte kamen nach dreitägiger Fahrt in Nisko an, in dessen Nähe aus Mährisch-Ostrau deportierte Juden bereits in Zarzecze Notbaracken errichteten. In Zarzecze wurden jedoch nur 198 Mann der Wiener Transporte zurückbehalten. Die anderen wurden in Gruppen auf einer Wiese in der Nähe des Lagers aufgeteilt und erhielten den Befehl, in Richtung der russischen Grenze weiterzumarschieren. Nach zwei Stunden dürfe niemand mehr in der Gegend angetroffen werden. Durch Schüsse vorwärtsgejagt, flüchteten die Juden unter Zurücklassung ihres spärlichen Gepäcks – das erlaubte Höchstgewicht war 50 kg – zunächst nach Norden und schließlich tatsächlich über die russische Grenze in Städte des ehemaligen Galizien. Dort wurden sie im Sommer 1940 von den russischen Behörden registriert, die ihnen folgende Alternativen stellten: Option für die UdSSR, Rückkehr in den deutschen Machtbereich oder Auswanderung. Mit Rücksicht auf ihre Familienangehörigen meldete sich die Mehrheit für die Rückkehr, die Minderheit für die Option und einige wenige für die Ausreise. Die Optanten erhielten nach und nach Arbeitsplätze in Städten, die ein Jahr später die Deutschen eroberten, alle anderen wurden zum größten Teil nach Sibirien in Arbeitslager abtransportiert. Daher sind auch von diesen ersten Deportationen, denen noch kein systematischer Vernichtungsplan zugrunde lag, nach der Auflösung des Barackendorfes Zarzecze im April 1940 nur jene 198 Mann nach Wien zurückgekehrt, die im Oktober 1939 dort von der SS zurückgehalten worden waren.

Obwohl Eichmann und seine Mitarbeiter schon vom 20. Oktober 1939 an für jeden Dienstag und Donnerstag laufend Transporte von je 1000 Juden aus Wien vorgesehen hatten, wobei vom vierten Transport an auch ganze Familien deportiert werden sollten, wurde diese Aktion nach dem zweiten Transport eingestellt. Die Gründe waren nach der Meinung von Jonny Moser, der die Geschichte der Judendeportationen aus Österreich erforscht hat, folgende: Mangel an Transportzügen wegen der Vorbereitung des deutschen Westangriffs, diplomatische Konflikte mit der UdSSR wegen des Abschubs von Juden auf russisches Gebiet und der Vorrang der Aussiedlung von Juden und Polen aus dem sogenannten Warthegau. Trotz des raschen Abbruchs waren auch diese ersten Deportationen aus Wien – ähnlich wie die Einrichtung der Zentralstelle für jüdische Auswanderung 1938 – Experimente von exemplarischer Bedeutung. Größe und Rhythmus der Transporte entsprachen nach ihrer Wiederaufnahme Anfang 1941 ebenso wie die Beauftragung der Kultusgemeinde und später des jüdischen Ältestenrates mit der Mitwirkung bei den Transporten dem Modell von 1939.

Die Vorbereitung der Transporte von 1941 reicht bis in den Herbst 1940 zurück. Am 24. September teilte der Stellvertretende Wiener Gauleiter Scharizer in einem vertraulichen Schnellbrief allen Kreisleitern und der Gestapo mit, daß Reichsleiter Martin Bormann »angesichts der brennenden Wohnungsnot«, deren Behebung die Nationalsozialisten nach dem 11. März 1938 noch als Instrument ihrer »Sozialpolitik« verwendet hatten, die sofortige Wiederaufnahme einer planvollen und durchgreifenden Judenumsiedlung wünsche. Die Kreisleiter mußten daher bis spätestens 1. November durch die Ortsgruppenleiter sämtliche in ihrem Gebiet vorhandenen jüdischen Wohnungen erheben lassen:

»Der Haushalt ist jüdisch, wenn dem Haushaltungsvorstand, bzw. bei dessen Fehlen, der Frau auf der Lebensmittelkarte das J zukommt.« Unter den auf diese Weise erhobenen Wohnungen hat der Ortsgruppenleiter jene Wohnungen auszusuchen, die eine weitere Einweisung von Personen zulassen. Weiters hat er vorzuschlagen, »welche jüdische Wohnungen durch die Auffüllung der in Punkt 2 festgestellten Wohnräume frei werden könnten«. »Ausgeschlossen von diesen Erhebungen sind alle ausländischen jüdischen Wohnungsinhaber sowie jüdische Kriegsverletzte, die von der Führung des J auf der Lebensmittelkarte befreit sind.«

Ausnahmebestimmungen dieser Art für zumindest fünfzigprozentige Kriegsinvalide und für Mischehepartner wurden auch bei der Einführung des »Judensterns« und bei der Deportierung getroffen. Sie haben durch die »Privilegierung« einiger Juden unter den Verfolgten schließlich sogar lebensrettende Klassenunterschiede und damit eine zusätzliche psychologische Belastung geschaffen, die Victor von Klemperer in seiner »Lingua Tertii Imperii« eindringlich beschrieben hat.

Der Schnellbrief Scharizers ist aber auch durch seinen Schlußsatz typisch für die nationalsozialistische Taktik gegenüber den Juden, die bis zuletzt über ihr Schicksal im unklaren bleiben sollten: »Die Ortsgruppenleiter sind strengstens anzuweisen, den Juden gegenüber von dem Zweck der Erhebungen nicht zu sprechen und diesen Zweck überhaupt möglichst vertraulich zu behandeln.«

Die Erhebungen für die »Judenumsiedlung« waren also bereits im Gange, als der Wiener Reichsstatthalter Baldur von Schirach bei einer Besprechung im Führerhauptquartier am 2. Oktober 1940 über die Lage im Generalgouvernement den Generalgouverneur Dr. Hans Frank in Gegenwart Hitlers aufforderte, ihm noch jene mehr als 50.000 in Wien befindlichen Juden »abzunehmen«, was Frank als undurchführbar ablehnte. Er wisse selbst nicht, was er mit den vielen Juden anfangen solle. Daraufhin verlangte Hitler von Schirach, den er im Juli 1940 bei gleichzeitiger Ankündigung der Juden-»Aussiedlung« zum Reichsstatthalter in Wien ernannt hatte, einen Bericht über den Stand der Judenfrage in Wien. Dieser Bericht hatte die Entscheidung Hitlers zur Folge,

»daß die im Reichsgau Wien noch wohnhaften Juden beschleunigt, also noch während des Krieges, wegen der in Wien herrschenden Wohnungsnot ins Generalgouvernement abgeschoben werden sollen«. Schirach wurde davon am 2. Dezember in Kenntnis gesetzt. Am 18. Dezember teilte Schirach, der noch im September 1942 vor einem internationalen Jugendkongreß die »Abschiebung von Zehntausenden von Juden ins östliche Ghetto« als einen »aktiven Beitrag zur europäischen Kultur« werten sollte, seinerseits den Wiener SS-, Polizei- und Gestapoführern mit, daß die Abschiebung der Juden Anfang nächsten Jahres in Angriff genommen werden solle. Schon drei Wochen vorher, am 26. November, hatte Scharizer allen Kreisleitern ein Schreiben der Gestapo zugesendet, durch das der Verkauf der durch die Judenumsiedlung freiwerdenden Einrichtungsgegenstände geregelt wird: »Die auf Ihren Kreis entfallende Anzahl von Ankaufsanträgen geht Ihnen, nach der Einwohnerzahl errechnet, auf schnellstem Wege zu.«

Die »Regelung« bestand in der Errichtung der schon erwähnten »Vugestap« am Bauernmarkt 24, die ein eigenes Antragsformular ausgearbeitet hatte, mit dem sich nicht nur Parteigenossen, sondern auch von Blockleitern informierte Familien, »die Möbel benötigen«, um den jüdischen Nachlaß bewerben sollten – und es auch getan haben: politische Leiter sogar in Uniform, da dies im März 1941 ausdrücklich verboten wurde. Für die Verwertung der jüdischen Habe war jedenfalls schon vorgesorgt, als der Leiter der Israelitischen Kultusgemeinde Wien, Dr. Löwenherz, von der Gestapo am 1. Februar 1941 erfuhr, daß am 15. und 19. Februar und von da an jeden folgenden Mittwoch Transporte mit je 1000 Wiener Juden in das Generalgouvernement abgehen würden, wohin man bis Mai 10.000 Wiener Juden umsiedeln wolle. Gleichzeitig wurde Dr. Löwenherz mitgeteilt, daß die Umschulungskurse für Erwachsene und Jugendliche sofort aufzulösen seien. Die Auswanderung der Juden nach Übersee gehe weiter und solle von der Kultusgemeinde nach wie vor betrieben werden. Ausgeschlossen sei die Auswanderung nach Jugoslawien. Der Reichssicherheitsdienst war also zwei Monate vor Beginn des deutschen Überfalls auf Jugoslawien offensichtlich schon genau informiert und ließ daher in dieses Land keine Juden mehr emigrieren.

Die Auswahl der für die Umsiedlung nach Polen bestimmten Personen sowie die Durchführung der Transporte erfolgte durch die Zentralstelle für jüdische Auswanderung in Wien, zu deren Leiter nunmehr Dr. Löwenherz bestellt wurde. Er nahm dieses Amt in der Hoffnung an, den Juden damit helfen zu können. In Wirklichkeit wurden er und seine Mitarbeiter, vor allem Rabbi Murmelstein, jedoch nur Handlanger des SD und der SS. Die Kultusgemeinde, deren Angestellte man von den Transporten herauszuhalten versprach, bekam drei bis vier Tage vor Abgang des jeweiligen Transportes die Listen der für ihn bestimmten Juden, »um ihnen die getroffene Anordnung zur Kenntnis zu bringen«. Auf diese Weise wurden vom 15. Februar bis zum 12. März 1941 in insgesamt fünf Transporten 5021 Wiener Juden mit nur so viel Gepäck, wie sie selbst tragen konnten, in kleine polnische Landstädte deportiert. Dort war für ihre Unterbringung und Ernährung nicht die mindeste Vorsorge getroffen. Sie mußten zunächst in Synagogen und Notquartieren auf Stroh schlafen, ehe sie in den ohnedies schon überfüllten kleinen Häusern der ortsansässigen Juden unterkamen. Die Lebensmittel waren teuer, und die vor der Deportierung mit Ausnahme von 40 Zloty ihrer ganzen Mittel beraubten Neuankömmlinge befanden sich daher alle in jener Situation, die ein junges Mädchen, das mit dem ersten Transport nach Opole gekommen war, folgendermaßen beschrieben hat: »Mit dem Geld, das wir haben, können wir höchstens eine Woche leben und dann können wir glatt verhungern. Wir haben bis jetzt unsere Koffer noch nicht erhalten, diese bekommen wir erst, bis die Kopfsteuer von 10.000 Zloty, die die hier angekommenen Juden bezahlen müssen, eingebracht sind. Wenn man hier anlangt, dann sieht man erst, wie gut es uns früher gegangen ist. Gerade hören wir jetzt, daß wir bis morgen alle Binden mit dem Zionsstern tragen müssen. Wir sind in einer solchen verzweifelten Lage, daß wir überhaupt nicht wissen, was zu tun, und es aufs tiefste bedauern, diesem Leben nicht schon zu Hause ein Ende bereitet zu haben ...« Der Wiener Universitätsprofessor Heinrich Joseph, seine Frau und seine Schwiegermutter hatten dies wegen der »Judenumsiedlungsaktion« schon am 15. Jänner getan.

Noch ehe Nachrichten über das Schicksal, das sie in Polen erwartete, an die Zurückgebliebenen gelangen konnten, hatte die Gestapo, »um die Flucht der Juden in andere Teile des Reiches zu verhindern«, bereits am 1. Februar eine Verfügung erlassen, daß Juden mit ständigem Wohnsitz in Wien das Gaugebiet ohne besondere schriftliche Zustimmung der Zentralstelle auf eigenem Formular nicht verlassen dürfen. Am 12. Februar fand im Büro des berüchtigten Gestapo-Obergebietsführers Müller am Ballhausplatz 2 unter dessen Vorsitz eine Besprechung zur Regelung »von Sonderfragen« statt, »die sich bei der Evakuierung der Juden aus Wien in das Generalgouvernement ergeben haben«. Die an der Sitzung teilnehmenden Gestapo- und SS-Führer und Gaubeamten einigten sich darauf, daß mindestens fünfzigprozentig Kriegsbeschädigte zwar einer Sonderbehandlung unterzogen, ihre Angehörigen jedoch »ausnahmslos in die Aktion einbezogen werden sollten«. Für Mischehen wurden folgende Regelungen getroffen: Wenn der Mann ein Jude ist und die Frau eine Arierin und keine Kinder vorhanden sind, so soll die Frau zunächst auf ihre rassischen Pflichten aufmerksam gemacht und ihr die Scheidung nahegelegt werden. »Falls die Scheidung eingeleitet wird, wird der Jude in den

Transport aufgenommen. In diesem Fall wird die Frau in vermögensrechtlicher Hinsicht berücksichtigt. Das Wohnungsamt nimmt auf diesen Fall keine Rücksicht und siedelt innerhalb des Gemeindegebietes um. Ist der Mann ein Arier und die Frau eine Jüdin, so gilt der Haushalt als arisch. Die Frau wird daher nicht in die Aktion einbezogen und auch das Wohnungsamt nimmt keine Umsiedlung vor. Ist jedoch eine Scheidung eingeleitet, wird die Jüdin für die Evakuierung erfaßt. Juden, die arische Kinder adoptiert haben, werden nicht berücksichtigt. Staatenlose Juden werden in die Aktion ausnahmslos einbezogen. Schwerkranke, die nicht evakuierungsfähig sind, werden in das Rothschildspital oder in ein jüdisches Altersheim gebracht, ihre Angehörigen werden evakuiert. Juden, die in Arbeit stehen, werden ohne Rücksicht auf diesen Umstand evakuiert.«

Aus den Tagesberichten der Gestapo geht außerdem hervor, daß die Deportation bereits im Jänner als Strafe für das geringste »Vergehen« vorgesehen war. So war z. B. am 27. Jänner der Ingenieur Edmund Hirsch für die Dauer von 21 Tagen verhaftet worden, weil er bei einer Exekution in seiner Wohnung in der Döblinger Peter-Jordan-Straße zu dem Finanzbeamten gesagt hatte: »Was wollt ihr mir machen, einem 78jährigen Mann, alles werde ich verkaufen, nichts könnt ihr mir tun!« Außerdem hatte er laut Gestapobericht noch »die Frechheit«, sich nachträglich beim Finanzamt Währing über den Beamten zu beschweren. Seine Haftentlassung wurde für den 16. Februar vorgesehen, doch wurde gleichzeitig die Zentralstelle für jüdische Auswanderung verständigt, »damit sie den Juden mit einem der nächsten Transporte in das Generalgouvernement umsiedelt«.

Neben den Aushebungen mit Polizeiassistenz für die Deportation nach Polen liefen aber auch die Judenumsiedlungen innerhalb Wiens weiter. Da dies jedoch den Überblick über den Aufenthalt der einzelnen Juden und damit die Transportzusammenstellung erschwerte, ersuchte SS-Obersturmführer Brunner schon in der Besprechung vom 12. Februar, die Umsiedlung innerhalb des Gaugebietes abzustoppen. Bei dieser Besprechung bat weiters der Gaugeschäftsführer Laube, ihm in jedem Fall schriftlich Mitteilung zu machen, »wenn ein Parteigenosse mündlich oder schriftlich bei der Staatspolizeileitstelle oder bei der Zentralstelle vorstellig wird, daß Ausnahmen für bestimmte Juden von der Evakuierung gemacht werden«.

Obergebietsführer Müller teilte in diesem Zusammenhang mit, daß sich der Reichsleiter allein vorbehalten habe, Ausnahmeverfügungen zu treffen. Daraus geht hervor, daß zumindest anfänglich einige Parteigenossen versucht haben, ihnen bekannte Juden vor der Deportation zu retten. Sogar Reichsstatthalter Schirach hat sich für einige Künstler und Wissenschaftler eingesetzt und »in Einzelfällen« Sondergenehmigungen erreicht. Wie gering der Erfolg solcher Bemühungen aber auch in prominenten Fällen sein konnte, zeigen die Tagebuchaufzeichnungen des deutschen Schriftstellers Jochen Klepper. Sein Roman über den preußischen Soldatenkönig »Der Vater« ist auch nach Kriegsbeginn mehrmals neu aufgelegt worden. Dennoch konnte er trotz der Fürsprache des Reichsinnenministers Frick beim Reichssicherheitsdienst die Emigrationserlaubnis für seine jüdische Stieftochter nicht erreichen. Vor deren unmittelbar bevorstehenden Deportation sah der tiefgläubige Christ daher nur mehr einen Weg: Am 11. Dezember 1942 ging er mit Frau und Kind freiwillig in den Tod.

Zu diesem Zeitpunkt waren auf dem Territorium des Generalgouvernements und im vormaligen sowjetischen Polen bereits mehrere Millionen Juden ermordet worden. War bis zum Beginn des Rußlandfeldzuges die jedenfalls von Hitler und seinen engsten Trabanten schon damals gewünschte Vernichtung der Juden durch Aushungerung und Morde im KZ – wie z. B. die Ertränkung des österreichischen Juden Hamber und die Liquidierung 31 weiterer Häftlinge seines Kommandos im Mai 1941 im KZ Buchenwald – erfolgt, so erreichte sie nach dem 22. Juni 1941 durch den Einsatz anderer Methoden bis dahin unvorstellbare Dimensionen.

Schon im Mai 1941 war den Führern der Einsatzgruppen des SD mündlich der geheime Befehl zur Erschießung aller Juden erteilt worden. Am 2. Juli teilte Heydrich den höheren SS- und Polizeiführern mit, daß alle Funktionäre der Komintern, die höheren, mittleren und radikalen unteren Funktionäre der KPdSU, Volkskommissare, Juden in Partei- und Staatsstellungen und sonstigen radikalen Elemente zu exekutieren seien. Diese Anweisungen bildeten auch den Inhalt des sogenannten »Kommissarerlasses« (Einsatzbefehl Nr. 8 des Chefs der Sicherheitspolizei und des SD) vom 17. Juli 1941, den dann das RSHA dazu benützte, um auch aus anderen Ländern deportierte Juden im territorialen Geltungsbereich des Erlasses durch die Einsatztruppen der Sicherheitspolizei und des SD zu Hunderttausenden erschießen zu lassen. Hatte doch Hermann Göring als Vorsitzender des Ministerrates für die Reichsverteidigung ihren Chef Reinhard Heydrich schon am 31. Juli mit der »Gesamtlösung der Judenfrage im deutschen Einflußgebiet in Europa« in Form einer den Zeitverhältnissen entsprechenden »möglichst günstigen Lösung« beauftragt.

Schon vorher – Mitte Juli – sind Wiener Juden, die im Zuge der Mitte März wegen des bevorstehenden Balkanfeldzuges eingestellten Frühjahrstransporte in das Generalgouvernement deportiert worden waren, bei Massenerschießungen im Ghetto von Drohobycz umgebracht worden. An diesen »Exekutionen« nahm auch ein österreichischer SS-Mann teil, der in seinem Tagebuch notierte, daß die wehrlosen Opfer noch immer von Wien träumten und daß sie erstaunlichen Mut bewiesen. Über seine eigene Reaktion schrieb er: »Eigentümlich, in mir rührt sich gar nichts, kein Mitleid, nichts. Es ist eben so und damit ist alles erledigt ...«

Mitte Oktober 1941 wurden über Befehl des Reichssicherheitshauptamtes, der nun zum erstenmal auch im sogenannten »Altreich« Judendeportationen vorsah, die Deportationen aus Wien wiederaufgenommen. Vom 15. Oktober bis 2. November 1941 sind fünf Transporte mit 4995 Personen von Wien nach Lódz abgefertigt worden. Von ihnen wurde bereits der größte Teil in das Vergasungslager Chelmno bei Posen umgesiedelt und dort in den fahrbaren Gaskammern ermordet. Von den im Ghetto von Lódz konzentrierten, aus dem Reich und Österreich deportierten Juden wurden 10.527 umgesiedelt, während 6257 im Ghetto selbst starben. Aber auch unter den im Frühjahr 1941 nach Opole und anderen kleinen polnischen Städten Deportierten war die Sterblichkeit enorm. Eine 15jährige Wienerin hatte dort innerhalb eines Jahres Mutter, Vater und eine Tante verloren. Sie selbst lag monatelang schwerkrank im Spital. Im März 1942 schrieb sie an die letzten Wiener Verwandten: »Nun stehe ich ganz allein und verlassen da und kann mir nicht helfen, da es hier keinerlei Verdienstmöglichkeit gibt. Erbarmt Euch meiner. Mutter und Vaters Sachen sind bei Frl. Käthe Weißgram, 2, Taborstraße 6/4. St. Bitte l. Tante, setze Du Dich mit ihr in Verbindung. Schickt mir davon, was möglich ist. Ich bin ja noch jung und möchte diese schwere Zeit doch gerne überleben ...«

Dieser Wunsch ist jedoch nur 2142 von insgesamt 67.601 in Konzentrationslager verschleppten und deportierten österreichischen Juden erfüllt worden. Selbst von jenen, die Hitler schon einmal durch Emigration entkommen waren, fielen 15.000 wieder in die Hände der deutschen Machthaber, die sie entweder so wie im Zuge der Strafaktionen gegen serbische Partisanen Ende Oktober 1941 in Sabac und Anfang 1942 in Nisch zusammen mit den Einheimischen an Ort und Stelle erschießen oder in die Vernichtungslager deportieren ließen.

Von Wien gingen seit dem Herbst 1941, nur noch durch kurze Pausen unterbrochen, laufend Transporte ab. Sie wurden in den Gestapo-Berichten immer mit den gleichen Worten registriert, z. B.: »Am 23. November 1941 um 17.30 Uhr ist der 6. Transport mit 1000 Juden vom Aspangbahnhof in Wien in das Generalgouvernement abgegangen. Zwischenfall hat sich keiner ereignet.«

Genau drei Wochen nach dem letzten Transport nach Lódz wurden am 23. November 1941 995 Personen nach Riga deportiert. Bis Ende Jänner 1942 folgten ihnen in weiteren drei Transporten 3191 Personen. Am 28. November 1941 wurde der erste Transport mit 999 Personen nach Minsk abgefertigt, wohin bis zum 5. Oktober 1942 noch zehn Transporte mit 9477 abgingen. Von jenen 1000, die am 19. Jänner 1942 in Riga ankamen, wurden nur 70 bis 80 junge Leute für ein Arbeitslager ausgesondert, die übrigen wurden in Bikernicki erschossen. Von den nach Minsk deportierten Juden wurden die Transporte 19, 22, 23, 26 und 32 – insgesamt 4972 Personen – nach einem SS-Bericht zwischen Anfang Mai und Ende Juli 1942 sofort nach ihrer Ankunft vom Bahnhof direkt zu schon ausgehobenen Massengräbern gebracht und dort von Männern der Waffen-SS erschossen. Reichsstatthalter Schirach allerdings, dessen Frau 1943 wegen der Deportation Amsterdamer Jüdinnen bei Hitler protestierte, hat angeblich von allen diesen Morden nichts gewußt und erst 1944 durch die Rede Himmlers in Posen erfahren, daß auch die aus Wien deportierten Juden in den Tod geschickt worden waren.

Infolge von Protesten der Wehrmacht, die Freihaltung der Eisenbahnlinien für die Versorgung der Ostfront forderte, wurden die Transporte nach Rußland im Laufe des Jahres 1942 eingestellt. Da jedoch in der Besprechung der Vertreter von Staat, Partei, Sicherheitspolizei und SD in Berlin-Wannsee am 20. Jänner 1942 Heydrich seine Bestellung zum Beauftragten für die Vorbereitung der »Endlösung« der europäischen Judenfrage mitgeteilt und die Methodik dieser »Endlösung« – Evakuierung der Juden nach dem Osten, »natürliche Verminderung« beim dortigen Arbeitseinsatz, entsprechende Behandlung des »allfällig endlich verbleibenden Restbestandes«, Durchkämmung Europas von Westen nach Osten – eindeutig beschrieben hatte, mußten neue Vernichtungsgebiete gefunden werden. Man wählte dafür den Distrikt Lublin, wo der ehemalige Wiener Gauleiter Odilo Globocnik als SS-Brigadeführer und Distriktskommandant die Vernichtungsaktion »Reinhard« nach der Meinung Goebbels' »mit ziemlicher Umsicht und auch mit einem Verfahren, das nicht allzu auffällig wirkt«, durchführte. Vom 9. April bis 14. Juli 1942 wurden in sechs Transporten 6000 Personen aus Wien in den Distrikt Lublin deportiert. Von ihnen wurden 304 arbeitsfähige Männer in das KZ Majdanek gebracht. Die übrigen wurden im Sommer und Herbst 1942 in Belsen und Sobibor vergast.

Am 20. Juni 1942 ging der erste Wiener Transport in die böhmische Festungsstadt Theresienstadt ab, die im Oktober 1941 von dem neuernannten Stellvertretenden Reichsprotektor von Böhmen und Mähren Heydrich zunächst als Sammellager für die Juden aus dem Protektorat ausersehen worden war. Die ersten Transporte nach Theresienstadt im Herbst 1941 bestanden auch aus tschechischen Juden. In Zusammenarbeit mit der Abteilung IV B 4 des RSHA unter der Leitung Eichmanns wurde dann die tschechische Bevölkerung Theresienstadts ausgesiedelt, das Anfang Mai zum jüdischen Siedlungsgebiet unter jüdischer Selbstverwaltung erklärt wurde. Nun setzten auch die Transporte von Juden außerhalb des Protektorats nach Theresienstadt ein. Laut Weisung des RSHA vom 21. Mai 1942 wurden über 65 bzw. 55 Jahre alte Juden, jüdische Ehegatten einer nicht mehr bestehenden Mischehe (trotz des massiven Drucks haben sich übrigens nur 10 Prozent aller Mischehepartner scheiden lassen), jüdische Mischlinge, die laut Nürnberger Gesetz als Juden galten, Schwerkriegsbeschädigte und Inhaber hoher Tapferkeitsauszeichnungen, weiters höhere Beamte und prominente Wissenschaftler und Künstler sowie Angestellte der Kultusgemeinde nach Theresienstadt umgesiedelt, das heißt also alle jene, für die bisher noch Ausnahmebestimmungen gegolten hatten. Daß sie auch jetzt noch »privilegiert« seien, wurde ihnen mit der Versicherung, Theresienstadt sei ein »Alters-« bzw. »Musterghetto«, in dem man angenehm leben könne, vorgespielt. Die Täuschung ging so weit, daß eine nicht geringe Zahl von ihnen sogenannte »Heimeinkaufsverträge« abschloß, also offenbar tatsächlich glaubte, sich mit dem Rest ihres Vermögens einen ruhigen Lebensabend erkaufen zu können. Umso härter war ihre Enttäuschung, als sie sich nach ihrer Ankunft in Theresienstadt in einem riesigen überfüllten Lager mit noch unvergleichlich schlechteren Lebensbedingungen als in der Heimat wiederfanden. In eine Stadt, in der vor dem Krieg einschließlich der Garnison ungefähr 7000 Menschen lebten, wurden nun Zehntausende hineingepfercht.

Im September 1942 befanden sich 58.491 Menschen in Theresienstadt. Daher mußten zeitweilig in einer einzigen Kaserne um fast zweitausend Personen mehr hausen, als vor dem Krieg in ganz Theresienstadt in seinen 219 Häusern an Zivilbevölkerung lebte. Die durch diese Überfüllung bewirkten katastrophalen sanitären Verhältnisse und die schlechte Ernährungslage ließen die Todesfälle durch Epidemien und Entkräftung rapid ansteigen. Sie erreichten ihren Höhepunkt am 18. September 1942 mit 156 Toten innerhalb von 24 Stunden.

Wie es um den allgemeinen Gesundheitszustand bestellt war, zeigt das Faktum, daß von den 58.491 Lagerinsassen im September 1942 nur 7643 Männer und 7748 Frauen arbeitsfähig waren. Zu diesem Zeitpunkt waren mehr als 58 Prozent aller Häftlinge 65 Jahre alt, doch befanden sich unter den Toten jenes Herbstes auch 23 Säuglinge im ersten Lebensjahr und 27 Kinder zwischen einem und zehn Jahren. Dazu kam, daß ab Jänner 1942 auch aus Theresienstadt Transporte in die Vernichtungslager des Ostens, allein nach Auschwitz 45.023 Menschen, einsetzten, so daß Theresienstadt bald in erster Linie nur noch ein Durchgangslager, die letzte Station vor der Fahrt in den Tod war: Von den 87.000 Häftlingen, die von Theresienstadt nach dem Osten deportiert wurden, kehrten nach Kriegsende nur noch 3100 zurück. Daran konnte auch der jüdische Ältestenrat nichts ändern, in den ab Herbst 1942 auch deutsche und österreichische Juden aufgenommen wurden. Es gelang zwar der Aufbau eines relativ ungestörten religiösen Lebens – auch für die 1944/45 ein Viertel bis ein Drittel der Lagerinsassen ausmachenden Judenchristen – sowie einer Krankenversorgung und eines regelmäßigen Unterrichts für die Jugend. Selbst Kultur- und Sportveranstaltungen fanden statt. Diese wurden von den deutschen Lagerkommandanten sogar als Alibi für das »Musterghetto« ausdrücklich gefördert. Ihre Bestrebungen gingen dabei so weit, daß zwei Filme in Theresienstadt gedreht wurden, der letzte im Sommer 1944. Er sollte den Titel »Der Führer schenkt den Juden eine Stadt« tragen. Für die Dreharbeiten fand eine eigene Stadtverschönerungsaktion statt, die den Theresienstädtern einen Park mit »Kurkapelle«, eine moderne Kinderkrippe und ein Kaffeehaus bescherte, was auch die am 23. Juni 1944 zur Besichtigung Theresienstadts zugelassene Schweizer Delegation des Roten Kreuzes positiv beeindruckte. Als der Film abgedreht war, wurde die Theresienstädter Ghettobevölkerung bis auf 12.000 Menschen „liquidiert".

In dieser letzten Phase der Geschichte des Lagers Theresienstadt war der umstrittene Wiener Rabbiner Dr. Benjamin Murmelstein, der schon die »Verschönerungsaktion« geleitet hatte, Judenältester, also Leiter der sogenannten Selbstverwaltung, nachdem seine beiden Vorgänger Edelstein und Eppstein im November 1943 und im September 1944 wegen angeblicher Fluchtbegünstigung und Fluchtversuche von der deutschen Lagerkommandantur der Vernichtung preisgegeben worden waren. Murmelstein, der schon gute Beziehungen zu Eichmann erreicht hatte, stand im Ruf, seine Funktion dem ebenfalls aus Wien kommenden SS-Obersturmführer Karl Rahm zu verdanken, der im Februar 1944 Lagerkommandant von Theresienstadt geworden war.

Obwohl die Gemeinsamkeit des Wiener Dialektes Rahm mit Murmelstein verband, erreichten die Deportationen aus Theresienstadt im Spätherbst 1944 einen neuen Höhepunkt. Selbst Mitglieder des Ältestenrates mit ihren Familien wurden von ihnen nicht verschont. Anfang 1945 kam es sogar noch zum Bau von Gaskammern in Theresienstadt. Infolge jüdischer Proteste, denen sich auch Murmelstein anschloß, wurden die Bauarbeiten aufgrund von Berliner Weisungen dann doch eingestellt. Es wäre auch denkbar, daß die Tatsache, daß sich unter den Anfang Februar 1945 in die Schweiz freigegebenen 1200 Theresienstädter Internierten auch zahlreiche österreichische Juden befanden, auf Murmelstein zurückgeht. Anfang Mai 1945 übernahm das Internationale Rote Kreuz die Verwaltung von Theresienstadt, in dem noch in den letzten Kriegstagen Tausende Häftlinge aus jenen KZ eingetroffen waren, die von den Deutschen angesichts des Vormarsches der Alliierten in panischer Hast geräumt worden waren. Daher befanden sich zur Zeit der Befreiung wieder rund 30.000 Menschen, Angehörige von 30 Nationen, in Theresienstadt. Von ihnen starben noch in den letzten Tagen vor der Entlassung in die Heimat mehrere hundert an der mittlerweile ausgebrochenen Flecktyphusepidemie.

Von Wien sind vom 20. Juni bis zum 9. Oktober 1942 13 Transporte mit insgesamt 13.776 Personen nach Theresienstadt abgegangen, unter ihnen so prominente Persönlichkeiten wie der bekannte österreichische

Rechtsgelehrte Heinrich Klang. Fast 70 Prozent der nach Theresienstadt abgeschobenen österreichischen Juden starben in den Gaskammern von Auschwitz-Birkenau. Die Theresienstädter Transporte 1942 haben die große Mehrheit der noch in Wien lebenden Juden erfaßt. Mitte Oktober 1942 gab es in Wien nur noch 8100 Juden, von denen 4000 in privilegierter Mischehe lebten, 2200 in nicht privilegierter Mischehe, 700 waren sogenannte Geltungsjuden und 1200 nach der Definition der Nürnberger Gesetze Volljuden. Dennoch wurden 1943 bis 1945 noch weitere 1906 Personen in 46, manchmal nur aus einer Person bestehenden Transporten aus Wien nach Theresienstadt, Auschwitz, Buchenwald, Ravensbrück und Bergen-Belsen deportiert. Ab 1. November 1942 mußte der an die Stelle der aufgelösten Kultusgemeinde getretene »Ältestenrat der Juden in Wien« unter Leitung von Dr. Josef Löwenherz die Rolle des Vollzugsorgans des SD bei der Deportierung seiner Glaubensgenossen weiterspielen.

Der »Ältestenrat« mußte nicht nur die jüdische »Abwanderung«, wie es in seinem Bericht heißt, mitorganisieren, sondern auch die Räumung der Wohnungen und die Inventarisierung der Hinterlassenschaft der Deportierten. Nach der genauen Registrierung der Juden durch den Ältestenrat befanden sich Ende 1944 5799 Juden im oben beschriebenen Sinn, 2781 Männer und 3018 Frauen, in Wien, von denen noch elf im Februar 1945 nach Theresienstadt deportiert wurden. In Niederösterreich befanden sich noch 118 Juden. 70,8 Prozent der beim Ältestenrat Registrierten, von denen 1064 über 65 Jahre alt waren, standen im Arbeitseinsatz, 225 von ihnen als Angestellte des Ältestenrates.

Von der Statistik des Ältestenrates nicht erfaßt waren jene Männer, Frauen und Kinder, die von österreichischen Helfern versteckt worden waren oder unter anderen Namen mit entsprechenden Ausweisen überlebten: die sogenannten »U-Boote«. Über ihre Zahl gibt es nur sehr divergierende Angaben. Hugo Gold schrieb von 74 Männern und 145 Frauen in Wien. Herbert Rosenkranz schätzte 130 bis 150. In einem offenbar von einem Vertreter des »American Joint Distribution Committee« stammenden frühen Nachkriegsbericht ist von 600 »U-Booten« in Wien die Rede. 1946 bildete sich mit dem Präsidenten Dr. Hugo Glaser in Wien sogar ein eigener »U-Boot«-Verband, der jedoch nicht mehr existiert. C. Gwyn Moser hat aufgrund der Akten des KZ-Verbandes, der 1945 von der Gemeinde Wien eingerichteten Zentralen Registrierungsstelle für die Opfer des NS-Terrors, und der Opferfürsorgeakten zum erstenmal eine durch Quellen belegte Statistik erstellt. Ihrzufolge haben in Österreich 619 »U-Boote«, 287 Männer und 332 Frauen, überlebt: 367 in Wien, 36 in Niederösterreich, drei im Burgenland, acht in Oberösterreich, je drei in der Steiermark und in Kärnten, je zwei in Salzburg und Tirol. 592 waren untergetaucht, zehn hatten sich mit fremden Ausweisen durchgeschlagen und sieben waren Pflegekinder gewesen. Zwei Drittel waren zwischen 30 und 59 Jahre alt, 14 waren Kinder unter 14 Jahren und nur vier 70 Jahre oder älter, d. h., sehr junge und alte Verfolgte waren den enormen Gefahren und Schwierigkeiten, die zur Existenz als »U-Boot« gehörten, nicht gewachsen. Nach dem größten Quellenbestand, den Fragebogen des KZ-Verbandes – 460 – waren 265 alleinstehend. Von ihnen waren 132 nie verheiratet. Nur 15 Ehepaare lebten gemeinsam als »U-Boote«; von ihnen hatten drei Kinder. In einer Familie mit drei nicht schulpflichtigen Kindern wurde das jüngste Kind von der nichtjüdischen Mutter im Versteck geboren. Sie lebte mit ihrem jüdischen Mann, ihrer Schwiegermutter und den kleinen Kindern 1942 bis 1945 in einem Keller. Die zweite Familie hatte eine Tochter im Volksschulalter, deren Mutter ebenfalls keine Jüdin war. In der dritten Familie waren Vater und Mutter Juden. Sie sprachen nur Jiddisch und lebten seit 1938 als »U-Boote«. 1944 gebar die Mutter einen Sohn.

Nicht in den KZ-Verband-Akten scheint offensichtlich das vermutlich jüngste »U-Boot«-Baby auf, der am 5. September 1944 geborene Dr. Fritz Rubin-Bittmann. Seine Eltern »wohnten« in der Abstellkammer eines Hausbesorgers in der Ferdinandstraße 6 in der Wiener Leopoldstadt. Das Neugeborene kam zu einer anderen Hausbesorgerfamilie in Pflege, der – wie mitleidige Informanten die Eltern wissen ließen – der Säugling bald erlegen wäre. Er wurde daher so schnell wie möglich zu anderen Pflegeeltern gebracht und überlebte. Nur zwei »U-Boote« konnten in ihren eigenen Wohnungen bleiben, weil die »arischen« Frauen ihre Männer als vermißt gemeldet hatten. In anderen seltenen Fällen versteckten sich Mütter gemeinsam mit ihrem Kind. Ein einziges Mal konnten sich vier Erwachsene gemeinsam verstecken. Mehr als die Hälfte der »U-Boote« fand Schützer und Helfer, obwohl sie sich weiter zur mosaischen Religion bekannten. Die anderen waren zum Christentum konvertiert, die meisten von ihnen schon vor 1934, oder konfessionslos.

Was es bedeutete, als »U-Boot« zu leben, wird später noch an einigen Beispielen dargestellt werden. Daher sollen hier nur noch einige Daten angegeben werden. Von den 460 vom KZ-Verband erfaßten »U-Booten« hatten während ihrer Untergrundzeit 220 eine Adresse, 115 zwei Adressen, 32 drei und 23 vier oder mehr. Von 70 ist darüber nichts bekannt. Im »Altreich« wechselte ein »U-Boot« sogar 41mal sein Versteck. Von allen »U-Booten« lebten 24 von 1938 bis 1945 als solche, die meisten, 245, von 1942 bis 1945. C. Gwyn Moser weist nachdrücklich darauf hin, daß auf ein »U-Boot«, das überlebte, mindestens zwei kamen, die entdeckt, verhaftet und sofort deportiert wurden und meistens nicht überlebten. Dabei spielten gezielte, aber auch manchmal unbewußte Denunziationen eine beträchtliche Rolle. Die lange Dauer und die Adressenwechsel hatten zwangsläufig zur Folge, daß von jedem »U-Boot« mindestens zwei, meistens jedoch mehr »Arier« etwas wußten. Nur unter diesem Aspekt ist die Zahl der Geretteten relativ groß und die Zahl der entdeckten Helfer relativ klein. Nach den Akten des KZ-Verbandes wurden 98 (99) Helfer, 55 Männer und 44 Frauen, festgenommen. 60 von ihnen kamen ins KZ, wo zwei starben.

C. Gwyn Moser meint, daß die 619 überlebenden »U-Boote« beweisen, daß es da und dort doch »ein goldenes Wiener Herz« gab und daß nicht alle Juden nur auf ihre Deportation warteten; der Entschluß, ihr als »U-Boot« zu entgehen, also auch ein Zeugnis des von Herbert Rosenkranz dargestellten Willens zur jüdischen Selbstbehauptung in der schrecklichsten Zeit des österreichischen Judentums war. Beide Aussagen sind unbestreitbar. Dennoch soll auch das Urteil eines überlebenden »U-Bootes« nicht verschwiegen werden, demzufolge es im allgemeinen nur zwei Motive für die so gefährliche Hilfe für »U-Boote« gegeben habe: persönliche freundschaftliche Bindungen und Beziehungen und Bezahlung der Hilfe durch Geld, Schmuck oder andere Wertgegenstände. Die »U-Boote« ebenso wie politischen Widerstand immer wieder verratende Denunziationen seien auch nicht in erster Linie auf besonderen nationalsozialistischen Fanatismus zurückzuführen, sondern auf jene spezifisch wienerische Eigenschaft, die Arthur Schnitzler als »selbstlose Gemeinheit« bezeichnet hat. Trotzdem war die Zahl der überlebenden »U-Boote« größer, als z. B. Hugo Gold angegeben hat. Die Zahl der Geretteten und der Helfer war dennoch auf jeden Fall zu niedrig, doch hat gerade Gold auch die Situation der Helfer zutreffend beschrieben: »Die geringe Zahl dieser Menschen ist auf die beinahe unüberwindlichen Schwierigkeiten zurückzuführen, die mit einer derartigen Hilfeleistung verbunden waren. Die Juden mußten selbstverständlich unangemeldet beherbergt werden, keiner der Nachbarn durfte etwas davon erfahren, denn die Entdeckung führte unweigerlich zu Verhören durch die Gestapo und zur Verschickung in Konzentrationslager für alle Beteiligten. Einem Juden zu helfen, war ein todeswürdiges Verbrechen. Ein verborgen gehaltener Jude wagte es deshalb überhaupt nicht, die Wohnung zu verlassen, er durfte jahrelang nicht die Straße betreten.

Eine immer größere Schwierigkeit bedeutete die Lebensmittelknappheit, da es ja ohne polizeiliche Anmeldung auch keine Lebensmittelkarten gab. Der Versteckte mußte daher aus den Rationen seiner Helfer miternährt werden, und das bedeutete eine sehr einschneidende Belastung. Umso höher muß es den wenigen angerechnet werden, die es trotz aller Schwierigkeiten und trotz aller Gefahren dennoch auf sich nahmen, ihren bedrängten Mitmenschen Hilfe zu leisten.«

Dieser ebenso richtigen wie versöhnlichen Feststellung muß allerdings im Sinn des oben Angeführten auch hinzugefügt werden, daß die letzten jüdischen Opfer in Wien neun Juden waren, die sich in einem Keller in der Förstergasse in der Leopoldstadt versteckt hatten. Von Denunzianten verraten, wurden sie am 12. April 1945, wenige Stunden vor dem Eindringen russischer Soldaten in die Leopoldstadt, von einem SS-Kommando erschossen. Bereits am Tag vorher hatte die »Neue Zürcher Zeitung« berichtet: »Die Ironie des Schicksals will es, daß die noch kämpfenden SS- und Wehrmachtsverbände von den von allen Seiten angreifenden Russen im Judenviertel Wiens, das seit 1938 ein Ghetto war, zusammengetrieben werden ...«

Innerhalb des geschlossenen deutschen Sprachgebietes des »Großdeutschen Reiches« war es das größte Ghetto, Wien die Stadt mit den meisten jüdischen Bürgern gewesen. Als die nationalsozialistische Herrschaft in Österreich nach siebenjähriger Dauer unter den Schlägen der Alliierten zusammenbrach, war Wien, von den ungefähr 6000 Überlebenden abgesehen, eine »Stadt ohne Juden«. Zwanzig Jahre vorher hatte der bekannte jüdische Schriftsteller Hugo Bettauer in einem satirischen Roman unter diesem Titel das Bild eines von einem christlichsozialen Bundeskanzler mit Unterstützung der Deutschnationalen durch Ausweisung der Juden »judenrein« gemachten Wien gezeichnet. Da Bettauer, der wenige Jahre später einem antijüdischen Mordanschlag zum Opfer fiel, nur den deutschnationalen und christlichsozialen Antisemitismus seiner Zeit kannte, ließ er sein Buch mit der von den Wienern jubelnd begrüßten Rückkehr der Juden enden. Nach 1945 wäre sie jedoch nur noch wenigen der Vertriebenen möglich gewesen: 65.459 österreichische Juden sind 1938–1945 in den KZ und Vernichtungslagern des Dritten Reiches umgebracht worden.

Der Massenmord an ihren Verwandten und Glaubensgenossen hat den meisten der durch die Emigration geretteten österreichischen Juden trotz aller Sehnsucht nach Wien und Österreich die Rückkehr in die Heimat verleidet. Heute leben in ganz Österreich nur ca. 11.000 Juden, 9000 von ihnen in Wien. Die Mehrheit von ihnen sind ältere Leute, von denen wiederum ein beträchtlicher Teil aus Ungarn stammt. Der lapidare Satz Hugo Golds, daß »mit diesem blutigsten Aderlaß die tausendjährige ruhmreiche Geschichte der Wiener Juden« geendet habe, ist daher nicht zu entkräften. Es muß ihm sogar hinzugefügt werden, daß der österreichische Anteil an der Mitwirkung bei der »Endlösung« kein geringer war: Von den fast 13.000 Österreichern, die nach 1945 von Volksgerichten wegen NS-Verbrechen schuldig gesprochen worden sind, waren 30 bis 40 Prozent an Verbrechen gegen Juden beteiligt. Eichmann, Globocnik, Kaltenbrunner und Seyß-Inquart sind außerhalb Österreichs gerichtet worden. Noch in den sechziger Jahren haben Prozesse, etwa gegen den Stellvertretenden Gebietskommandanten von Wilna Franz Murer, Franz Novak, Erich Rajakowitsch und die Brüder Johann und Wilhelm Maurer, stattgefunden, in denen die Genannten wegen vielfachen Judenmordes angeklagt waren.

Die vor allem im Ausland mit Recht stark kritisierten Freisprüche durch österreichische Geschworene sind nur dadurch erklärbar, daß diesen offenbar nicht mehr vorstellbar war, was sich in der ersten Hälfte der vierziger Jahre unseres Jahrhunderts in Mitteleuropa abgespielt hat. Mangel an Phantasie hat auch schon damals die ohnedies noch von einer Reihe anderer Komponenten stark beeinträchtigte Fähigkeit der Mehrheit zum Mitleid so stark blockiert, daß sie resigniert oder in stumpfer Teilnahmslosigkeit zuerst der Entrechtung, dann der Beraubung und zuletzt der Deportierung ihrer jüdischen Mitbürger zusah. Die bürokratische »Ordnung«, mit der das alles vor sich ging, die entpersönlichte Amtssprache, in der ja »nur« »evakuiert«, »umgesiedelt« oder »sonderbehandelt« und »liquidiert« wurde, trugen zusammen mit der permanenten Hetze gegen das internationale Judentum und die wie Bazillen auszurottenden jüdischen »Parasiten« zur weiteren Einschläferung der Gewissen bei, während Gerechtigkeit und Humanität, die einzig menschenwürdigen Ordnungsfaktoren der Gesellschaft, völlig ausgeschaltet wurden. René Marcic hat darauf hingewiesen, daß allein schon im Interesse einer Politik als Herstellung der Rechtsordnung diese Vergangenheit nicht verschwiegen werden darf: »Dies nicht um der Rache, vielmehr um der Wiedererrichtung der verlorenen Maße willen. Die Neutralisierung der Vergangenheit raubt uns jede wirkliche Berührung mit dem Geschehenen. Ich glaube, daß das Vergessen die Humanisierung aufhielte, zu deren Fortschreiten negative Anthropologie, der Abgrund, genausoviel beisteuert wie der Blick zur Höhe, deren der Mensch fähig ist.«

II.
Österreichische Reaktionen

1. Die Haltung der Kirchen

Wie viele Österreicher auf die Judenverfolgung des Nationalsozialismus in dessen Sinn reagiert und sich sogar an ihr beteiligt haben, ist – von den schon erwähnten mehr als 4000 Verurteilungen wegen an Juden begangenen Verbrechen abgesehen – statistisch nicht feststellbar. Beispiele für diese Art von Reaktion, die von den schadenfrohen Hetzrufen im März und November 1938 bis zur Mitwirkung an Massenerschießungen und an der »Endlösung« reichen, wurden bereits angeführt. Die Beantwortung der Frage, in welchem Ausmaß die menschlich nächstliegenden Reaktionen, Mitleid und Hilfe, zum Tragen gekommen sind, ist aus mehreren Gründen sehr schwierig:

1. Die reichlich vorhandenen nationalsozialistischen Quellen sagen darüber aus von ihrer Sicht verständlichen Gründen wenig aus.

2. Viele von jenen, die Hilfe geleistet, und noch mehr von jenen, die Hilfe empfangen haben, sind tot.

3. Weil Hilfe, ja bloße Kundgebung von Sympathie in Gefängnis und KZ führen konnte, wie es bei den wenigen »Judenfreunden« unter den Schaulustigen der »Reichskristallnacht« der Fall war, haben gerade Helfer schriftliche Spuren ihrer Tätigkeit selbst vernichtet bzw. sie gar nicht zustande kommen lassen.

4. Alle nicht nationalsozialistisch organisierten politischen und gesellschaftlichen Gruppen – Parteien, Gewerkschaften, Vereine – waren aufgelöst und verboten.

Von diesem Schicksal waren nur die Kirchen ausgenommen, wenn sie auch auf den engsten seelsorglichen Raum eingeschränkt und Verfolgungen ausgesetzt waren. Daher sind noch am ehesten Aussagen über die Haltung der Kirchen zu den Juden möglich, doch befindet sich auch die Erforschung dieser Frage erst in ihren Anfängen. Vor allem ist sie aufgrund der Quellenlage auf die kirchlichen Amtsträger beschränkt. Bis vor kurzem fand man selten Quellen, die auch Ansichten einfacher Glieder des Kirchenvolkes wiedergeben. Einer dieser Fälle ist der Brief einer der Öffentlichkeit völlig unbekannten katholischen Wienerin, die schon 1931 dem damaligen nationalsozialistischen Wiener Gauleiter Frauenfeld schrieb, daß ein Neger, der die Lehren der Bergpredigt begriffen habe und nach ihr lebe, dem Herzen Gottes bestimmt näher stehe »als der stramme Hakenkreuzler, der mit dem Gummiknüppel gegen einen Juden losgeht und dadurch das eine der größten Gebote übertritt«.

Im allgemeinen überwog aber in der katholischen Kirche Österreichs bis 1938 und darüber hinaus jener religiös und wirtschaftlich motivierte Antisemitismus, der im katholischen Österreich eine lange Tradition hat. Er ist in der katholischen Publizistik – Johannes Messners Warnungen im »Neuen Reich« und »Der Christliche Ständestaat« Dietrich von Hildebrands ausgenommen – noch in den dreißiger Jahren auch von Geistlichen und Universitätsprofessoren vertreten worden. Sogar der Linzer Bischof Gföllner konnte sich in seinem berühmten Hirtenbrief vom 21. Jänner 1933 gegen die Irrtümer des Nationalsozialismus vom »ethischen Antisemitismus« noch nicht trennen, ja er erklärte die Brechung des schädlichen Einflusses des Judentums nicht nur als gutes Recht, sondern als »strenge Gewissenspflicht eines jeden überzeugten Christen«. Und noch im November 1933 legte die christlichsoziale Tageszeitung »Reichspost« Wert auf die Feststellung, daß der Antisemitismus keine Erfindung der Nationalsozialisten sei. Auch heute noch wird diese Einstellung von älteren Priestern auch für ihre eigene Person durchaus bestätigt. Als Beispiele seien hier nur die Aussagen eines steirischen und eines niederösterreichischen Pfarrers aus dem Jahr 1979 angeführt. Der steirische Pfarrer schrieb: »Auch in den katholischen Kreisen hat es weitverzweigten Rassenantisemitismus gegeben. Auch ich war auf Grund meiner Erziehung bis zum Theologiestudium ein verbissener Rassenantisemit. Die vorhandene Lektüre der damaligen Zeit hat mich dabei bestärkt. Besonders die Bücher eines kath. Pfarrers haben mir für meine Auffassung starken Aufwind gegeben. Natürlich, ein ›Holokaustum‹ hat niemand gewünscht.« – Der niederösterreichische Pfarrer stellte zunächst fest, daß das Verhältnis zwischen Katholiken und Juden vor 1938 im »großen und ganzen negativ« gewesen sei. Als Gründe dafür gab er an: »Es war unleugbare Tatsache, daß die Juden im Geschäfts- und Wirtschaftsleben einen ungeheuer großen Anteil und enorm großen Einfluß hatten. Dasselbe galt in allen gehobenen Berufen, Ärzte, Rechtsanwälte usw. Sie hatten die ganze Presse in der Hand: Stunde, Abend, die ganze Schulerstraße, auch die Arbeiterzeitung in der Wienzeile. Die heute schon selbstverständlich gewordene Pornolit. war in jüdischer Hand, ebenso gewisse Bücher in dieser Richtung.« Er selbst habe damals an der Universität Wien studiert, an der die nichttheologischen Vorlesungen zu 99 Prozent von jüdischen Hörern besucht waren. »Einige Juden gingen mit den ihnen anvertrauten Geldern sehr leichtsinnig und unverantwortlich um, brachten viele um ihr Geld, Bauern und Kleingewerbetreibende brachten sie um ihre Existenz. Dann gab es noch die politischen Namen: Dr. Deutsch, Adler usw.« Aber auch: »Ich war verantwortlich für die Pfadfindergruppe Nr. 15 und von daher weiß ich, wieviel enorm viel Gutes so viele jüdische Geschäftsleute getan haben. Durch deren Hilfe konnte ich sehr viel Not ›auf der Simmeringer Had‹ lindern! Aber dieses Gute ging – wie überall – unter. Aus obig Negativem war die Grundhaltung der Katholiken vor 1938 bestimmt antisemitisch; fast möchte ich sagen, Hitler hat hier in Wien diese Luft eingeatmet!« Vielen katholischen Antisemiten öffnete daher – wie schon gesagt – erst die »Reichskristallnacht« die Augen über die wahre Lage der Juden. Nun fanden auch sie, wie der bekannte katholische Publizist Joseph Eberle, der Chefredakteur der Zeitschrift »Schönere Zukunft«, angesichts »der hart betroffenen Juden Regungen des Mitleids« begreiflich. Trotzdem war Eberle noch immer der Vorstellung bloßer Reaktion auf jüdische Schuld in der Vergangenheit verhaftet, die nur aufgrund der »Kollektivverantwortung« der Völker beglichen werde: »Oftmals bezahlen erst Enkel und Enkelkinder die Rechnungen und Schuldverpflichtungen der Väter.«

Zu dieser Zeit waren die im Sommer 1938 geführten Verhandlungen der Kirche in Österreich mit Partei und Staat über einen möglichen Modus vivendi, der auf Wunsch der österreichischen Bischöfe, an ihrer Spitze Kardinal Innitzer, auch Abmachungen über religiöse Unterweisung der jüdischen Konvertiten und das Schicksal der Katholiken jüdischer Abstammung hätte enthalten sollen, schon endgültig gescheitert. Hilfszentren für die sogenannten »nichtarischen Christen« waren bereits unter der Patronanz des Wiener Kardinals Innitzer tätig und bemühten sich mit seiner Unterstützung, den Judenchristen zu helfen.

Kardinal Innitzer, in dessen Diözese 1938 90 Prozent aller österreichischen Juden lebten, hatte schon seinerzeit als Professor an der Universität Wien armen jüdischen Studenten geholfen und als Rektor antisemitische Ausschreitungen unterbunden, da er erklärt hatte, er werde die Universität beim ersten Angriff auf jüdische Studenten für ein Jahr schließen. Er hatte an einem Kommers der zionistischen Verbindung »Kadimah« als Ehrengast teilgenommen und anläßlich des Ablebens des Wiener Oberrabbiners Feuchtwang 1936 der Kultusgemeinde offiziell kondoliert. Im Februar desselben Jahres erklärte Innitzer bei der Einweihung der Räume des unter der nominellen Leitung von P. Georg Bichlmair SJ stehenden und der Judenmission dienenden »Pauluswerkes«: »In einer Zeit, in der Rassenhaß und Vergötzung der Rasse Triumphe feiert, ist es gut, wenn wir von der alten Kultur unseres Vaterlandes Österreich aus betonen, daß wir einen anderen Standpunkt einnehmen. Wenn Christus, der Herr, gesagt hat, sie sollen alle eins sein, so sind seine Brüder im Judentum nicht ausgeschlossen. Wir werden die große Parole Gerechtigkeit und Liebe im Auge haben, gerade in einer Zeit – ich sage dies nicht bloß ihnen zuliebe, es sollte viel öfter gesagt werden –, in der den Juden das elementare Naturrecht abgesprochen wird.«

Umso schmerzlicher waren daher die österreichischen Juden von dem Besuch Innitzers bei Hitler im Hotel Imperial am 15. März 1938 und der positiven Erklärung der österreichischen Bischöfe vom 18. bzw. 21. März über den »Anschluß« betroffen. Der Kardinal ist nun in der Anschlußfrage und in seiner Hoffnung, zu einem Modus vivendi von Kirche und Nationalsozialismus zu gelangen, zweifellos für kurze Zeit Illusionen erlegen, die Hitler selbst bei ihm erweckt und katholische Nationalsozialisten weiter genährt haben. In seiner Haltung gegenüber den Juden hat er sich jedoch nicht verändert und allen katholischen Hilfsaktionen, besonders für die Judenchristen, deren Zahl nach dem »Anschluß« sprunghaft anstieg – von März bis September 1938 konvertierten 1702 Juden –, seine uneingeschränkte Unterstützung gewährt.

Die ersten Initiativen dazu gingen unmittelbar nach dem »Anschluß« von dem bereits genannten P. Bichlmair aus, der noch im März 1936 in einem Vortrag vor der Wiener Katholischen Aktion die sofortige Zulassung von Judenkonvertiten zu allen Stellen wegen der »bösen Erbanlagen« der Juden als fragwürdig und den Arierparagraphen für einzelne Bünde und Vereinigungen unter Umständen als »im Namen der christlichen Ethik für nicht verwehrbar« bezeichnet hatte.

Zwei Jahre später machte er sich aber ohne Zögern die Hilfsvorschläge von Johannes Österreicher, einem selbst aus dem Judentum kommenden Priester und dem eigentlichen Träger des im August 1938 von der Gestapo aufgelösten Pauluswerkes, zu eigen. Österreicher, von einem Beichtkind gewarnt, konnte noch rechtzeitig fliehen. Seine Flucht in das Ausland gelang infolge der persönlichen Hilfe Kardinal Innitzers. Österreichers Weg führte über Frankreich in die USA. Der die Juden betreffende Teil der Erklärung des Zweiten Vatikanums über das Verhältnis der Kirche zu den nichtchristlichen Religionen geht auf den ursprünglich allerdings längeren Entwurf von Prälat John Oesterreicher zurück. Nicht nur er hatte auch gehofft, daß er eine eigene Konzilserklärung werde, was kirchenpolitische Überlegungen verhinderten. In einer auf den Ideen Österreichers basierenden Denkschrift vom 19. Mai 1938 schlug P. Bichlmair die Bildung eines Hilfswerkes vor, das sich um die Seelsorge, die Schulen, Berufsumschulung, Auswanderung und die rechtliche Lage der »nichtarischen Christen« kümmern sollte. Kardinal Innitzer wurde inständig gebeten, mit Hitler und dem Parteibeauftragten über diese dringliche Frage zu sprechen. »Die Lage der nichtarischen Christen erforderte denkbar rasches Handeln. Die Oberleitung des Hilfswerkes müßte in der Hand des Bischofs sein. Das Arbeitskomitee müßte zum größten Teil aus erprobten Männern und Frauen arischer Abstammung bestehen und auch hilfsbereite Ausländer umfassen.«

Wenn auch nicht in dem geplanten großen und offiziellen Umfang, hatte Bichlmair zu diesem Zeitpunkt bereits mit einigen Mitarbeitern unter der Leitung der Gemeindefürsorgerin Manuela Gräfin Kielmansegg die Hilfstätigkeit in Form der »Aktion K« (Kielmansegg) begonnen. Die »Beratungsstelle für katholische Auswanderer« und die »Hilfsstelle der Caritas für nichtarische Christen« waren bald darauf im gleichen Sinn tätig. Als die zentrale Figur dieser Bemühungen wurde P. Bichlmair am 10. November 1939 von der Gestapo verhaftet und anschließend nach Beuthen »gauverwiesen«.

Um die nach der Ausweisung P. Bichlmairs von dessen deutschem Mitbruder P. Ludger Born SJ weitergeführten Hilfsmaßnahmen, die seit Kriegsbeginn immer schwieriger geworden waren, nicht abreißen zu lassen bzw. um sie vor der Gestapo durch das Gewicht seines Amtes zu schützen, errichtete Kardinal Innitzer im Dezember 1940 in seinem Palais die »Erzbischöfliche Hilfsstelle für nichtarische Katholiken«. Zu ihrem Leiter ernannte er P. Born, der der Hilfsstelle bis Kriegsende vorstand.

P. Born wurde nach Kriegsende von seinen Ordensoberen lange in der deutschen Seelsorge eingesetzt. Danach erlitt er zwei Herzinfarkte, die ihn so schwächten, daß er seine Absicht, zumindest eine Dokumentation über die »Hilfsstelle« zu publizieren, bis zu seinem Tod 1980 nicht verwirklichen konnte. Der Nachfolger von Kardinal Innitzer, Kardinal König, hatte daher schon 1976 einen jüngeren Mitbruder P. Borns, P. Lothar Groppe SJ, beauftragt, die Dokumentation aufgrund der Unterlagen P. Borns fertigzustellen. Da diese zwar zahlreich waren, aber sich einander immer wieder überschnitten bzw. nur Bruchstücke waren – von dem kurz nach Kriegsende von P. Born selbst verfaßten knappen Tätigkeitsbericht abgesehen –, war die Aufgabe P. Groppes nicht leicht. Aufzeichnungen anderer Mitarbeiter lagen nicht vor, von denen zudem schon die meisten gestorben waren. Dennoch hat P. Groppe 1978 erstmals die Dokumentation »Die Erzbischöfliche Hilfsstelle für nichtarische Katholiken in Wien« veröffentlicht, die Art und Umfang der Tätigkeit der Hilfsstelle fundiert rekonstruiert.

Der Mitarbeiterkreis P. Borns bestand aus acht bis zwölf Frauen, von denen zuerst nur eine und dann vier hauptamtlich, die anderen ehrenamtlich tätig waren. Im besonderen seien hier nur Mater Tintara von den Englischen Fräulein, Gertrud Steinitz (Metzler), Charlotte Horn, Schwester Verena von der Caritas socialis, Luise Perner und Lotte Fuchs genannt. Die Hilfsstelle wurde aus der Privatschatulle des Kardinals, von den Jesuiten und einigen Wiener Klöstern und Pfarren finanziert und unterstützt. Vorrangig zu nennen sind dabei die Pfarren St. Johann Nepomuk und St. Leopold im 2. Wiener Gemeindebezirk, in dem besonders viele Juden – nach und nach wie in einem Ghetto – lebten. Dort wurde unter der Leitung des Pfarrers Dr. Alexander Poch und der Schulschwester und damaligen Pfarrhelferin Maria Xaveria den bedrängten Juden unermüdlich geholfen. Praktizierende Katholiken, wie z. B. der Chirurg Dr. Hans Finsterer, ließen dem Kardinal regelmäßig größere Spenden zukommen. Wenn es angesichts des ungeheuren Elends der verfolgten Juden auch nur ein Tropfen auf einem heißen Stein war, so hat die »Hilfsstelle« doch beträchtliche Summen ausgegeben. Allein vom Jänner bis Dezember 1943 zahlte die »Hilfsstelle« 74.974 RM Unterstützungen sowie 4503 RM Schulzuschüsse aus. Für die Bestattung jedes Judenchristen auf dem jüdischen Friedhof – die Beisetzung christlicher Juden auf Gemeinde- und Privatfriedhöfen war verboten – zahlte sie dem jüdischen Ältestenrat 165 RM. Das durchschnittliche Monatsbudget der »Hilfsstelle« betrug 7000 RM. Gemeinsam mit der evangelischen »Schwedischen Mission« und der »Society of Friends« der Quäker unterhielt die Hilfsstelle in der Grüngasse eine private Schule für christliche und konfessionslose Judenkinder. Dem von allen drei Organisationen gebildeten Schulausschuß stand der nachmalige Prälat Josef Wagner vor. Da das Rothschildspital nur mosaische Juden aufnahm, die nichtjüdischen Spitäler jedoch nur »arischen« Patienten offenstanden, gewann die »Hilfsstelle« wenigstens eine Ärztin, die sich für einen bescheidenen Pauschalbetrag um kranke Judenchristen kümmerte. Ein Zahnarzt übernahm unaufgefordert ihre kostenlose Zahnbehandlung.

Im jüdischen Altersheim wurden 13 Personen von der »Hilfsstelle« erhalten.

Bis Mitte 1941 stand jedoch die Auswanderungshilfe im Vordergrund der Bemühungen. Für diese war ebenfalls die von Kardinal Innitzer geförderte »Beratungsstelle für katholische Auswanderer« das katholische Zentrum. Sie arbeitete dabei mit dem von Papst Pius XII. 1941 mit 30.000 Dollar unterstützten Hamburger St.-Raphaels-Verein zusammen, der ihr von den ihm vom Vatikan übermittelten Dollarbeträgen bis zu 50 Prozent zur Verfügung stellte. Die Auflösung des Vereins durch die Gestapo im Juni 1941 war daher ein schwerer Schlag. Am härtesten wurden davon sofort viele Wiener Judenchristen betroffen, die bereits das Visum für die Einreise in die USA und einen Schiffsplatz ab Lissabon hatten. Da Portugal für die Durchreise gesperrt war, mußten sie auf ein spanisches Schiff umbuchen, wodurch sich die Kosten der Schiffahrt verdoppelten. Die fehlenden Beträge waren von der Hilfsstelle beim St.-Raphaels-Verein beantragt worden, der sie jedoch nicht mehr überweisen konnte. Da Kardinal Innitzer Anfang 1941 von Papst Pius XII. zwar 20.000 Dollar für »Wiener Fälle« reserviert worden waren, aber noch nicht zur Verfügung standen, erbat er sich persönlich von der Kultusgemeinde die Vorstreckung von 3500 Dollar, um insgesamt zehn »Wiener Fällen« doch noch die Ausreise zu ermöglichen. Es bedurfte mehrerer dringender Bitten des Kardinals an den Papst und Kardinalstaatssekretär Maglione, ehe im Jänner 1943 diese Schuld durch vatikanische Überweisung von 3500 Dollar auf das Konto des American Joint Distribution Committee in New York beglichen werden konnte.

Die unermüdlichen, nach dem Beginn der Deportationen noch gesteigerten Bemühungen des Kardinals waren »wahrhaft verzweifelte Interventionen« (Josef Macho). Er hat dabei viele Enttäuschungen erlebt, gerade auch von katholischen Ländern wie Portugal und Spanien, in deren

Kolonien er eine größere Zahl seiner »guten Katholiken nichtarischer Abstammung« durch kirchliche Stellen des Auslandes und gelegentlich auch durch den Vatikan unterzubringen hoffte. Innitzer hat sich dennoch nicht entmutigen lassen. Er schrieb weiter seine »Bettelbriefe« an den Papst, das Staatssekretariat, an amerikanische, englische und irische Bischöfe. Daher ist es ihm allen Schwierigkeiten zum Trotz gemeinsam mit seiner Hilfsstelle gelungen, bis Ende 1941 für ungefähr 150 »Schützlinge« die Ausreise nach Nord- und Südamerika einzuleiten, wobei brasilianische Visa durch die persönliche Intervention des Papstes zugesagt worden waren.

Auch nach der Auflösung des St.-Raphaels-Vereins und der Schließung des amerikanischen Konsulats in Wien 1941 hat Innitzer versucht, Visa für katholische Juden zu bekommen und durch damals allerdings schon fast aussichtslose Bitten bei Papst und Staatssekretariat zu erreichen. Die »Hilfsstelle« versuchte, mit ihren Schützlingen auch nach deren Deportierung – vom Februar 1941 bis Juli 1942 waren 1224 katholische Juden in das Generalgouvernement transportiert worden – in Verbindung zu bleiben. Mit den nach Polen Verschleppten gelang dies bis Mitte 1942, mit den in Theresienstadt Internierten bis Ende 1943. Noch 1944 wurden von der Hilfsstelle 7277 Zweikilopakete verschickt. Wie viele von ihnen ihre Adressaten noch erreicht haben, ist eine andere Frage. In einigen wenigen Fällen – unter ihnen drei Jugendliche aus der Pfarre Perchtoldsdorf – erreichte die »Hilfsstelle« durch ihre Intervention, daß noch im letzten Augenblick Streichungen in Transportlisten vorgenommen wurden. Ansonsten blieb nur mehr die Versorgung der vor der Deportation stehenden Schützlinge, unter denen sich nach der Schließung der »Schwedischen Mission« und der »Society of Friends« Ende 1941 auch evangelische Christen und Konfessionslose befanden, mit Geld, Lebensmitteln, Wäsche, Kleidung und Decken sowie persönlicher Tröstung.

Von den immer mehr dezimierten Judenchristen in Wien wurden ungefähr 300 Bedürftige von der „Hilfsstelle" durch Geldbeträge für Miete, Arzt- und Spitalskosten, Übersiedlungen und Begräbnisse, durch Vermittlung von Wohnungen, Rechtsberatung, Privatunterricht sowie durch Aushilfe mit Kleidung und Lebensmitteln unterstützt. Die Hilfsstelle errichtete eine Nähstube, einen Kindergarten, einen Kinderhort und ein Altersheim. Außerdem wurden regelmäßig einige »U-Boote«, also nicht gemeldete Juden, versteckt, was besonders gefährlich war, da den Juden ja jede Änderung ihres ständigen Wohnsitzes und sogar die vorübergehende Entfernung aus dem Stadtgebiet streng verboten war. Laut Statistik der Israelitischen Kultusgemeinde lebten dennoch 1942 in Wien 2282 Juden »illegal« und wurden von der Gestapo gesucht, doch nur ein geringer Prozentsatz wurde entdeckt und wenige überlebten in Wien, da die übrigen früher oder später in das benachbarte Ausland (Ungarn, Jugoslawien, Griechenland) flüchteten, wo viele wieder in die Hände ihrer Verfolger fielen. In dem Bericht P. Borns bzw. P. Groppes über die Tätigkeit der „Hilfsstelle" werden sieben von ihm betreute, erschütternde »Fälle« erwähnt. Nur einer von ihnen soll hier im vollen Wortlaut wiedergegeben werden:

»Eines Tages kam ein untersetzter kleiner Mann in die Hilfsstelle. ›Ich bin der Josef‹, stellte er sich vor. Abgesehen von dem, was er auf dem Leibe trug, besaß er nur eine Blechdose, in der außer seinen Dokumenten noch sein Rasierzeug war. Sie diente ihm auch als Trinkgefäß und Rasierschale. Er hatte auf dem Lande gelebt, in einem Kloster gearbeitet. Um dem Kloster wegen seiner nichtarischen Abstammung keine Unannehmlichkeiten zu bereiten, tauchte er unter. In der guten Jahreszeit wohnte er in einer Gruft auf einem Friedhof und lebte von gelegentlichen Aushilfen in Gärtnereien in der Nähe des Friedhofes oder bei Straßenarbeiten. Abends ließ er sich im Friedhof einschließen und schlief in seiner Gruft friedlich bei den Toten. Als der Winter kam, konnte er auf dem Friedhof nicht bleiben, ohne entdeckt zu werden. Die Spuren im Schnee hätten seine Unterkunft verraten. Da kam er in die Hilfsstelle, die ihm Aufnahme in einem Kloster vermittelte, wo er sich nützlich machte und furchtlos nach den Bombenangriffen bei Aufräumungsarbeiten half. Er überlebte heil den Krieg.«

Sicherlich kamen die meisten dieser zum Teil unter großer Gefährdung der Helfer durchgeführten Hilfsmaßnahmen in erster Linie getauften Juden, sog. »nichtarischen Christen« zugute, was sowohl durch die alte antijüdische katholische Tradition als auch durch das Kirchenverständnis jener Zeit bedingt war. Über Verwandtschaft oder Freundschaft wurde durch die Unterstützung der Judenchristen indirekt aber auch vielen mosaischen Juden geholfen. Schließlich muß man auch bedenken, daß die NS-Machthaber infolge ihrer Rassendoktrin zwischen getauften und ungetauften Juden überhaupt keinen Unterschied machten, was sich sogar am Schicksal katholischer Priester zeigte, die als »Volljuden« über Betreiben der Gestapo und des SD vom Ordinariat schließlich von ihrem Posten enthoben wurden, wie z. B. 1940 der Ottakringer Pfarrer Karl Schwarz, der seit 1928 die Pfarre geleitet hatte. »Er wurde außerdem von der Staatsführung wegen der Nichtführung des Vornamens ›Israel‹ befaßt« (!). Der »nichtarische Kalasantiner Laienbruder Guelbertus Kuhner« wurde vom damaligen erzbischöflichen Kanzleidirektor Josef Wagner einmal noch aus dem Sammellager im 2. Bezirk herausgeholt: »Leider ein zweites Mal nicht mehr, da Kuhner zu schnell abgeschoben wurde.«

Was die Stellung der Judenchristen innerhalb des Kirchenraumes betrifft, so hat sich die Österreichische Bischofskonferenz bei ihrer Herbstsitzung 1941 anläßlich der staatlichen Verordnung über Kennzeichnung der Juden durch den Stern eingehend mit dieser Frage beschäftigt. Damals befanden sich noch ungefähr 8000 Judenchristen in Wien, für deren Unterstützung Kardinal Innitzer auch Mittel aus dem Peterspfennig zur Verfügung zu stellen beschloß. Eigene Gottesdienste für die Judenchristen wurden ausdrücklich abgelehnt: »Im inneren Raum der Kirche soll kein Unterschied gemacht werden.« Der Kardinal selbst hatte schon Anfang September 1941 an die Dechanten der Erzdiözese Wien einen Hirtenbrief zur Verteilung an die Pfarrer geschickt, in dem er den Klerus und die Gläubigen aufforderte, sich im Verkehr mit den Juden von christlicher Liebe leiten zu lassen, beim Gottesdienst keine Rassenunterschiede zu machen und für die jüdischen Glaubensgenossen zu beten. Aufgrund einer Weisung des Erzbischöflichen Ordinariats vom 18. September 1941 mußten die Dechanten diesen offenbar doch zu gefährlichen Hirtenbrief vernichten und an seiner Stelle folgende Mitteilung an die Pfarren weitergeben:

»Am 19. September 1941 ist eine Polizeiverordnung in Kraft getreten, wonach es allen Juden, die das 6. Lebensjahr vollendet haben, verboten ist, sich in der Öffentlichkeit ohne Judenstern zu zeigen. Auf viele Anfragen, die an kirchliche Stellen ergangen sind, wird den Gläubigen mitgeteilt, daß die katholisch getauften Christen, auch die nichtarischen Christen, nach wie vor am religiös kirchlichen Leben teilnehmen können.« Der Inhalt des Hirtenschreibens ist dem SD dennoch bekannt geworden, da es in seinem geheimen Lagebericht vom 24. November 1941 nach der Inhaltsangabe eines Rundschreibens Kardinal Bertrams vom 17. September in der gleichen Angelegenheit heißt: »In ähnlicher Weise wandte sich Kardinal Innitzer an den Klerus der Ostmark. Auch er lehnte die Kennzeichnung der Juden, obwohl sie durchaus mittelalterlich-christlicher Tradition entspricht, ab, ebenso die Zusammenfassung der jüdischen Katholiken zu besonderen judenchristlichen Gemeinden mit eigenen Kirchen und Kirchendienst, weil diese Maßnahme als Konzession an die nationalsozialistische Rassenlehre aufgefaßt werden könnte.

Vorsprachen von Gläubigen in den Pfarrkanzleien wegen Entfernung von Juden aus den Kirchen seien scharf abzulehnen und die Petenten zu belehren, daß die Kirche bei ihren gottesdienstlichen Handlungen keine Rassenunterschiede machen dürfe. Gleichzeitig ließ der Kardinal unter Hinweis auf die Aussiedlungsaktion die Priester auffordern, für die jüdischen Glaubensgenossen, die gezwungen werden, demnächst Wien zu verlassen, zu beten. Danach ist, trotzdem die Juden in letzter Zeit sehr zahlreich, anscheinend abordnungsweise in die Kirchen entsandt werden, wohl um das Mitleid der Kirchenbesucher zu erregen, auf Grund der Stellungnahme der beiden Kardinäle mit einer Absonderung der Juden im Gottesdienst und beim Sakramentenempfang von kirchlicher Seite aus nicht zu rechnen.«

Die Nachricht, daß die Zwangsscheidung aller noch bestehenden Mischehen unmittelbar bevorstehe, veranlaßte Kardinal Innitzer am 3. April 1943 wiederum zu einem direkten Schreiben an den Papst. Er teilte Pius XII. darin mit, daß 1941/42 ungefähr 50.000 Wiener Juden nach dem Osten deportiert wurden, unter ihnen etwa 1000 Katholiken. Zur Zeit befänden sich in Wien noch ca. 7000 »Nichtarier«, von denen rund 2800 Katholiken seien. Der größte Teil der in Wien verbliebenen »Nichtarier« lebe in rassischer Mischehe, deren Bestand sie bisher vor der Deportation bewahrt hätte. Von einer Zwangsscheidung würden in Wien ca. 5000 Mischehen betroffen, von denen gut die Hälfte katholisch sei: »Die Durchführung der Ehescheidung, die auf Grund eines neuen Gesetzes erfolgen soll, bedeutet für den nichtarischen Teil Evakuierung in den Osten, ein Zerreißen der bestehenden, zumeist kirchlich geschlossenen Ehe, ein unsicheres Schicksal der vielen Mischlingskinder aus diesen Ehen, natürlich auch in vielen Fällen für den zurückbleibenden arischen Teil schwere wirtschaftliche und seelische Not ... Das mir stets nahegehende herzzerreißende Elend läßt mich Eure Heiligkeit innigst und inständigst bitten und anflehen, alles, was etwa in der Macht Eurer Heiligkeit steht, zu veranlassen und zu versuchen, daß die geplanten Maßnahmen wenn möglich unterbleiben oder durch Ausführungsbestimmungen wenigstens die kirchlich geschlossenen Ehen vor dem drohenden Unheil bewahrt bleiben.«

Dieser Appell wurde am 1. Mai 1943 von Kardinalstaatssekretär Maglione eher allgemein beantwortet. Hinsichtlich der Deportationen habe der Heilige Stuhl bis jetzt nicht versäumt, »alle ihm zu Gebote stehenden Mittel einzusetzen, damit in verschiedenen Staaten vielen Unglücklichen ein so hartes Los erspart werde«. Er brauche nicht hinzuzufügen, »daß der Heilige Stuhl fortfahren wird, sich dieser Dinge mit allem Eifer anzunehmen, vor allem was die katholischen oder mit Katholiken verheirateten Juden anlangt«. Innitzer intervenierte noch im April 1944 beim Reichsstatthalter Baldur von Schirach zugunsten von Mischehepaaren.

Wie man mittlerweile weiß, hat der Vatikan durch Nuntius Orsenigo bereits vom Herbst 1942 an im Sinne Innitzers in Berlin interveniert. Eine Zwangsscheidung ist jedenfalls bis 1945 nicht verordnet worden, was jedoch auch auf den 1943 von der gesamtdeutschen Bischofskonferenz in Fulda, der auch die österreichischen Bischöfe angehörten, beschlossenen Protest zurückgehen könnte.

Dieser Protest war nach einem Bericht von Bischof Berning von Osnabrück über die Lage der Juden, ihre Deportation nach dem Osten unter unmenschlichen Bedingungen und die Einziehung ihres Vermögens durch das Reich zustande gekommen. Zum erstenmal sollte er auch mit dem »Ersuchen um Erleichterung des Loses aller Nichtarier« verbunden sein.

So steht denn am Ende einer langen schmerzlichen, an folgenreichen und damit schuldhaften Irrtümern, wie

z. B. dem antijüdischen »Wanzenepos« des Wiener katholischen Priesters Sebastian Brunner von 1886 oder dem vom »Osservatore Romano« am 23. Juni 1938 ausdrücklich zurückgewiesenen rassistischen Artikel eines Wiener Geistlichen, reichen Entwicklung der Schritt über die Grenzen der Konfession. Er wurde ausgelöst durch die vermutlich vom Berliner Bischof Preysing formulierte Erkenntnis der Bischöfe, daß in der Zeit schwerster Not und Bedrängnis auch die »Andersgläubigen« mit dem Einsatz der Kirche rechnen können: »Wer soll überhaupt noch für Naturrecht und Gottesgebote einstehen, wenn nicht die kirchliche Führung?«

Die Konsequenzen aus dieser Erkenntnis haben österreichische Katholiken – Priester und Laien – schon sehr früh gezogen. Das gilt auch von zwei Wiener Pfarrern und einem Mesner, die im Oktober 1938 wegen Fälschung von Taufscheinen zwecks Erlangung von Ariernachweisen verhaftet wurden, wie vom Pfarrer von Stillfried, Alois Hanig, der im Februar 1939 mit seiner Schwester in Schutzhaft genommen wurde, da sie wegen »auffallend vieler Taufen von Juden«, die Hanig zum Teil in deren Wohnung vorgenommen hatte – nach seiner eigenen Angabe über 50 –, »öffentliches Ärgernis« erregt hatten. Er wurde wegen »Amtsmißbrauch« zu acht Monaten Kerker verurteilt, den er als fünfzigprozentiger Invalider verließ. Anstoß nahmen die diversen Wiener Ortsgruppen- und Blockleiter auch daran, daß in den Währinger Frauenklöstern in der Gentzgasse und in der Martinstraße »Jüdinnen aus und ein gehen«, Juden »mit Erfolg bei den Schwestern betteln«, was im Herbst 1939 und im Herbst 1940 dem Gaupropagandaamt gemeldet wurde.

Eine Hilfe von besonderem Gewicht war die Ausstellung von für den »Ariernachweis« benötigten kirchlichen Dokumenten, was 1938 auch von der Pfarrkanzlei St. Stephan in Wien in stets großzügiger Weise geschah. Nach der Aussage einer denunziatorischen Hauptschuldirektorin namens Mayer wurde dort erklärt:

»Suchen Sie sich nur irgendeinen Josef Mayer aus, der in dem betreffenden Jahr geboren wurde, wir stellen Ihnen jedes Dokument aus! Was glauben Sie, auf welche Weise jetzt die Stammbäume zustande kommen!«

Wie schon erwähnt, gab es auch außerhalb Wiens Katholiken, die ihre Augen vor dem Schicksal der Juden nicht verschlossen. Der Pfarrer von Korneuburg, Dr. Vinzenz Oskar Ludwig, sein Mesner Leopold Frühlinger und der Leopoldstädter Pfarrer Wilhelm Sucher wurden im Oktober 1938 wegen Fälschung von Taufscheinen zum Zwecke des Ariernachweises festgenommen. Der damalige Pfarrprovisor von Rohr im Gebirge, Peter Lorenz, versteckte im März 1945 mit Hilfe der Rohrer Bauern 16 aus Ungarn verschleppte Juden vor der SS-Leibstandarte »Adolf Hitler« bis zum Einmarsch der Russen. Der Pfarrer von Mürzsteg, Alexander Seewald, erklärte in seiner Weihnachtspredigt 1939, daß auch Christus als Mensch aus dem Judenvolk abstamme, wie jeder im Evangelium nachlesen könne: »Es kann also die Abstammung eines Menschen kein Verbrechen sein. Wenn sich jemand gegen Gesetze vergeht, kann er ohnehin jederzeit belangt werden.« Diese Äußerung genügte einem bei der Predigt anwesenden Spitzel, den Pfarrer anzuzeigen. Er wurde am 16. Jänner 1940 verhaftet und bis Ende April 1945 in den KZ Gusen und Dachau festgehalten.

Durch NS-Akten und andere offizielle Dokumente belegt ist auch die Hilfe, die einige Burgenländer verfolgten Juden zuteil werden ließen. Elisabeth Heiling aus Nikitsch beherbergte zwei jüdische Frauen, Michael Leitgeb aus Wolkersdorf versteckte Hella Blumenau und ihren minderjährigen Sohn Mario von 1942 bis 1945 in seiner Wohnung und versorgte beide mit Lebensmitteln. Frau Blumenau erklärte im Dezember 1945 eidesstattlich: »Ich sollte samt meinem Sohn nach Polen evakuiert werden, und dadurch, daß Herr Leitgeb mich und meinen Sohn polizeilich nicht anmeldete, hat er mir und meinem Sohn das Leben gerettet.« In Oberwart ließ im Juli 1938 der Gendarmerie-Rayons-Postenkommandant Franz Maischberger dem jüdischen Dr. Alexander Sarlei eine Warnung vor dessen bevorstehenden Verhaftung durch die Gestapo zukommen. Sarlei konnte noch rechtzeitig flüchten. Der damalige Kooperator von Salzburg-St. Andrä, Franz Wesenauer, bewog drei Bekannte, einer war der Taxhamer Pfarrer Egon Katinsky, den 13jährigen jüdischen Waisenknaben Julius (»Jussi«) Kerlburger von 1941 bis 1945 zu verbergen. Der damalige Pfarrer von Salzburg-St. Andrä Franz Zeiss verbarg ab 1941 einen katholischen Wiener Juristen, Dr. Franz Breuer, in vier verschiedenen Orten.

All das ist umso bemerkenswerter, wenn man die Antworten auf die Fragen 5 (Wie war die Haltung der Katholiken zu den Juden vor dem März 1938?) und 6 (Haben Katholiken nach dem 11. März 1938 Juden geholfen?) kennt, die, wie schon berichtet, 1979 schriftlich an damals über 60jährige 2700 katholische Priester gerichtet wurden. 327 Fragebögen kamen ausgefüllt zurück, 50 haben zudem noch zusätzliche Informationen mitgeteilt, 53 Adressaten waren gestorben und 34 Briefe wurden mit dem Vermerk »verzogen« oder aus anderen Gründen retourniert. Die Antworten wurden zwar nicht exakt nach den Regeln der empirischen Sozialwissenschaften ausgewertet, können aber wohl doch über dabei erhobene Fakten hinaus als Hinweis für bestimmte Grundeinstellungen von einer Gruppe von Menschen, die auch heute zumindest auf dem Land »opinion leaders« sind, verstanden werden.

Was die Frage der Haltung der österreichischen Katholiken gegenüber den Juden vor dem März 1938 betrifft, so wurden die Antworten in drei Kategorien eingeteilt: positive, indifferente (»unentschlossen«, »wenig Berührung«, »keine Juden in der Gegend«, »nicht bekannt«) und ablehnende. Nach dieser Skala ergibt sich folgendes Bild: 39 positive – an der Spitze Wien (13) und

St. Pölten (11), am Ende Eisenstadt und Klagenfurt (je 1); indifferente 75 (Linz 21, Wien 14, Eisenstadt und Klagenfurt 9); ablehnende 132 (Wien 35, Linz 28, Graz 20, Klagenfurt und Innsbruck je 11, Vorarlberg 2). In den Antworten der 42 Ordensmitglieder (15 aus Wien, 12 aus Salzburg) ist kein auffallender Unterschied gegenüber den Weltgeistlichen bemerkbar. Die positiv gewerteten Antworten, auf ihren Kern reduziert, lauten »tolerant«, »sehr gut«, »an sich gut«, »loyal«, »ohne Vorurteil«, »für einfache Menschen kein Problem«. Die wiederkehrenden Inhalte der negativen Antworten wurden angeführt. Am aufrichtigsten ist sicher die lapidare: »Die meisten waren, wie ich selbst, Antisemiten, aber natürlich weit von dem Judenhaß der Nazis entfernt.« Was aus dieser Einstellung Jahrzehnte später geworden ist, davon wird noch die Rede sein müssen.

Für die Antworten auf die Frage, ob Katholiken nach dem 11. März 1938 Juden geholfen haben, waren andere Einteilungskategorien notwendig als bei der vorhergehenden. Aufgrund der Antworten wurden folgende gewählt: positiv für Angabe konkreter Hilfen, negativ für verneinende Antworten, 0 für undifferenzierte, sozial angepaßte Bejahungen ohne nähere Angaben und schließlich noch eine vierte für die Antwort »keine Juden in der Gegend« (= 4). Die auswertbaren Antworten verteilen sich auf diese Kategorien folgendermaßen: insgesamt 31 positive, bei denen allerdings einige nur in einem sehr eingeschränkten Sinn als positiv gelten können; 71 verneinende, 101 undifferenzierte Bejahungen (»Ja«, »Ja, wenn möglich«, »Habe von einigen Fällen gehört«), die mit großer Wahrscheinlichkeit inhaltsleer sind, und 31 Antworten, daß es im Ort oder in der Gegend keine Juden gab. Wie nicht anders zu erwarten, führt Wien, die letzte Station der Juden vor der Deportation in den Osten, mit 15 positiven und 15 negativen Antworten, 31 undifferenzierten Bejahungen und nur einer aus dem ländlichen Gebiet der Erzdiözese mit der

Antwort, daß es in der Umgebung des Befragten keine Juden gegeben habe. Beziehungen zwischen diesen Antworten und den noch zu nennenden soziologischen Antisemitismusbefragungen ergeben sich nicht. Vergleiche mit anderen Berufsgruppen sind nicht möglich, weil diese bisher noch nicht mit solchen Fragen konfrontiert wurden. Sieht man von der relativ großen Zahl der undifferenzierten Bejahungen ab, so bleiben als Fazit die erstaunliche Offenheit, die auffallende Divergenz im Verständnis von Hilfe und Hinweise auf bisher nicht bekannte Helfer. Am bedrückendsten unter den negativen Antworten ist eine, die sogar aus der Umgebung von Wien (Klosterneuburg) stammt: »Dazu war kein Grund vorhanden.« Aus Bischofshofen stammt die Antwort: »Hiesige Juden sind abgehauen.« Aus Wien fünfmal, St. Pölten, Salzburg und Feldkirch je einmal wurde auf die Hilfsaktionen Innitzers bzw. P. Borns verwiesen. Der damalige Caritasdirektor von Klagenfurt wußte von der Tätigkeit P. Borns.

Was die divergierenden Hilfsvorstellungen betrifft, so seien beispielhaft nur einige angeführt: Man hat gut Bekannten im geheimen Zigarren gegeben, ein Priester hat in einem abgelegenen Häuschen eine Jüdin getröstet, manche haben bei Juden heimlich eingekauft. Geradezu unfaßbar ist eine Antwort aus Vorarlberg: »Ja, Menschen leiden sehen kann ein Österreicher nicht. Ich selbst (Maturant, Soldat) wußte bis 1944 von Judenvergasungen nichts. Wohl ging bei uns (Luftwaffe) das Gerücht, daß (man, E. W.) Seife aus im Lager verstorbenen Juden mache (1941). Daraufhin: keine Seife mehr.«

Konkrete, ins Gewicht fallende Hilfe wird nur selten genannt und kam besonders auch christlichen Juden zu. Die Karmeliterinnen vom göttlichen Hirten im 21. Wiener Bezirk »beherbergten und verpflegten durch Jahre hindurch getaufte Juden«. Ein Theologe fuhr nach Wien, »um Hilfsmaßnahmen für eine verschleppte Jüdin einzuleiten, leider vergeblich«. Der damalige Wiener Kapuzinerprovinzial P. Kajetan Fröhlich hat nach Aussage eines Mitbruders im Wiener Kapuzinerkloster in der Tegetthoffstraße regelmäßig ein jüdisches »U-Boot« mit Lebensmitteln und Lebensmittelkarten versorgt. »P. K. war sich der Gefahr bewußt, der er sich aussetzte und eventuell sein Kloster.« Ein Wiener Geistlicher hat selbst jahrelang ein »U-Boot« versteckt. Ein anderer hat in Wiener Neustadt 1943–1945 geheim »persönliches Leid gelindert«.

Der Wiener Alttestamentler Prof. Kosnetter hat jahrelang einer vom Dienst (Mittelschullehramt) enthobenen jüdischen Kollegin Eßwaren in ihre Wohnung in der Leopoldstadt gebracht. In »Einzelfällen« hat ein niederösterreichischer Pfarrer heimlich armen Juden Lebensmittel gebracht, sie vor Verfolgung gewarnt und ihnen zur Flucht geraten. Als knapp vor Kriegsende ungarische Juden durch Langenzersdorf durchgetrieben wurden, fanden sie bei einem Fliegeralarm Zuflucht im Pfarrhof und wurden dort verstohlen gelabt. Sicherlich trifft auch die Aussage zu, daß Klöster »unauffällig« halfen.

In der Diözese St. Pölten kamen Juden mit gelber Armbinde und dem Stern gekennzeichnet in den Pfarrhof von St. Valentin, wo ihnen der Kaplan Heinrich Pichler Kleider und Lebensmittel gab. Eine Bäuerin in Schwarzau hat für in der Nähe arbeitende Juden Lebensmittel versteckt. In Bad Ischl hat sich der Kooperator Paul Eckhart im Spital sehr um einen von Nationalsozialisten mißhandelten jüdischen Apotheker gekümmert. Lebensmittel, die österreichische Fronturlauber nach Wien brachten, wurden durch die Vermittlung einer Schwesterngemeinschaft hungernden Juden überlassen.

Im Zillertal hat der Kooperator und Herz-Jesu-Missionar Andreas Königsbauer einen jungen Juden im Kasten versteckt, dann wurde er, »als es brenzlig wurde«, allerdings versetzt. Der Grazer Theologe Dr. Hermann Juri hat den Besuch eines Juden empfangen, »der mir wie ein gehetztes Wild vorkam und mir seinen Sohn Hermann Weiner, jetzt Lehrer in Wien, anvertraute, den ich bei den Schwestern des Hl. Kreuz in Andritz, Ulrichsberg, unterbrachte«. In der Umgebung von Graz sammelte die Caritas heimlich Geld für Fluchthilfe. Pfarrer Josef Laufer aus Gratwein taufte, von einem NS-Funktionär ausdrücklich aufgefordert, ein Judenkind, damit es für die Auswanderung den Taufschein erhielt.

Obwohl in Westösterreich nur wenige Juden lebten, kamen aus Tirol und Vorarlberg einige sehr konkrete Antworten. Prof. Anton Egger aus Innsbruck berichtete, daß an seinem dritten Wirkungsort eine jüdische Konvertitin lebte, für die die Frau des dortigen Richters materielle Unterstützung »organisierte«. Dann, nach 1941, wurde auch die Konvertitin »abgeholt«. Der Innsbrucker Geistliche Rat Geiger hat 1939 eine flüchtige Jüdin (r.-k.), Berlinerin, ohne viel Bedenken für einige Zeit untergebracht; sie war danach den ganzen Krieg in der Stadtwohnung eines Priesters, der auf dem Land war. Lorenz Greiter aus Imsterberg antwortete: »Ja, wir haben eine Frau mit Kind einige Zeit aufgenommen.« Und der Dornbirner Pfarrer Jakob Fussenegger ließ einen »führenden Juden, Dr. Trebitsch, Wien«, über den Rhein bringen. Pfarrer Josef Welte aus Lustenau hat zwei Juden bei der Flucht in die Schweiz geholfen. Ein Verwandter von ihm hat über 50 Juden bei Nacht und Nebel über den Rhein in die Schweiz gebracht.

Parallel mit der praktischen Hilfe entwickelte sich auch die ideologische Gegnerschaft gegen den Rassismus. Eine im Juni 1941 in Wien vorgenommene Verhaftung von vier Schwestern des Dritten Ordens des hl. Franziskus, die im Hartmannspital in Margareten und im Lainzer Spital tätig waren, erfolgte wegen des Besitzes einer maschingeschriebenen katholischen Kampfschrift. »Diese beinhaltet die schärfste Verurteilung der Vaterlands- und Rassentheorien – zweifellos des Nationalsozialismus – durch Christus sowie Ankündigung der Vernichtung der Gegner und ihrer Lehre durch Mord und Brand.« Die Schrift »Worte des Heilands an Pater Pio (Rom)« enthält tatsächlich eine sehr beeindruckende Stellungnahme gegen den Antisemitismus: »Hütet euch, ihr betörten Kinder der wahren Kirche, hinüberzuwechseln zum Irrglauben der Nation. Allen schlägt mein Herz, allen floß mein Blut und allen bin ich Bruder, der mit demütigem Herzen mich sucht. Nie wird der Vater in seinem gerechten Richtspruch die Stammeltern der Menschen in Erwägung ziehen. Ihr vom Wahnsinn des Hochmuts Betörten! Euer Stolz wird euch zu Falle bringen ... Die ihr auf eure Rasse schwört, wie lacht die Hölle über euch!«

Eine klare Ablehnung einer »Kollektivschuld« der Juden am Tode Christi und von jedwedem Antisemitismus ist auf höchster kirchlicher Ebene durch die Judenerklärung 1965 des II. Vatikanischen Konzils erfolgt. Für ihre ausführliche Interpretation und die Anwendung in der pastoralen Praxis, z. B. im Religionsunterricht, hat die Österreichische Bischofskonferenz, an ihrer Spitze Kardinal König, der Nachfolger Innitzers, gesorgt. König, der schon in der NS-Zeit als Religionsprofessor in St. Pölten mit Schülern seines Vertrauens Juden geholfen hat und von der Gestapo überwacht war, hat sich in dieser Frage mit einer Intensität engagiert, die noch vor wenigen Jahrzehnten bei einem österreichischen Bischof undenkbar gewesen wäre. Der Unterschied zwischen seiner Einstellung und jener von manchen älteren Klerikern, über die bereits berichtet wurde, ist allerdings auch heute noch beträchtlich. Dennoch wird sich die hierarchische Gliederung der Kirche gerade in diesem Fall positiv, d. h. in einer stetigen Einstellungsveränderung im Sinn Kardinal Königs auswirken, was langfristig auch Folgen für unsere pluralistische Gesellschaft haben sollte. Besonders zu nennen ist hier der Innsbrucker Bischof Reinhold Stecher. Er hat mit äußerster Energie und

Intensität gegen viele Widerstände die Verehrung des angeblichen Ritualmordopfers Anderl von Rinn kirchenoffiziell beendet.

In der evangelischen Kirche Österreichs, unter deren Pastoren sich 1938 über hundert illegale Parteigenossen befanden, hatte der Protest des Pastors Erwin Kock gegen den Antisemitismus zunächst sogar Kocks Absetzung durch die Kirchenleitung zur Folge. Die im österreichischen Protestantismus aus historischen Gründen starke deutschnationale Tradition machte die Klärung seiner Position in der Judenfrage noch schwieriger als in der katholischen Kirche. Dabei wurden auch sehr konkrete Pläne für die Errichtung einer eigenen judenchristlichen Gemeinde entwickelt, die auf den 1938 nach Wien gekommenen Tübinger Neutestamentler Gerhard Kittel zurückgingen.

Noch das 1940 von der österreichischen Landeskirche erlassene Pfarrergesetz verlangte ausdrücklich die arische Abstammung der Pastoren. Zu dieser Zeit nahmen sich allerdings auch schon zahlreiche Protestanten ihrer verfolgten jüdischen Glaubensgenossen an und versuchten, ihnen bei der Auswanderung behilflich zu sein. Das Zentrum dieser Aktionen war die »Schwedische Mission« in der Seegasse, die bis zu ihrer Auflösung Ende 1941 nicht nur getauften Juden half.

Der für diese Mission in Wien vom September 1939 bis Mai 1941 tätige schwedische Pastor Johannes Ivarsson war noch zu jener Zeit zutiefst betroffen von dem Haß der Wiener gegen die Juden, nicht von dem Haß »einer kleinen Clique«, sondern von einem »Volkshaß«, wie er zu Weihnachten 1942 im Göteborger »Julbok« schrieb. Er berichtete, daß sich alle führenden Leute in Wien – vermutlich die Spitzen von Partei und Staat – darüber einig seien, wie das Judenproblem gelöst werden müsse: »Die Juden müssen vernichtet werden. Sie müssen ausgeräuchert werden, wie man Läuse aus einem Haus ausräuchert.« Gebildeten, wohlwollenden und vernünftigen Menschen – zumindest nach dem guten Glauben Ivarssons –, voller Sympathie für Schweden, war seine Hilfe für Juden unverständlich: »Helfen Sie Juden? Das ist nicht wahr! Das ist wohl nicht möglich!« Diese Aussage könnte Daniel J. Goldhagen, »Hitlers willige Vollstrecker«, als Bestätigung seiner These vom »eliminatorischen Antisemitismus« der Deutschen und Österreicher dienen.

Bereits im April 1938 war von dem holländischen Pastor Gildemeester, der in Devisenfragen auch großes Vertrauen nationalsozialistischer Dienststellen besaß, die sogenannte »Gildemeester-Hilfsaktion« (G. H.) ins Leben gerufen worden. Ihre Hilfstätigkeit beschränkte sich nicht nur auf finanzielle Unterstützung der Ausreisenden, sondern es wurden auch Ausreisepapiere und Visa besorgt. Manchmal gelang es sogar, mit Visa und Fahrkarten nach Schanghai noch Menschen aus dem KZ zu befreien. In erster Linie bemühte sich die »G. H.« jedoch um die Zusammenstellung von Kindertransporten, die mit Unterstützung der »Schwedischen Mission« und der »Society of Friends« der Quäker nach Schweden bzw. nach Großbritannien abgingen.

Neben diesen Organisationen hat eine Reihe evangelischer Christen, unter anderen der Superintendent Georg Traar, der ursprünglich radikal antisemitisch eingestellte Professor der Wiener Evangelisch-theologischen Fakultät Gustav Entz, der damalige Pastor Wilhelm Dantine und Margarete Hoffer in Graz, in eigener Verantwortung bedrängten Juden geholfen. Auch in den evangelischen Kirchen hat wie in der katholischen angesichts der Judenverfolgung die Erkenntnis an Boden gewonnen, daß die Kirche nicht nur ihren Glaubensgenossen, sondern allen bedrängten Menschen zu Hilfe kommen muß. Darüber hinaus sind evangelische Christen noch während des Krieges zu einer tieferen Sicht der Problematik und zu Forderungen gelangt, die für alle Christen und für alle Zukunft gelten: 1943 wandte sich eine Gruppe deutscher evangelischer Laien an den bayrischen Landesbischof mit einem von Hermann Diem verfaßten Schreiben, in dem es hieß, sie könnten es als Christen nicht länger ertragen, daß die Kirche in Deutschland zu den Judenverfolgungen schweigt. Der Grund für ihre Forderung sei zunächst das einfache Gebot der christlichen Nächstenliebe, aber auch die in Schuld und Verheißung unlösbare Verbindung der Kirche, des wahren Israel, mit dem Judentum. »Die Kirche hat daher insbesondere jenem christlichen Antisemitismus in der Gemeinde selbst zu widerstehen, der das Vorgehen der nichtchristlichen Welt gegen die Juden bzw. die Passivität der Kirche in dieser Sache mit dem ›verdienten‹ Fluch über Israel entschuldigt ...«

2. Aussagen zeitgenössischer Quellen

Die Gründe für die relativ geringe Ergiebigkeit zeitgenössischer Quellen in der Judenfrage 1938/45 – vom bürokratischen Niederschlag von Deportierung und »Endlösung« abgesehen – wurden bereits dargelegt. Karl Stadler und Maria Szecsi sind auf sie schon bei der Erforschung der Tätigkeit der Sondergerichte gestoßen, in deren Akten nicht sehr viele Juden aufscheinen, »da das Regime bei diesen ein kürzeres Verfahren vorzog«. Dasselbe trifft nach Stadler auch auf die Tagesrapporte und Lageberichte von Gestapo und SD zu, die Stadler für sein Buch »Österreich 1938–1945 im Spiegel der NS-Akten« bearbeitet hat. Es kann daher seiner Meinung nach »weder einen adäquaten Eindruck von dem beispiellosen Leiden des österreichischen Judentums vermitteln noch auch nur annähernd die Einstellung der nichtjüdischen Bevölkerung skizzieren – jene Mischung von Gleichgültigkeit, stummem Mitleid und – gelegentlich – tatkräftiger Hilfe«. Die Einschränkung Stadlers gilt auch für dieses Buch, obwohl es seiner Intention nach beidem, dem jüdischen Leid und der österreichischen Reaktion, mehr nachgehen will, als es bisher der Fall war. Unter dieser Voraussetzung werden im folgenden Aussagen zeitgenössischer Quellen zur beschriebenen Problematik wiedergegeben, wobei im menschlichen Sinn positive österreichische Reaktionen außerhalb des schon behandelten kirchlichen Raumes den Vorrang haben, da negative bereits mehrmals erwähnt worden sind.

Die in Gestapo-Berichten überlieferten ersten Mißbilligungen der nationalsozialistischen Judenpolitik durch Nichtjuden sind noch vor der »Reichskristallnacht« geäußert worden. Schon am 11. Oktober 1938 wurde ein Wiener Gemeindebeamter verhaftet, der sich gegen die

Judenverfolgungen und außerdem noch gegen die Sudetendeutschen ausgesprochen hatte. Über die Verhaftung von »Judenfreunden« während der »Kristallnacht«-Aktion wurde bereits berichtet. Bald danach wurde die 50jährige Frau eines Straßenbahners aus der Leopoldstadt verwarnt, weil sie sich abfällig über die Judenaktionen der Partei geäußert hatte, erklärte, eine »Schwarze« zu sein, und sich gegen die in ihrem Haus wohnenden Juden als besonders freundlich und entgegenkommend erwies. Ebenfalls nach dem 10. November 1938 verstreute offenbar ein einzelner seinen handgeschriebenen Protest: »Nieder mit den Rassenschutz-Bolschewiken!« Die Gestapo las insgesamt elf Exemplare dieser Streuzettel in den Straßen Wiens auf.

Im ersten Vierteljahreslagebericht 1939 des Sicherheitshauptamtes in Berlin wurde den Österreichern ausdrücklich mangelnde Begeisterung für die Judenverfolgung vorgeworfen: »Nach der im Anschluß an die Rückgliederung unter der Judenschaft der Ostmark vorhandenen Depression hatten die großen politischen Spannungen mitunter gewisse Hoffnungen geweckt. Nicht ganz unbeteiligt war hierbei auch die im Berichtsabschnitt festgestellte Haltung der Bevölkerung zum Judentum.« Diese Haltung hat sich auch in so positiven Beispielen manifestiert wie jenem, das in einem Stimmungsbericht der Wiener Ortsgruppe Arbesbach vom 14. September 1939 folgendermaßen beschrieben ist: »Auch barmherzige Samariter gibt es unter den Volksgenossen, wie Vgn. Poczwar, 19, Krottenbachstraße 158a, die selbst durch die NSV während des Winters betreut wurde und nun den armen Juden hilft, indem sie Judenkinder zu sich ruft und bewirtet.«

Nach dem Attentat auf Hitler im Münchner Bürgerbräukeller am 8. November 1939 sagte ein 23jähriger Hilfsarbeiter, Angestellter der Gemeinde Wien, zu einer Jüdin – wie man heute weiß, in nicht richtiger Erkenntnis des Sachverhaltes –, daß der Anschlag von den Nazis selbst verübt worden sei, da sich diese sonst rühren würden: »Bei uns gibt es kein Heil Hitler, bei uns gibt es nur ein Habe die Ehre.« Am 9. August 1941 wurde in Meidling die Hausgehilfin Maria Groisböck festgenommen, weil sie Vermögen ausgewanderter Juden verheimlichte. Am 19. Oktober 1940 wurde in Wien-Fünfhaus ein 57jähriger Fleischhauergehilfe G. verhaftet, weil er Juden außerhalb der für sie festgesetzten Geschäftszeiten Fleisch hatte verkaufen wollen. »Die dadurch entstandenen Unmutskundgebungen beschwichtigte G. mit dem Hinweis, daß die Juden auch Menschen seien. Einem einschreitenden SS-Unterstumführer wiederholte G. seine diesbezügliche Meinung und benahm sich diesem gegenüber schroff und beleidigend.«

Im Dezember 1940 wurden in Favoriten Klebezettel der »Harand-Bewegung« gefunden. Diese christlich-jüdische Gesellschaft, die sich den Kampf gegen den Antisemitismus zu ihrem Ziel gesetzt hatte, war 1933 von Irene Harand, von der noch die Rede sein wird (s. S. 152), und Dr. Moritz Zalman gegründet worden. Zalman wurde nach dem »Anschluß« auf der Flucht in die Schweiz in Feldkirch aus dem Zug heraus verhaftet und starb 1943 im KZ. Irene Harand gelang die Emigration.

Im Jänner 1941 wurde im niederösterreichischen Ort Gutenstein der Postfacharbeiter Johann Joestl wegen Vergehens gegen das Heimtückegesetz verhaftet. Er hatte in einer politischen Debatte u. a. geäußert, »daß sich die Ostmark nach dem Krieg wieder selbständig mache und nicht mehr mittue«. Ferner erzählte er, »daß die Juden in Polen noch immer die größten Geschäfte besitzen, weil sie die gescheitesten und tüchtigsten Leute sind und solche Leute unter den Deutschen nicht zu finden sind«. Im gleichen Monat kritisierte ein Wiener Tischlermeister die Politik des Dritten Reiches: »Weder die Juden noch England oder Frankreich sind schuld an dem Krieg, sondern Deutschland, denn es hat Tschechien überfallen und dann Polen.« Ein Favoritner

Kaufmann wurde verhaftet, weil er im Gasthaus Streichers antisemitisches Hetzblatt »Der Stürmer« nach kurzer Lektüre aus dem Zeitungshalter herausgerissen und zerknittert hatte. Im Februar wurden bei »Überholung eines Kaffeehauses« am Praterstern 46 Juden angetroffen, die sich mit Wissen des Besitzers im Lokal aufhielten. Ebenfalls im Februar wurden ein Wiener Bücherrevisor und der Leiter der Judenumsiedlungsabteilung beim Wohnungsamt der Gemeinde Wien verhaftet, weil dieser über Intervention des ersteren die Aufschiebung der Räumung jüdischer Wohnungen bewilligt hatte. Sie wurden zu acht bzw. sechs Monaten schweren Kerkers verurteilt. Im März berichtete der SD-Leitabschnitt Wien, an verschiedenen Orten wurde beobachtet, daß Juden in den Geschäften zu jeder Tageszeit einkaufen können und »stellenweise sogar bevorzugt behandelt werden. Nicht selten entschuldigen sich die betreffenden Kaufleute damit, daß die Juden auch Menschen seien.« Im April wurde ein 55jähriger Schneidergehilfe aus der Brigittenau verhaftet, weil er in einer Trafik gesagt hatte, eine große Hungersnot stehe bevor, und dann werde Hitler verschwinden: »Aufs Jahr kommt der Jude wieder zum Regime, und das kann unsere Rettung sein.« Im Juli wurde in der Leopoldstadt eine Straßenhändlerin wegen Verkaufes von Obst an Juden festgenommen.

Von nun an werden laut Stadler die Aussagen über das Verhältnis der Österreicher zu ihren jüdischen Mitbürgern in den Gestapo- und SD-Berichten noch spärlicher. Der SD-Leitabschnitt Wien hat allerdings nach den großen Deportationen 1941 alle SD-Außenstellen in Wien mit Termin 12. Jänner 1942 ersucht, »über die Auswirkungen der Judentransporte in der Wiener arischen Bevölkerung zu berichten. Aber auch über die verschiedenen Versuche der Juden, sich dieser Transporte zu entziehen, soll berichtet werden und darüber, wieweit die Wiener diese Versuche billigen und ob die Juden von den arischen Wienern (auch Mischlingen) bei diesen

Versuchen unterstützt werden. Es wird ersucht, Einzelbeispiele sowohl über einen eventuellen Versuch der Juden, sich dem Transport zu entziehen, als auch bei eventueller Unterstützung durch Arier oder sogar Behörden anzuführen.« Auch dieser von SS-Hauptsturmführer Herrmann gezeichnete Akt ist ein Indiz dafür, daß es solche Unterstützungen gegeben hat, doch waren die Antworten auf die Anfrage Herrmanns nicht auffindbar. Einige Reaktionen sind nur aus einzelnen Gestapo-Tagesberichten aus dem Jahr 1942 zu erschließen: Am 10. Februar 1942 wurde ein jüdischer Schriftsteller verhaftet, »da er seit dem Jahre 1941 von Ariern Unterstützungsgelder gefordert hat. Er hat bisher von ungefähr 50 Personen, darunter 14 Parteimitgliedern, teils laufend monatlich RM 5.– bis 10.– erhalten.« Am 24. April wurde eine Wiener Trafikantin festgenommen, weil sie Geld, Schmuck und Kleider evakuierter Juden zur Aufbewahrung übernommen hatte. »Nach Abschluß der Ermittlungen wird gegen sie Schutzhaft beantragt werden. Der Entzug der Trafik wurde eingeleitet.« Am 2. Oktober wurde das Ehepaar Kriz verhaftet, weil es die Schwägerin des Mannes fünf Wochen in seiner Wohnung verborgen hatte, um sie vor der »Evakuierung nach dem Osten« zu retten. Am 13. Oktober wurden Dr. Ella Lingens-Reiner, ihr Mann und drei ihrer Bekannten verhaftet. Sie wurden beschuldigt, »die bereits am 4. September 1942 in Feldkirch festgenommenen polnischen Juden Jakob Israel und Bernhard Israel Goldstein und deren Ehefrauen Pepi Sara G., geb. Mandelbaum, und Helene Sara G., geb. Rapaport, die dringend verdächtig sind, der polnischen Widerstandsbewegung anzugehören, finanziell geholfen und bei ihren illegalen Ausreisebestrebungen unterstützt zu haben«. Ebenfalls noch im Oktober kam es zur Verhaftung des früheren christlichsozialen Wiener Bezirksrates Friedrich Wolfsgruber und seiner Frau Hedwig. Wolfsgruber verwahrte für »illegal« ausgereiste Juden Geld und Dokumente.«Ferner hat W. andere Juden nach St. Gallenkirch in Vorarlberg gebracht, diese dort einem ›Führer‹, dessen Festnahme bereits veranlaßt worden ist, mit dem Auftrag übergeben, die Juden illegal in die Schweiz zu verbringen.« Seine Frau »hat die Juden vor ihrer Abreise bewirtet und ihnen Lebensmittelmarken überlassen«. Am 19. November wurde die Wiener Privatangestellte Eleonore Rollig festgenommen. »Sie hat trotz staatspolizeilicher Warnung, die am 14. Februar 1942 wegen Umganges mit Juden erteilt wurde, neuerdings einer Jüdin mehrere Tage Unterschlupf in ihrer Wohnung gewährt, um sie auf diese Weise vor der Evakuierung nach dem Osten zu schützen. Sie stand außerdem mit Juden, die aus dem Sammellager in Wien in die Nähe von Warschau flüchteten, in Verbindung und hat diese mit Leibwäsche versorgt.« Im Dezember 1942 wurden schließlich die Ehepaare Markovits und Newikluf sowie Ferdinand Rainer wegen »Judenschmuggels« in die Slowakei bzw. nach Italien verhaftet. Rainer war bereits 1939 und 1940 wegen »Judenschmuggels nach Jugoslawien« in Graz in Haft gewesen.

Wie hart bei Entdeckung jeder Versuch der Hilfe bestraft wurde, beweist ein Vermerk vom 8. August 1943 des in Dachau inhaftierten Tiroler Widerstandskämpfers Hans Vogl in seinem geheimen Tagebuch: »Auf unserer Stube ist ein 74jähriger Wiener Baumeister, der bloß einer Jüdin zu einem Quartier verholfen hat.« Trotzdem gelang den nationalsozialistischen Machthabern die von ihnen angestrebte gänzliche Ausrottung der Menschlichkeit nicht. Noch im September 1943 heißt es in einem »Weltanschaulichen Lagebericht« des Gauschulungsamtes Niederdonau: »Immer noch kann eine allzu laxe, von Mitleid bestimmte Einstellung vieler Volksgenossen zur Judenfrage festgestellt werden, und Interventionen auch von führenden Parteigenossen in Mischlingsangelegenheiten gehören nicht gerade zu den seltensten Erlebnissen der diese Fragen bearbeitenden Stellen.«

Neben den NS-Akten kommen zeitgenössische Tagebücher, von denen eines soeben zitiert wurde, und Memoiren als weitere wichtige Quellen für die Beantwortung der Frage nach dem Verhalten der Österreicher angesichts der Judenverfolgung in Betracht. Auch sie sind jedoch nicht allzu ergiebig. Die Erinnerungen von prominenten Nationalsozialisten und ihrer Helfer sind in der überwiegenden Mehrzahl dazu geschrieben, ihre Verfasser reinzuwaschen bzw. deren Unkenntnis des NS-Terrors zu beweisen. Sie enthalten daher, von den Aufzeichnungen des Kommandanten von Auschwitz Rudolf Hoess und des Generalgouverneurs in Polen Hans Frank u. a. abgesehen, nur wenige Hinweise auf das Schicksal der Juden. Aber auch in den angeführten Ausnahmen scheinen Österreicher, die Juden zur Seite standen, nicht auf. Für die Gegner der Nationalsozialisten war die Führung von Tagebüchern bis 1945 ein höchst gefährliches Unterfangen. Nach 1945 hatten sie zunächst anderes zu tun, als Memoiren zu schreiben. Außerdem waren auch sie – wenn auch aus konträren Gründen – wie die Nationalsozialisten nur zu gern bereit, die Vergangenheit zu vergessen.

Die unter totaler Zensur stehenden Zeitungen und Zeitschriften der NS-Zeit dienten nur der offiziell vorgeschriebenen antijüdischen Hetzpropaganda. Das Leid der Juden scheint in ihnen ebensowenig auf wie etwaige mitbürgerliche Solidarität. Daher scheiden sie als Quellen für die Erforschung dieser Problematik völlig aus. Da zwei weitere Kategorien zeitgenössischer Quellen, Zeugnisse von Juden, denen Hilfe zuteil wurde, und Aussagen von Helfern, in den folgenden Kapiteln behandelt werden, seien hier nur einige typische Beispiele geleisteter Hilfe, die bereits veröffentlichten Dokumentationen, Tagebüchern und Erinnerungen entnommen sind, angeführt.

So benützte z. B. im November 1962 der damals 58jährige Bäckermeister Hersch Marcovici (bis 1945 Hermann

Markovits), ein orthodoxer Jude aus Nagybánya im rumänischen Siebenbürgen, bei seiner Ausreise den Zwischenaufenthalt, um sich bei der Wiener Israelitischen Kultusgemeinde nach einem steirischen Bauern namens Fritz Edelmann zu erkundigen, der im April und Mai 1945 auf seinem Hof in Thondorf acht ungarische Juden, unter ihnen Marcovici, versteckt und verpflegt hatte. In Zusammenarbeit mit der Grazer Kultusgemeinde gelang es rasch, den mittlerweile zum Direktor der steirischen Landwirtschaftskammer avancierten Edelmann aufzufinden und ein Treffen von Retter und Gerettetem zu arrangieren. Dieser war im Herbst 1944 aus seiner Heimat in die Budapester Albrechtskaserne gebracht worden, von wo er im Dezember 1944 zusammen mit Tausenden seiner Leidensgenossen auf Befehl Eichmanns zu Fuß nach Österreich deportiert wurde. Auf diesem berüchtigten »Todesmarsch« verloren 90 Prozent der Eskortierten ihr Leben. Zu »Aufräumungsarbeiten« nach Graz befohlen, machten am 2. April ungefähr 250 Mann in Thondorf Station, unter ihnen Marcovici und seine sieben Gefährten. Während des Kartoffelschälens schlichen Marcovici und ein Kamerad zu Bürgermeister Edelmann. Sie sagten ihm, sie könnten nicht mehr weiter, und baten um einen Ausweis oder einen Begleiter, damit sie nicht erschossen würden. Edelmann riet ihnen, den Abend abzuwarten und dann wieder zu kommen. Am Abend erklärte er den nunmehr acht Verfolgten, der Krieg werde ohnehin nicht mehr lange dauern, das deutsche Kommando im Ort werde sich bald auflösen und er wolle versuchen, sie über die restliche Zeit hinwegzubringen. Die nächsten sechs Wochen verbrachten sie auf dem Dachboden Edelmanns hinter einem Wall von Heu und Stroh versteckt. Edelmanns Frau und Kinder versorgten die Verborgenen regelmäßig mit Brot, Milch und Kartoffeln. Von ihrem Schlupfwinkel aus beobachteten sie den Rückzug der deutschen Soldaten. Als der letzte verschwunden war, konnten auch sie ihr lebensrettendes Versteck verlassen. Einer der Geretteten, der Arzt Dr. Paul Endre, der dann allerdings von Graz nach Rußland verbracht wurde und verschollen ist, verfaßte ein 17strophiges Gedicht, das für die Dankbarkeit seiner Gruppe zeugt: »Wir danken Euch das Leben, die Sonne, Luft, das Brot, und was Ihr konntet geben, Ihr gabt's in größter Not. Die Menschenjagd ist zu Ende, habt Dank, Ihr Edelleut', Gott segne Euch ohne Ende, so Tag für Tag wie heut.«

Eine ungeschminkte Wiedergabe der zwiespältigen Empfindungen jener Menschen, die zu einer Zeit, als die Niederlage des Dritten Reiches noch nicht zum Greifen nahe war, Juden halfen, enthält das Tagebuch des Wiener Rechtsanwaltes Ludwig Haydn, der auch nach 1938 zahlreiche jüdische Klienten betreute. Zur Zeit der pausenlosen Deportationen, im Juli 1942, bat ihn ein junger Jude, der sich, Frau und Mutter in getrennten, ständig wechselnden Verstecken verbarg, um Brotmarken und um Unterschlupf für wenige Nächte. Haydn schildert nun seine aus Mitleid und Angst gemischte Reaktion folgendermaßen: »Peinlichste Zumutung! Einen Juden verstecken bedeutet, wenn es auffliegt, sicheres Konzentrationslager. Nur bis Montag, bettelte er. Für ständig kann ich es von meinem gewesenen Chef nicht gut verlangen – von Dienstag an darf ich für eine Woche in einer Garage schlafen. – Er scheint sich förmlich einen Turnus bei seinen Bekannten eingeteilt zu haben. Aber wo bei mir? In der Wohnung ist keine Gelegenheit. – Nicht in der Wohnung. Bewahre! In der Kanzlei – niemand wird es bemerken, ich garantier' dafür – wir kommen, wenn es finster geworden ist, und verschwinden, bevor aufgeräumt wird. – Wir, sagt er! Einen Augenblick hatte ich nicht bedacht, daß ja auch seine Frau daran hängt! Die Vorstellung, daß die niedliche, kultivierte Frau – ich kenne sie! – auf dem Fußboden meiner Kanzlei übernachten soll, steigerte das Peinliche zur Unerträglichkeit. Ich möchte die Bitte abschlagen. Bei allem Mitgefühl:

Der junge Mann stand mir doch in keiner Weise nahe, konnte kein moralisches Recht behaupten, mir so viel zuzumuten ...«

Haydn hat trotzdem die junge Frau eine Nacht und dann ihren Mann mehrere Nächte in seinem Büro schlafen lassen. Drei Wochen später wurde dieser während eines Besuches bei einer jüdischen Familie aufgespürt: Da er das Versteck von Frau und Mutter nicht verraten wollte, wurde er in den Bunker in der Sperlgasse gebracht und dort entsetzlich geprügelt. Erst als ihm ein Scharführer das Angebot machte, seinen Angehörigen eine Botschaft zu überbringen, ließ er sich überlisten und gab ihre Unterkunft preis. Sie wurden ebenfalls in die Sperlgasse gebracht und dann nach Polen deportiert. Der Wiener, der die beiden Frauen in seiner Wohnung aufgenommen hatte, wurde aus seinem Landaufenthalt von der Gestapo geholt. Die Hausbesorgerin, die die Teppiche der Familie zur Aufbewahrung übernommen hatte, wurde ebenfalls verhaftet. Selbst bei dem humanen Anwalt Haydn war die erste Reaktion auf die Nachricht über diese drakonischen Maßnahmen gegen Helfer: »Es fehlt mir nur noch eines: Man hat herausbekommen, daß der junge Mann ein paar Nächte in meiner Kanzlei geschlafen hat. Das hat man davon!«

Sogar Menschen, die wegen ihrer Hilfe für Juden und ihrer Gegnerschaft gegen den Nationalsozialismus bereits selbst im KZ waren, ist dieser Konflikt zwischen Selbsterhaltungstrieb und Nächstenliebe nicht erspart geblieben. Die schon genannte Wiener Ärztin Ella Lingens-Reiner hat ihn im polnischen Krankenblock in Auschwitz durchzukämpfen gehabt, als ihre jüdischen Patientinnen der ständigen Gefahr der »Selektion« und damit der Vernichtung ausgesetzt waren. Sie hat einige von ihnen vor der Selektion gerettet, für eine junge deutsche Jüdin sogar die Streichung von der bereits fertiggestellten Liste durch persönliche Intervention bei den diensthabenden SS-Männern erreicht. Sie hat sich dazu nach schwerem Ringen auch im Gedanken an ihr einziges Kind, den dreijährigen Peter, entschlossen, um dessentwillen sie sich nicht durch den Nationalsozialismus Ehre und Selbstachtung rauben lassen wollte. So sagte sie denn im Geist zu ihrem Sohn: »Kind, vielleicht mußt du noch länger auf deine Mama warten, aber wenn sie dann zu dir zurückkommt, dann soll sie dir in die Augen sehen können, dann brauchst du dich dessen nicht zu schämen, daß deine Muttersprache Deutsch ist.«

Seiner Muttersprache zu schämen brauchte sich auch nicht der im Juni 1984 verstorbene Wiener Julius Madritsch, der seine Erlebnisse als Unternehmer im Generalgouvernement 1940 bis 1944 veröffentlicht hat. Gemeinsam mit Raimund Titsch aus Wien, Dr. Adolf Lenhardt aus Wien, Anneliese Pipgorra aus Berlin, Maria Herling aus Wien und dem im September 1944 als »Verräter« erschossenen Polizeiwachtmeister Oswald Bosko aus Wien gelang es ihm, als treuhändiger Verwalter zweier Konfektionsbetriebe in Krakau, in denen Polen und Juden arbeiteten, diese Betriebe auszubauen und als »kriegswichtig« erklären zu lassen und damit ungefähr 4000 Menschen unter den zumindest zeitweiligen Schutz der »Rüstung« zu bringen. Er erreichte es, daß seine jüdischen Arbeiter bis zum 13. März 1943, dem Tag, an dem das Krakauer Ghetto geräumt wurde, im Ghetto bleiben konnten. Während der der Räumung des Ghettos durch die SS vorausgehenden »Aussiedlung« der Kleinkinder führte Bosko Männer und Frauen mit Kindern aus dem mit Stacheldraht und vielen SS-Posten abgesperrten Ghetto in den Betrieb von Madritsch: »Kleinkinder wurden dabei – um die Gefahren eines Verrates durch Schreien auszuschließen – betäubt und in Rucksäcken verborgen hinausgetragen. Bis zum nächsten Tag fanden sich dann viele Polen, welche die Kinder vorläufig zu sich nach Hause in Obhut nahmen. Selbst Männer der Wehrmacht, die mit Kraftwagen in die Richtung Tarnow fuhren, fanden sich dazu bereit, Frauen und Kinder mitzunehmen, um sie aus dem Gefahrenbereich zu bringen. Am darauffolgenden Tag wurden viele hundert Kinder und Kranke mit Autos in die Richtung Skawina – Auschwitz weggeführt und ungezählte ›ausgesiedelte Kleinkinder‹, zum Teil mit ihren Müttern, die sich nicht von ihnen trennen ließen, auf dem ehemaligen Judenfriedhof in Plaszow – dem damals schon fast fertiggestellten KZ – beerdigt.« Von den nach der Räumung des Krakauer Ghettos im Lager Plaszow konzentrierten Arbeitern seiner Betriebe konnte Madritsch 232 Männer, Frauen und Kinder am 25. und 26. März 1943 zwecks »Beschleunigung eines dringenden Rüstungsauftrages« unter dem Schutz von Titsch und Dr. Lenhardt und einiger »Obhutleute« von der Krakauer Wach- und Schließgesellschaft mit Lastzügen nach Tarnow bringen. Dort gab es damals noch ein Ghetto, was bedeutete, daß es noch eigene Wohnungen und vor allem für jeden Menschen ein eigenes Bett gab. Außerdem gelang es Madritsch, die Anerkennung seiner Betriebe als größten »Rüstungsbetrieb« im Generalgouvernement zu erreichen, obwohl mindestens 95 Prozent der Produktion dem zivilen Sektor zugute kamen. Diese Anerkennung bedeutete Sonderzuteilungen von Lebensmitteln, die in den in Krakau und Tarnow errichteten eigenen Werksküchen zubereitet wurden. Madritsch, ein besonderes »Organisations«-Talent, sorgte für Kleidung und Schuhe und baute mit Hilfe des Leiters des von Juden in den USA, England und anderen Ländern über die Schweiz unterstützten »Jüdischen Hilfsfonds für Polen« einen auch mit Medikamenten ausgestatteten Hilfsdienst auf. Schließlich erlangte er, wie er selbst bereitwillig einräumte, auch durch zielbewußte Bestechung deutscher Dienststellen noch die Erlaubnis, seinen Arbeitern Leistungsprämien in Form von Lebensmitteln zu geben. Unter diesem Titel brachte er mit seinen Fuhrwerken wöchentlich ungefähr 6000 Laibe Brot, Marmelade, ja sogar Zigaretten in das Lager. Wegen dieser intensiven

Betreuung »seiner« Lagerinsassen kam es ständig zu schweren Differenzen zwischen den Führern der SS und jenen der Wehrmacht. Letztere vertraten dabei beharrlich den Standpunkt, »daß jeder Mensch – egal ob Jude oder Nichtjude – als Mensch behandelt werden mußte«.

Daß es Madritsch relativ lang möglich war, diese Maxime zu realisieren, geht aber natürlich auch darauf zurück, daß trotz des von ihm in einigen Fällen bewußt geduldeten und unterstützten »Untertauchens bzw. Verschwindens aus dem Betrieb«, das heißt also der Flucht von Zwangsarbeitern, die Höhe der Produktion seines Betriebes gerade infolge der guten Behandlung der Arbeiter jene anderer »Betriebe« solcher Art bei weitem übertraf. Daher wurde Madritsch auch als einzigem Privatunternehmer im Generalgouvernement die Bewilligung erteilt, im Konzentrationslager Plaszow in ihm zur Verfügung gestellten Baracken Werkstätten einzurichten, in denen bis zu 2000 »Häftlinge« arbeiten sollten. Das wurde noch am 14. September 1943 in einem eigenen »bis zum Kriegsende gültigen« Vertrag mit der SS festgelegt, was Madritsch auch darauf zurückführte, daß der Lagerkommandant Göth ein Österreicher war.

Dennoch war es sogar Madritsch nicht möglich, der Mehrheit seiner Arbeiter den Weg in die Vernichtung zu ersparen. Mit der Rücknahme der Front wurden auch die Betriebe, die die SS in der Etappe errichtet hatte, wie z. B. die »Deutschen Ausrüstungswerke«, zurückverlegt, was zur Räumung des Lagers Plaszow führte. Madritsch bemühte sich zwar verzweifelt, eine Bewilligung zur Weiterführung seiner Betriebe in Österreich oder Böhmen zu erhalten. Er scheiterte jedoch trotz persönlicher Interventionen in Berlin an dem lapidaren Bescheid: »Uniformen sind keine kriegsentscheidenden Fertigungen, kämpfen kann man auch in Zivilkleidern, jüdische Arbeitskräfte dürfen nur noch der Munitionsfertigung zur Verfügung gestellt werden.«

Am 6. August 1944 begann die Räumung. 10.000 Insassen des KZ Plaszow wurden nach Auschwitz und Mauthausen abgeschoben, unter ihnen allein 1000 Arbeiter der Betriebe von Madritsch. Am 27. August wurde mit dem Abbruch der Baracken begonnen. Die wenigen Madritsch noch verbliebenen Arbeiter, ungefähr 500, wurden unter dem Vorwand von Aufräumungsarbeiten noch bis zum 5. Oktober gehalten. Dann kamen 200 Männer nach Groß-Rosen und 300 Frauen nach Auschwitz. Über Bitte von Madritsch konnten jedoch von den nach Groß-Rosen Abgeschobenen noch ungefähr 100 Arbeiter in eine Panzerfaustfabrik bei Zwittau abgezogen werden. Mit ihnen blieb er über Reinhard Titsch bis zum März 1945 in Verbindung. Madritsch selbst wurde zwar am 3. November 1944 vom SD in Krakau verhaftet und von dort nach Berlin überstellt, weil sein Name auf der Liste einer polnischen Widerstandsbewegung gestanden war und er »Greuelnachrichten« über Plaszow verbreitet haben sollte. Aufgrund der Intervention von Freunden wurde er jedoch nach zwölf Tagen Einzelhaft entlassen. Nach 1945 hielt er weiter die Verbindung mit seinen ehemaligen Schützlingen aufrecht, die in Israel sogar einen »Klub der Madritschaner« bildeten.

Teurer mußte ein anderer Österreicher seine Hilfe für Juden bezahlen: Anton Schmid. Der 42jährige Feldwebel der Deutschen Wehrmacht schmuggelte 1942 in das Ghetto von Wilna Lebensmittel und Medikamente, fungierte als Kurier zwischen in Wäldern versteckten Juden und deren Angehörigen im Ghetto, entwendete schließlich sogar Waffen der Wehrmacht für jüdische Widerstandskämpfer und war ständig bereit, Juden zur Flucht zu verhelfen. Er wurde entdeckt, verhaftet und bereits am nächsten Tag vom Kriegsgericht zum Tode verurteilt. Am 13. April 1942 wurde er hingerichtet. Da von ihm, wie übrigens auch von Lingens, Madritsch und Titsch, noch im nächsten Kapitel die Rede sein wird, seien in diesem Abschnitt, der von bestimmten Arten zeitgenössischer Quellen ausgeht, nur noch einige Sätze aus dem Abschiedsbrief Schmids an Frau und Tochter wiedergegeben:

»... Will Dir noch mitteilen, wie das Ganze kam. Hier waren sehr viele Juden, die von litauischem Militär zusammengetrieben und auf einer Wiese außerhalb der Stadt erschossen wurden, immer so 2000 bis 3000 Menschen. Die Kinder haben sie auf dem Wege gleich an die Bäume angeschlagen usw., kannst Dir ja denken. Ich mußte, was ich nicht wollte, die Versprengtenstelle übernehmen, wo 140 Juden arbeiteten. Die baten mich, ich soll sie von hier wegbringen ... Da ließ ich mich überreden. Du weißt ja, wie mir ist mit meinem weichen Herz. Ich konnte nicht denken, ich half ihnen, was schlecht war, von Gerichts wegen.

Denke mir, meine liebe Steffi und Gertha, daß es ein harter Schlag ist für uns, aber bitte, bitte verzeiht mir. Ich habe nur als Mensch gehandelt und wollte ja niemandem wehtun.

Wenn Ihr, meine Lieben, das Schreiben in Euren Händen habt, dann bin ich nicht mehr auf Erden. Werde Euch auch nicht mehr schreiben können, aber seid sicher, daß wir uns wiedersehen in einer besseren Welt bei unserem lieben Gott ...«

3. »Gerechte«

»Wer ein einziges Menschenleben rettet, rettet die ganze Welt.« Dieses alte hebräische Sprichwort ist auf jener Medaille eingraviert, mit der der Staat Israel die »Gerechten der Völker« ehrt, die während der nationalsozialistischen Verfolgung Juden unter Einsatz ihres eigenen Lebens gerettet haben. Sie werden nur aufgrund von vom Yad Vashem-Institut in Jerusalem gesammelten und geprüften Zeugenaussagen von Geretteten verliehen. Bis 1969 wurden folgende Österreicher als »Gerechte« ausgezeichnet, die zunächst in alphabetischer Reihung angeführt werden: Irene Harand, Ewald und Danuta Kleisinger, Julius Madritsch, Julius Nataly, Johann Pscheidt, Anton Schmid und Raimund Titsch. Bis 1. März 1985 wurden insgesamt 57 Österreicher ausgezeichnet. 29 von ihnen waren Frauen. 1983/84 wurden in der BRD Aktenauszüge und Namenslisten von 220 »Judenrettern aus Deutschland« veröffentlicht, von ihnen waren 96 Frauen; außerdem wurden 42 Österreicher unter den 220 subsumiert. Ende 1996 sind von Yad Vashem 80 Österreicher als »Gerechte« angeführt worden, 43 Frauen und 37 Männer, davon sechs Akademiker. In der hier versuchten kurzen Darstellung der Leistungen österreichischer »Gerechter« soll der posthum geehrte Feldwebel Anton Schmid an die Spitze gestellt werden, der, wie bereits berichtet, seine Hilfe mit seinem Leben bezahlt hat und der heute noch für viele Israeli eine fast legendäre Gestalt ist.

Als Leiter einer Versprengtensammelstelle in Wilna hatte der Wiener Anton Schmid alle von ihrer Einheit abgesprengten deutschen Soldaten zu sammeln und neue Einheiten zu bilden. Schon bei der Erfüllung dieser Aufgabe schützte er so manchen Versprengten vor dem

Verdacht der Fahnenflucht und damit vor der Todesstrafe. Außerdem hatte er in seiner Position das Recht auf Beanspruchung jüdischer Zwangsarbeiter, die für die Versorgung der Versprengten in eigenen Werkstätten als Schneider, Schuster, Tischler u. a. arbeiteten. Dieser Arbeiter nahm Schmid sich in einer Weise an, die im Wilnaer Ghetto wie ein Wunder bestaunt wurde. Wenn Litauer einen seiner Leute auf der Straße verhaftet und in das Lukiszki-Gefängnis gebracht hatten, ging er persönlich dorthin und forderte die Freilassung. Er erreichte sie immer. Sooft er von einer bevorstehenden »Aktion«, einer Razzia im Ghetto erfuhr, warnte er seine Leute. Von sich aus schlug er verheirateten Männern vor, ihre Familien für die Dauer der Razzia in die Versprengtensammelstelle mitzubringen, wo er sie auch mit Lebensmitteln versorgte. Das Verbot, Lebensmittel durch außerhalb des Ghettos arbeitende Juden in dieses hineinzunehmen, half Schmid seinen Leuten dadurch zu umgehen, daß er sie nach der Arbeit persönlich in das Ghetto zurückbegleitete. Wenn ein litauischer Ghettoposten einem Juden Lebensmittel wegnehmen wollte, so eilte Schmid sofort herbei und ließ nicht zu, daß man »seine Juden filzte«. Konnte er einmal seine Arbeiter nicht selbst in das Ghetto begleiten, so sorgte er dafür, daß dies durch einen verläßlichen Soldaten geschah.

Im Dezember 1941 wurden gelbe und weiße Passierscheine für die Ghettobewohner eingeführt. Die weißen erhielten die unbeschäftigten »nutzlosen« Juden, die für die »Liquidation« in Ponary bestimmt waren. Gelbe Passierscheine wurden für Arbeiter ausgestellt, die damit zumindest für die nächste Zeit ihr Recht auf Leben verbrieft hatten. Schmid bemühte sich, eine möglichst große Zahl der sogenannten »Todesurlaubsscheine« für seine Juden zu erlangen. Als Sekretärin beschäftigte Schmid eine Jüdin, deren Mann Litauer war; mehreren Juden gab er in seiner eigenen Wohnung Unterkunft. Zu ihnen gehörte auch das Ehepaar Adler, das durch ihn einen

Durchlaßschein und litauische Ausländerpässe erhielt. Auf Bitten Hermann Adlers ermöglichte Schmid dann einer Reihe weiterer Juden die Flucht aus dem Ghetto. Ab Herbst 1941 versteckte Schmid auf Munitions- und Versorgungslastwagen seiner Dienststelle, die nach Libau fuhren, Juden, die von dort nach Schweden weiterflüchten konnten. Da Schmid für das Gelingen dieser gefährlichen Transporte jedoch Bestechungsgelder brauchte, verlangte er später von den Flüchtlingen finanzielle Beiträge. Da durch sie auf Grund eines Planes von Adler auch die Flucht völlig mittelloser Juden finanziert werden sollte, wurde in Verbindung mit der zionistischen Jugendorganisation »Hehalutz« sogar das Projekt größerer Transporte entwickelt, für die ein reicher Jude 400 Dollar zahlen sollte, wozu jedoch niemand mehr imstande war. Außerdem wurde es zunehmend schwerer, von Libau nach Schweden zu entkommen, so daß dieses Projekt schließlich fallengelassen wurde.

In direkter Verbindung mit der »Hehalutz« ließ Schmid jedoch vier Mitglieder einer jüdischen Untergrundbewegung auf einem Lastwagen mit Benzinfässern von Wilna nach Warschau bringen. Schließlich schlugen zwei Delegierte der »Hehalutz«, Mordechai Tenenbaum-Tamarow, der spätere Kommandant des Aufstandes im Ghetto Bialystok, und Frau Glasman, Schmid im November 1941 die Organisation von Transporten nach Bialystok vor. Schmid hat sich auch auf dieses gefährliche Unternehmen selbstlos eingelassen und damit insgesamt ungefähr 300 Menschen aus dem gleichen Todesghetto gerettet, in dem der Österreicher Franz Murer sein Schreckensregiment führte. Zwei Tage vor der Abfertigung eines neuen Transportes nach Bialystok wurde er am 9. April 1942 verhaftet, vier Tage später im Alter von 42 Jahren hingerichtet. Über die näheren Umstände seiner Verhaftung gibt es drei Versionen. Nach der einen ist Schmid von zwei Deutschen verraten und in Wilna auf der Straße verhaftet worden, nach der anderen wurde er verhaftet, als er sich wieder einmal neue Anforderungsscheine für Juden geben ließ. Nach der Aussage von Schlomo Bernowsky haben die Deutschen entdeckt, daß sich im Ghetto von Libau viele Juden aus Wilna befanden. Sie leiteten daraufhin eine Untersuchung ein, in deren Verlauf sie schließlich auf Schmids Spuren stießen. Nach einer nächtlichen Durchsuchung seiner Dienststelle wurde er von der deutschen Gendarmerie verhaftet. Nach der Darstellung Hermann Adlers, der Schmid mit seiner Legende »Ostra Brama« auch ein literarisches Denkmal gesetzt hat, ist dieser das mit seiner Hilfe zwangsläufig verbundene Risiko ganz bewußt eingegangen. Auf Adlers Frage, ob er sein Leben nicht leichtsinnig auf das Spiel setze, antwortete Schmid: »Krepieren muß jeder. Wenn ich aber wählen kann, ob ich als Mörder oder als Helfender krepieren soll, dann wähle ich den Tod als Helfer.« Seine Hilfe mit dem Leben bezahlt hat auch der schon genannte, aber später als Schmid ausgezeichnete Wiener Oswald Bosko, von dem noch die Rede sein wird.

Danuta Kleisinger, geborene Tschelpinska, lebte während des Krieges mit ihren Eltern in Warschau, in deren Wohnung der Wiener Dr. Ewald Kleisinger als deutscher Offizier einquartiert war. 1943 rettete sie während des Ghetto-Aufstandes mit Hilfe eines bestochenen deutschen Wachpostens aus dem brennenden Ghetto einen jüdischen Freund samt einem Kameraden und seiner Mutter, für die sie bis dahin schon Geld und Lebensmittel in das Ghetto geschmuggelt hatte. Sie versteckte die drei zunächst in der Wohnung ihrer Mutter. Ewald Kleisinger stellte für die Verfolgten sein Zimmer zur Verfügung und verschaffte ihnen gefälschte Papiere, mit deren Hilfe sie als »ukrainische Fremdarbeiter« nach Wien gelangten, wo sie die Eltern Kleisingers »wie Familienmitglieder« behandelten. »Sie versorgten uns mit Nahrung und Kleidung, ohne sich um das Risiko zu kümmern, das mit Hilfe für Juden verbunden ist« (Zeugenaussage Josef Kremsin). Alle von dem nachmaligen, nunmehr in Wien ansässigen Ehepaar Kleisinger Geretteten waren noch 1968 am Leben.

Von den Leistungen des Wiener Textilkaufmannes Julius Madritsch war aufgrund seiner eigenen Erinnerungen bereits die Rede. In den im Yad Vashem-Archiv aufbewahrten Zeugenaussagen wird die Hilfsbereitschaft von Madritsch von jenen geschildert, denen sie zugute gekommen ist. So berichtet Ascher Ostrowil, daß er vom ersten Augenblick an, in dem er Madritsch 1941 in Krakau kennenlernte, dessen Wunsch sah, »uns zu helfen, nicht nur, daß er uns mit Arbeit versorgte, er teilte auch die Waren auf, die übrigblieben, und half dadurch Menschen vor der Verschickung in das Konzentrationslager, und er tat dies trotz der Schwierigkeiten, die SS und Gestapo vor ihm aufhäuften. Weiters richtete er eine Küche im Werk ein, um den Ernährungszustand der Arbeiter zu verbessern, all dies, obwohl er wußte, daß ein großer Teil der Arbeiter keine Handwerker waren, und die Arbeit ihnen nur als Zuflucht diente.« 1943, als Gerüchte über die bevorstehende Liquidierung des Ghettos Krakau umgingen, in dem sich auch Ostrowil befand, bat er Madritsch, in Tarnow eine zweite Schicht einzurichten, wodurch er einen Teil der Leute aus dem Ghetto retten und ihnen die Flucht nach Ungarn ermöglichen könnte. Madritsch ging auf diesen Plan ein und unterstützte viele Flüchtlinge materiell. Nach der Liquidierung des Krakauer Ghettos wurde die eineinhalbjährige Tochter Ostrowils von Madritsch in eine Werkstätte geschmuggelt, wo er sie mit einigen anderen Kindern versteckte.

Jakob Sternberg arbeitete von Ende 1942 bis Oktober 1944 in der Näherei von Madritsch und war ebenfalls »Zeuge all dessen, was in dieser Zeit rund um diesen Arbeitsschub geschah«. Er berichtete gleichfalls, daß nach der Liquidierung des Krakauer Ghettos im März 1942 Hunderte Familien in Kellern und Bunkern versteckt zurückblieben. Mit Hilfe des Wiener Oberkellners Bosko wurden diese Familien in der Dämmerung »nach und nach« in den Keller der Näherei Madritsch gebracht. Von dort wurden sie in einer ungefähr zehntägigen Rettungsaktion, während der sich Madritsch nur mit Hilfe von Alkohol vor einem Nervenzusammenbruch retten konnte, von österreichischen Soldaten, die er dafür gewonnen hatte, nach Bochnia und Tarnow geführt. Dort bestand noch ein Ghetto, aus dem dann noch viele in die Slowakei und nach Ungarn flüchten konnten. Sternberg selbst leitete zu dieser Zeit die von Madritsch eingerichtete Werksküche, durch die ungefähr 1500 Arbeiter versorgt wurden. In ihr gab es zwei getrennte Kochkessel: »vollkommen koscher« und »halbkoscher«. Der Aufseher über den »koscheren Topf« war der orthodoxe Jude Akiba Eisen, der 1963 als 80jähriger in Israel lebte. Sternberg schilderte auch die schon erwähnten »Brot-Aktionen« nach der Auflösung des Ghettos im Zwangsarbeitslager Plaszow und die verzweifelten Bemühungen von Madritsch, »seine Arbeiter« aus der Liquidierung auch von Plaszow 1944 zu retten. Ungefähr 70 bis 100 von ihnen wurden dank der Bemühungen von Madritsch und Titsch in die Liste des metallverarbeitenden Betriebes von Oskar Schindler aufgenommen, der ihn nach Böhmen verlegen konnte. Dort wurden sie durch Schindler gerettet. Dieser ist noch 1969 von Yad Vashem als österreichischer »Gerechter« ausgezeichnet worden, weil er in Mähren geboren worden war. Mittlerweile ist er durch Spielbergs Film »Schindlers Liste« weltberühmt geworden.

Abgesehen von den lebensrettenden materiellen Hilfeleistungen, die Madritsch erbracht hat, versäumte er es aber auch nicht, seinen Schützlingen seine menschliche Verbundenheit zu beweisen, was für diese von größter Bedeutung war. So erinnerte sich ein junges Mädchen, Regina Diamant, noch 1946 ganz genau daran, welchen Eindruck es auf sie und ihre Leidensgefährten machte, als Madritsch am jüdischen Neujahrstag im September 1943 eigens in das Lager Plaszow kam, um seinen Arbeitern ein gutes neues Jahr zu wünschen: »Die ganze Tiefe und Bedeutung dieser Stellungnahme für unglückliche verlassene Menschen wie wir wird ein Fremder nicht verstehen.«

Der engste Mitarbeiter von Madritsch war dessen Betriebsleiter und Freund, der Wiener Raimund Titsch. Die beiden hatten sich ihre Aufgaben so geteilt, daß Madritsch alle »Außenangelegenheiten« regelte, das heißt den amtlichen Verkehr mit der Gestapo, der SS und den Zentralstellen in Berlin, während sich Titsch um die »Innenangelegenheiten« kümmerte. Er stand mit den jüdischen Zwangsarbeitern dauernd in Kontakt: »Er stand immer zu unserer Verfügung, hörte auf unsere Wünsche und tat alles, was in seiner Macht stand, um unser Los zu erleichtern« (Ostrowil). Dazu gehörte auch, mit dem berüchtigten SS-Lagerkommandanten von Plaszow, Göth, dem Madritsch eine polnische Geliebte besorgt hatte, regelmäßig Schach zu spielen, um ihn bei guter Laune zu erhalten und von »Aktionen« im Lager abzulenken. Mit einigen seiner Schützlinge freundete sich Titsch so an, daß er ihnen von Zeit zu Zeit Nachrichten des englischen Radios mitteilte, die sich natürlich mit Windeseile im ganzen Lager verbreiteten und »eine Quelle des Trostes und der Aufmunterung für Tausende Gefangene von Krakau wurden« (Ostrowil). Außerdem brachte er täglich ungefähr zehn Nahrungsmittelpakete in das Lager, da er auch der Verbindungsmann zu polnischen Bekannten und Freunden in Krakau war, denen viele Juden vor ihrer Deportierung in das Lager ihr Vermögen übergeben hatten. Selbstverständlich waren alle diese Aktionen für Titsch äußerst gefährlich, »aber seine Anständigkeit, sein Charakter und seine Hilfsbereitschaft für seine Mitmenschen erlaubten ihm nicht, fernzustehen, ohne in jeder nur möglichen Form Hilfe zu leisten« (Sternberg).

Ein sehr bewegtes Schicksal hatte der am 21. März 1901 in Wien geborene Buchdrucker Julius Nataly, ein

Enkel des bekannten Wiener Kupferstechers Johann Neidl, der als kleines Kind mit seinen Eltern nach Preßburg kam. Nach dem Ersten Weltkrieg übernahm er die Druckerei seiner Eltern in Preßburg, in der er zwischen 1934 und 1938 auch illegale Zeitschriften, z. B. »Der Straßenbahner«, »Der Gemeindearbeiter«, »Der Eisenbahner« usw., für Wiener Sozialdemokraten anfertigte. Nach 1938 war seine Werkstätte eine Zuflucht für alle Juden, die ein Versteck suchten. »Jeder einzelne bekam einen Schlafplatz zwischen Papierhaufen und Druckereimaschinen. Keine Arbeit war ihm zu schwer, kein Opfer zu groß« (Ruth Gelles). Vielen Juden half er durch während der Nacht gedruckte gefälschte Dokumente, die er unentgeltlich abgab. Er fertigte gefälschte Taufscheine aus Gemeinden an, deren Matrikenbücher verbrannt waren, so daß keine Überprüfung möglich war. Vor allem aber fälschte er meisterhaft südamerikanische Pässe: Allein im Jahr 1943 druckte er Hunderte argentinische Pässe. Nach der durch den deutschen Einmarsch in die Slowakei bedingten völligen Vertreibung der Juden aus Preßburg diente er 1944 der 16köpfigen, in einem Bunker versteckten Gruppe seines jüdischen Freundes Gelles, des Sohnes eines Papierhändlers aus Preßburg, als Verbindungsmann zur Außenwelt. Er versorgte sie mit Lebensmitteln und allem Notwendigen, wobei auch seine Frau Margarete half. In diesem Bunker befand sich auch der Rabbiner Weißmantel von Neutra, der aus einem nach Auschwitz fahrenden Zug abgesprungen war und sich dabei den Fuß verletzt hatte. Er kam zunächst bei einem Bauern im Dorf St. Georgen unter, von wo er durch eine slowakische Schneiderin einen Hilferuf an Nataly richtete. Dieser fuhr nach St. Georgen, ließ dem Rabbi den Bart abnehmen, maskierte ihn als slowakischen Weinbauern und brachte ihn in einem mühseligen 18 km langen Nachtmarsch, bei dem deutsche Linien überschritten werden mußten, nach Preßburg in den Gelles-Bunker »M«.

Natalys eigene Werkstätte war nach der Aussage mehrerer Zeugen die Zentrale für Nachrichtenaustausch der verschiedenen Verstecke und Bunker sowie »Aufbewahrungsort der letzten Geld- und Wertgegenstände der verbunkerten Personen und von geretteten Ritualien (Sifre, Thora usw.), die nach der Befreiung den Eigentümern auf Heller und Pfennig zurückerstattet wurden« (Samuel Stern, ähnlich Helena Hauser). Nach Ausbruch des slowakischen Nationalaufstandes im August 1944 mußten alle noch nicht deportierten Juden raschest untertauchen. Zu ihnen gehörte auch Helena Hauser, der Nataly eine Hilfsarbeiterstelle in seiner Druckerei gab und ihr außerdem noch einen gefälschten Identitätsausweis besorgte, mit dessen Hilfe sie sich frei bewegen konnte. Ihren Mann Bela Hauser, der am 23. Dezember 1944 den Bunker, in dem er sich zuletzt verborgen hatte, wegen höchster Entdeckungsgefahr verlassen mußte, versteckte Nataly in einem Holzverschlag über dem Eingang zu seiner Druckerei und verköstigte ihn nach Betriebsschluß. Da sich Bela Hauser in seinem Versteck aber nur in liegender Stellung aufhalten konnte, verschaffte ihm Nataly einen Platz in einem Bunker in der ehemaligen Moderna-Bar, der jedoch am 31. Dezember 1944 aufflog. Alle seine Insassen wurden in das KZ Sered und von dort in das KZ Oranienburg deportiert. Obwohl Nataly aus Schweizer Joint-Quellen Frau Hauser mehrmals größere Geldbeträge gab, um damit die Befreiung der Verschleppten aus Sered zu versuchen, gelang dies nicht.

Nataly hat jedoch nicht nur seinen Freunden und jenen geholfen, die ihn um Hilfe baten, sondern vor Weihnachten 1944, als sich die in Preßburg versteckten Juden in höchster Gefahr befanden, von sich aus Verfolgte, von deren Not er durch Dritte erfahren hatte, in Kaffeehäusern angesprochen und über Weihnachten in seiner Druckerei versteckt und versorgt. Er selbst verbrachte die Feiertage mit »seinen Rabbinern«. 1945 wurde Natalys Druckerei wegen »deutscher« Volkszugehörigkeit enteignet. Er selbst wurde zweimal kurzfristig in Lagern interniert, jedoch jedesmal bald von Leuten wieder herausgeholt, denen er geholfen hatte. Bis 1949 war er als »gewesener Kapitalist« Druckereiarbeiter unter schwierigsten Bedingungen in Bratislava. Eine Auswanderung in seine alte Heimat Österreich war unmöglich, da er als unabkömmlicher Arbeiter keinen Paß erhielt. Daher wanderte er, von seinen jüdischen Freunden mit den Papieren des in Auschwitz ermordeten Adam Herstein versehen, mit ihnen, gemeinsam mit seiner Frau und seiner Tochter, nach Israel aus. Er errichtete zusammen mit der Familie Gelles in Harad-Josef eine Werkstatt, in der er sechs Jahre als Maschinenbauer arbeitete. 1955 kehrte er wegen seiner Kinder – eine zweite Tochter war in Israel auf die Welt gekommen – nach Wien zurück, wo ihn infolge der Klärung seiner Identität die österreichischen Behörden zunächst einmal wegen »Irreführung der Behörden« anklagten. Natalys Dokumente befinden sich in den Yad Vashem-Akten. Außerdem wurde er in der Liste der als »Gerechte« ausgezeichneten Österreicher mit Stand vom 1. März 1985 angeführt. Deshalb wurde er auch hier aufgenommen.

Der Salzburger Johann Pscheidt, der ein hohes Alter erreichte und seinen Lebensabend in Salzburg verbrachte, kam 1941 als »Treuhänder« für verschiedene jüdische Betriebe nach Zaglembie in Polen. Er nahm von sich aus Verbindung mit jüdischen Kreisen auf, um in den Betrieben, für die er verantwortlich war, Juden einzustellen und dadurch ihre Verschickung in Konzentrationslager hinauszuzögern. Unter anderem war er auch Leiter einer Schuhfabrik, die dem Vater eines Mitgliedes der Untergrundbewegung von Zaglembie gehörte, mit der er dadurch in Kontakt kam. Anfang 1943 wurden auch in Zaglembie alle Juden im Ghetto eingesperrt. Mitglieder der Untergrundbewegung planten daraufhin mit Pscheidt die Errichtung eines Betriebes neben dem

Ghetto, der dazu dienen sollte, Verteidigungs- und Rettungsaktionen zu verschleiern.

Es kam tatsächlich nur aus diesem Grund zur Errichtung der Schuhcremefabrik »Rekord« neben dem Ghetto. Das Privatbüro von Pscheidt diente der Untergrundbewegung als Werkstätte zur Fälschung von Dokumenten und Stempeln. Einige Mitglieder der Untergrundbewegung mit gefälschten Papieren waren bei Pscheidt angestellt, einer sogar als Wächter. Der Dachboden war Zufluchtsort und Durchgangsplatz für Ghetto-Flüchtlinge. Als die Deutschen Ende Juli 1943 das Ghetto umzingelten, um es zu liquidieren, flüchteten einige Mitglieder, denen es gelungen war, dem Ghetto und den Transporten zu entkommen, auf diesen Dachboden, wo sie Unterschlupf fanden. Zur Zeit der Umzingelung wartete Pscheidt am Eingang seines Betriebes auf alle Flüchtlinge, um sie zu verstecken. Er sorgte dafür, daß sie Nahrungsmittel bekamen, und half ihnen, Verbindung mit den Mitgliedern der Untergrundbewegung aufzunehmen, die im Ghetto und in den Bergen aktiv waren. Von Pscheidts Dachboden aus »ging jeder von uns seinen Weg, entsprechend seiner Aufgabe, und jeden stattete Herr Pscheidt mit Geld, Gold, Nahrung und Kleidung aus und gab ihm ein Wort der Ermutigung mit auf seinen Weg« (Karol Tuchschneider).

Aus dem Ghetto Zawiercie holte Pscheidt selbst seine Arbeiter heraus und jeden, dem er zufällig begegnete. Als er die aus dem Ghetto geflohene Fela Traiman aufnahm, bemerkten dies andere Arbeiter. Am nächsten Tag drohte der Betriebsschutzmann vom Werkschutz Pscheidt, daß er ihn bei der Gestapo anzeigen werde. Pscheidt versteckte Fela Traiman trotzdem noch einige Tage, bis er sie bei seiner Sekretärin untergebracht hatte, die in seinem Werk in Bendzin arbeitete. Als sich sein Schützling von ihm verabschiedete, rief er ihn zurück und gab ihm einen goldenen Ring, den er sich vom Finger zog, sowie eine Goldkette und sagte: »Sie werden das sicher brauchen.« Im August 1943 versteckte Pscheidt auch eine ganze Reihe von Flüchtlingen aus dem Ghetto Sosnowiece, der er ebenfalls durch Nahrung, Geld und Verbindungen weiterhalf. Manus Diamant gab er die Adresse seiner in Wien wohnenden Schwester, die gleichfalls Flüchtlinge aufnahm und sie versorgte: »Das Haus seiner Schwester war eine Zuflucht für die Gejagten, die entkommen und nach Wien gelangen konnten. Herr Pscheidt kam von Zeit zu Zeit nach Wien, beriet und leitete uns und brachte Kleidung und Geld« (Diamant). Mehr als 80 Menschen rettete Pscheidt vor dem sicheren Tod. 29 ehemalige Mitglieder der Untergrundbewegung in Zaglembie haben 1962 eine Erklärung über die Leistungen Pscheidts unterschrieben, die mit folgenden Worten schließt: »Unser Dank geht an Herrn Pscheidt für sein humanes Verhalten in der Kriegszeit, als der ›Jude‹ zu einem Ungeheuer gestempelt wurde, das endgültig vernichtet werden sollte. Es gelang ihm, sich über die Zeitumstände zu erheben und das Bildnis des Menschen zu wahren.«

Die Hilfsbereitschaft von Pscheidt war mit ein Grund für die Äußerung des damaligen Leiters der für die »Gerechten« zuständigen Abteilung des Yad Vashem-Instituts David Alkalay im Dezember 1967 zur Verfasserin dieses Buches, daß Österreich bei weitem nicht so viele ausgezeichnete »Gerechte« habe wie andere Länder (1967: Holland 150, Polen 100, Belgien 50, Italien 50, Ungarn 40, Jugoslawien 20, BRD 20), dafür aber einige besonders schöne Fälle, die man eigentlich doppelt bewerten müsse. Dies gelte auch für die noch in Gang befindlichen Untersuchungen über die mögliche Auszeichnung von weiteren Österreichern (damals war von 15 die Rede; mittlerweile sind es – wie schon berichtet – wesentlich mehr geworden). Obwohl über schwebende Verfahren keine näheren Angaben gemacht werden, stand damals jedoch schon fest, daß Hermann Langbein, Oswald Bosko und Dr. Rudolf Wertz die nächsten

»Gerechten« sein würden, da auf sie Bezug nehmende Akten des Yad Vashem-Archivs der Verfasserin zugänglich gemacht wurden.

Zur Gruppe der ersten Ausgezeichneten gehörte aber noch die 1901 in Wien geborene schon genannte Irene Harand, die 1933 die »Harand-Bewegung« als »Weltbewegung gegen Rassenhaß und Menschennot« in Wien gründete und die 1936 in aller Welt 36.000 Mitglieder hatte. Als tiefgläubige Katholikin hat sie die Unmenschlichkeit des Nationalsozialismus früh erkannt. Nach der Machtergreifung Hitlers im Deutschen Reich hielt sie in fast allen europäischen Ländern von vielen Menschen besuchte Vorträge gegen den Nationalsozialismus. 1935 erschien ihr Buch »Sein Kampf: 8 Antworten an Hitler«. 1937 wurde es auch in englischer und französischer Sprache veröffentlicht. Außerdem gab sie gemeinsam mit dem Wiener Rechtsanwalt Dr. Moritz Zalman seit 1933 die Wochenzeitung »Gerechtigkeit« heraus. Sie erreichte eine Auflage von 28.000 bezahlten Exemplaren. Mehrere tausend wurden unentgeltlich verteilt. Der damalige deutsche Gesandte in Wien, Franz von Papen, hat gegen die »Gerechtigkeit« ebenso wie gegen die Vorträge von Irene Harand mehrmals bei der österreichischen Regierung als Eingriff in innerdeutsche Angelegenheiten interveniert. Die Regierung Schuschnigg ließ daraufhin tatsächlich einige Male »Harand-Versammlungen« verbieten. Beim Einmarsch der deutschen Truppen in Österreich im März 1938 befand sich Irene Harand gerade auf einer Vortragsreise in England. Da nach unbestätigten Zeitungsmeldungen das NS-Regime ein »Kopfgeld« von 100.000 RM für sie ausgesetzt haben soll, kehrte Irene Harand nicht in die Heimat zurück. Sie blieb zunächst in England und emigrierte dann in die USA, wo sie unermüdlich für die Hilfe österreichischer Emigranten tätig war. Zahlreiche jüdische Familien verdankten ihr die Emigration und damit ihre Rettung. Vom tragischen Tod Dr. Zalmans 1943 war schon die

Rede (S. 127). Im selben Jahr gründete Irene Harand in New York das »Österreichische Institut«, das jüdischen Schriftstellern und Künstlern aus Österreich die Ausübung ihres Berufes im amerikanischen Exil erleichtern sollte. Es wurde nach dem Krieg als »Österreichisches Forum« zur Intensivierung der österreichisch-amerikanischen kulturellen Beziehungen weitergeführt. Irene Harands Besuch in Israel 1969 anläßlich ihrer Ehrung in Yad Vashem glich einem Triumphzug. 1975 starb sie in New York. Die Urne mit ihrer Asche wurde am 27. Juni 1975 in einem Ehrengrab der Gemeinde Wien beigesetzt.

Professor Aschtur von der Hebräischen Universität Jerusalem hat 1967 seine Befürwortung der Auszeichnung Irene Harands folgendermaßen beendet: »Da es in Österreich nicht viele Christen gab, die sich gegen den Antisemitismus exponiert haben, würde ich annehmen, daß es richtig wäre, diese Christin, Frau eines christlichen Offiziers, zu ehren, denn sie gefährdete ihr Leben im Kampf gegen die Feinde Israels. Ich bin überzeugt, daß ich im Namen vieler österreichischer Juden spreche.« Irene Harand ihrerseits hat 1935 ihr Buch »Sein Kampf« mit den Worten geschlossen: »Das Hakenkreuz ist die größte Gefahr des Jahrhunderts. Wenn wir dieser Gefahr entgegentreten wollen, müssen wir uns der Waffe bedienen, die dem Hakenkreuz fremd ist: Idealismus, Opferbereitschaft, Logik und Verstand, Wahrheit und Gerechtigkeit.«

Hermann Langbein, 1912 in Wien geboren und als Spanienkämpfer seit 1939 ununterbrochen in KZ, kam im August 1942 mit einer Gruppe von 16 nichtjüdischen Häftlingen vom KZ Dachau in das KZ Auschwitz. Bald nach seiner Ankunft in Auschwitz schloß er sich der damals schon im Lager bestehenden Widerstandsbewegung an, die infolge seiner Initiative durch Beteiligung von Vertretern aller Nationen arbeitsfähig gemacht und auf eine breitere Basis gestellt wurde. Vom SS-Lagerarzt Dr. Wirths zu dessen Schreiber gemacht, benutzte Langbein jede Gelegenheit zur Verbesserung der Lage der Häftlinge, die ja zum größten Teil Juden waren. Er erreichte, daß in das Häftlingsspital im Hauptlager, in dem nur polnische und deutsche Häftlinge arbeiteten, jüdische Ärzte und Pfleger aufgenommen wurden. Weiters gelang es ihm durch seinen Einfluß auf Wirths, daß der kriminelle Senior der deutschen Häftlinge im Spital durch den politischen Häftling Ludwig Woerl ersetzt wurde, der schon vor einigen Jahren von der israelischen Regierung ausgezeichnet worden ist. Langbein brachte auch andere Personalveränderungen dieser Art zustande, die die Position der kriminellen Kapos stark verminderten. Prügel im Lagergebiet wurden verboten, der Stehbunker im Block 11 wurde aufgelöst und die zahlreichen Gestapo-Spione wurden auf Befehl des Lagerkommandanten Liebehenschel nach Flossenbürg gebracht: »Das bedeutete die Rettung von Tausenden Häftlingen, und nachdem der ganze Zorn der SS in jener Zeit gegen die Juden gerichtet war, bedeutete das in der Hauptsache die Rettung von jüdischen Häftlingen.«

Sein Leben hingegeben für die Rettung von Juden hat der Wiener Polizeiwachtmeister Oswald Bosko, der während der Räumung des Krakauer Ghettos auch mit Madritsch zusammengearbeitet hat. Er war es, der damals die Männer und Frauen mit ihren Kindern durch die ihm bekannten Lücken in den Stacheldrahtsperren und der SS-Postenkette in den Betrieb von Madritsch führte. Leider gibt es über ihn jedoch nur sehr spärliche Nachrichten, doch steht fest, daß alle Ghettobewohner »sein sympathisierendes Verhalten ihnen gegenüber« kannten; »dank seines rechtschaffenen Charakters wurden auf allen Wegen Nahrungsmittel in das Ghetto hineingeschmuggelt. Viele Juden wurden dank Bosko gerettet, sie konnten rechtzeitig vor den Verschickungen zu ›arischen Polen‹ fliehen.« Als die Gestapo von seiner Hilfe erfuhr, versuchte er zu fliehen. Er wurde jedoch gefangengenommen, als Verräter unter Anklage gestellt, zum Tode verurteilt und am 18. September 1944 erschossen. Nicht das Leben verlor wegen seiner Hilfe der Wiener Arzt Dr. Rudolf Wertz, doch kam er in eine Strafkompanie, aus der er erst durch das Kriegsende befreit wurde. Wertz hat 1941 viele Juden durch die Bestätigung schwerer Krankheiten zumindest für ein paar Wochen vor der Deportation bewahrt und einigen auf diese Weise das Leben gerettet.

Ebenfalls früh ausgezeichnet wurde auch Dr. Leo Tschöll. Er hat Österreich 1938 als Gegner des Nationalsozialismus verlassen und zunächst in Belgrad und dann in Budapest ein Unternehmen aufgebaut. Um sie vor dem Zugriff der Pfeilkreuzler zu schützen, verbarg er in Budapest und auf seinem Besitz in Gödöllö Juden. Dem Sohn eines jüdischen Vertreters seiner Firma gab er die Möglichkeit, in einer Geheimdruckerei ungefähr 250 Legitimationen zu fälschen. Außerdem rettete er als Spezialkurier des Schweizer Roten Kreuzes und des Vatikans Juden aus Lagern und brachte sie bei verläßlichen Leuten unter.

Wurde bisher von den Opfern und Leistungen jener österreichischen »Gerechten«, die als solche zuerst ausgezeichnet wurden, berichtet, so sollen für die folgende größere Zahl und aus Raumgründen die alphabetische Reihenfolge und eine gerafftere Darstellung bestimmend sein. Letztere ist allerdings oft sehr schwierig, wie gleich der nächste Fall zeigt. Er beweist, wie viele »Gerechte« für die Rettung von zwei (drei) Brüdern notwendig waren. Daher wurden ausnahmsweise Sachverhalt und Auszeichnungen wörtlich aus dem übersetzten Yad Vashem-Akt übernommen:

»Die Retterin Edeltrud Posiles (1423) lernte den Geretteten Walter Posiles in Wien im Frühjahr 1937 kennen, half ihm, versteckte ihn, sorgte sich um ihn, so daß er gerettet wurde. Sie heiratete Walter Posiles im Jahre 1947 und wurde von ihm 1962 geschieden. 1941 wurde bekannt, daß die Retterin mit einem Juden zusammen wohnt, die Polizei kam in ihr Haus in Wien, aber den beiden gelang es zu fliehen. Der Gerettete Walter Posiles gelangte auf illegalen Wegen nach Prag, wo er sich versteckte. Die Retterin floh nach Ungarn und fand Schutz vor der Wiener Polizei in einem Dorf bei der Familie Heie (?).

Die Retterin Friederike Buchegger (1425) war eine Freundin der Retterin Edeltrud Posiles. Dank ihrer Beziehungen zur Wiener Polizei bewirkte sie, daß der Akt gegen die Retterin Edeltrud Posiles vernichtet wurde, worauf sie nach Wien zurückkehrte. Ebenso kam der Gerettete Walter Posiles aus Prag nach Wien zurück und zusammen wohnten sie bei Verwandten der Retterin, in anderen Worten bei

Lydia Matouschek (1428) und Olga Holstein (1429), etwa zwei Wochen lang. Danach kehrte der Gerettete Posiles nach Prag zurück und versteckte sich dort gemeinsam mit seinen zwei Brüdern Hans und Ludwig. Als man 1942 begann, die Juden Prags in die Vernichtungslager zu schicken, flohen die Brüder Walter, Hans und Ludwig Posiles nach Wien, wo sie mit Hilfe der Retterin Edeltrud Posiles und ihrer Schwester Charlotte Fritz (1424) in der Wohnung von Friedrich Kunz (?) in Wien einen Unterschlupf fanden. Letzterer bevollmächtigte die Retterin Charlotte Fritz, nachdem er zur Wehrmacht eingezogen worden war, ein Zimmer seiner Wohnung zu vermieten. Die Retterin Charlotte Fritz arbeitete mit der Retterin Edeltrud Posiles zusammen und wußte, daß sich in der Wohnung von Friedrich Kunz Juden versteckten. Als der Wohnungseigentümer Friedrich Kunz auf Urlaub nach Wien zurückkehrte, versteckte sie Edeltrud Posiles und Walter Posiles im Schrank ihres Zimmers, und der Gerettete Ludwig Posiles fand ein Versteck in der Wohnung der Retterin

Friederike Buchegger (1425) und den Geretteten Hans Posiles versteckte die

Retterin Maria Fasching (1427). Die zwei versteckten

sich bei den genannten Rettern längere Zeit. Gegen Ende des Krieges verließ der Gerettete Hans Posiles seinen Platz bei der Retterin Fasching. Gemeinsam mit ihr machte er sich auf den Weg zu einem anderen Versteck, doch wurde er bei einer Bombardierung Badens getötet. Ludwig fand ein Versteck bei den Rettern

Alois und Josephine Kreiner (1426), in deren Weingeschäft er arbeitete und bis zu seiner Befreiung wohnte. Walter Posiles verließ die Wohnung von Friedrich Kunz, und zusammen mit der Retterin Edeltrud Posiles fand er ein anderes Versteck, in welchem er bis zu seiner Befreiung blieb.

Alle genannten Retter waren Verwandte der Retterin Edeltrud Posiles sowie Bekannte des Geretteten Walter Posiles. Sie alle handelten aus humanitären Motiven, ohne irgendeine Gegenleistung, und gefährdeten sich. Ich schlage vor, den Titel der Gerechten der Völker der Erde zu verleihen an

1. Edeltrud Posiles (1423), Medaille und (das Recht der) Baumpflanzung,

2. Charlotte Fritz (1424), Medaille und (das Recht der) Baumpflanzung,

3. Friederike Buchegger (1425), Medaille und (das Recht der) Baumpflanzung,

4. Alois und Josephine Kreiner (1426), gemeinsame Medaille und (das Recht der) Baumpflanzung,

5. Maria Fasching (1427), Medaille und (das Recht der) Baumpflanzung,

6. Lydia Matouschek und Olga Holstein, gemeinsame Medaille und (das Recht der) Baumpflanzung (1428 bis 1429).«

Am 6. Dezember 1985 wurden im Wiener Haus des Österreichischen Gewerkschaftsbundes vier Frauen gemeinsam als »Gerechte« geehrt: Christa Beran, Maria Böhm, Franziska Cehal und Anna Kucher. Der damalige Gewerkschaftspräsident Anton Benya hielt nach der Verleihung der Medaille durch den israelischen Botschafter eine Ansprache. Die vier Ausgezeichneten hatten zwei Jüdinnen das Leben gerettet, die das auch bezeugten: Die 1918 in Wien geborene Rosalia Ista, deren Mutter in der Nacht vom 18. zum 19. Mai 1942 in ihrer Wohnung in der Novaragasse, im 2. Wiener Gemeindebezirk, »ausgehoben« wurde, war nicht zu Hause, weil sie von 15 bis 23 Uhr in der Lindengasse arbeiten mußte. Von der Kultusgemeinde erfuhr sie, daß ihre Mutter nach Theresienstadt komme. Sie selbst solle sich (in der Sammeltransportstelle) in der Sperlgasse (2. Bezirk) melden, um nach Polen gebracht zu werden. Rosalia Ista ging daraufhin sofort zu Franziska Cehal im 12. Bezirk, von der sie wußte, daß sie eine erbitterte Gegnerin des Nationalsozialismus war. Frau Cehal nahm sie auf, und sie konnte einige Zeit bei ihr bleiben. Dann zog sie in ein Haus in der Pazmanitengasse im 2. Bezirk, das schon einmal geräumt worden war. Es kam dennoch zu einer neuerlichen Durchsuchung, doch ließ sich der SS-Mann durch ihren Wiener Dialekt täuschen. Den gelben Stern hatte sie versteckt. Bis zum Juli 1942 blieb sie dennoch. Dann ging sie völlig mittellos wieder zu Cehal, wo sie wieder einige Zeit bleiben konnte. Dann ging sie zu Anna Kucher, die sie noch aus der Zeit vor dem Krieg kannte. Diese bot ihr sofort Quartier an, wo sie drei Monate bleiben konnte. Dann wohnte sie abwechselnd bei Frau Cehal oder bei Frau Kucher; dann auch eine kurze Zeit bei Frau Maria Böhm. Rosalia Ista überlebte und hatte mit ihren Retterinnen auch nach dem Krieg eine gute Beziehung.

Auch Christa Beran hatte während des Krieges das Leben von Edith Kahn gerettet, die 1942 deportiert werden sollte. Christa Beran, geb. Denner, gab Edith Beer ihre gesamten eigenen Personalausweise, ging selbst zur Polizei und meldete, sie hätte sie verloren. Man glaubte ihr und Edith nahm ihren Namen an. Die Besitzerin der Spedition »Achter« in der Malvengasse im 2. Bezirk, Frau Niederall, vermittelte ihr durch eine Empfehlung an einen ihr bekannten Sippenforscher bei der SA namens Hans, die Möglichkeit, wieder neue Papiere zu bekommen, diesmal auf den Namen einer ihrer Freundinnen, auf Margarethe Denner. Er hatte dafür nichts verlangt. Sie sah ihn und hörte von ihm nie wieder. Dennoch hatte er ihr auch den Ratschlag gegeben, eine Rot-Kreuz-Schwester zu werden. In diesem Beruf sei sie sicher. Trost fand sie immer bei ihrer Freundin: Christa Denner, die sie noch aus einer Zeit kannte, in der sie als Studentin Christa und deren jüngere Schwester nach dem Tod der Mutter der Kinder diese im Auftrag des Vaters beaufsichtigte. Nach dem Besuch einer Kunstausstellung zog sie wirklich nach München und nahm an einem Ausbildungskurs für Rot-Kreuz-Schwestern teil. Auch im »Altreich« fand sie mehrere Beschützer und einen Ehemann, Werner Vetter. Ihre Tochter Angelika wurde am 9. April 1944 geboren. Nach dem Krieg zog sie 1948 aus Ostdeutschland weg. Mit Angelika, der Mann hatte sich nach der Rückkehr aus der sibirischen Gefangenschaft scheiden lassen, ging sie nach London, wo sie Arbeit und Heimat fand und 1957 eine neue Ehe einging. Als Edith Beer hat sie ihre abenteuerliche Rettung in einem langen englischsprachigen Bericht für Yad Vashem geschildert. Bei der Ehrung im Dezember 1985 erkärte der damalige Botschafter Uri Prossor, daß alle vier Frauen ihr Brot, ihre Unterkunft, ihre Kleidung mit zwei Jüdinnen geteilt hatten, und Christa Beran gab Frau Beer sogar ihre Personalpapiere – alle nur aus Mitleid und Solidarität.

Die 1925 in Wien geborene Magdalena Livia Dubnická-Halvorsen lebte mit ihrer Mutter bis 1944 in der Slowakei. Als die Deutsche Wehrmacht auch dort das Land besetzte, flohen Mutter und Tochter in die Berge, wo sie sich Rettung durch die Partisanen erhofften. Auf ihrer Flucht kamen sie in das Dorf Borcice, in dem der Österreicher Dr. Moritz Daublesky-Sterneck ein Haus besaß. Obwohl Daublesky-Sterneck Offizier in der

Deutschen Wehrmacht war und wußte, daß das Verbergen von Juden mit dem Tode bestraft wurde, gewährte er den beiden Flüchtlingen Unterkunft. Als im Dorf der Verdacht geäußert wurde, er verberge Juden in seinem Haus, begleitete er die zwei Frauen, die nun wieder in ihre Heimat zurückkehren wollten, persönlich in der Nacht über eine von deutschen Soldaten bewachte Brücke über den Fluß Váh. Obwohl die Überquerung gelang, wurden später Tochter und Mutter doch festgenommen und in das KZ Ravensbrück gebracht. Dort starb die Mutter. Die Tochter wurde in das KZ Bergen-Belsen überstellt, wo sie die Befreiung erlebte.

1944 kam die damals 13jährige Ilana Friedmann mit ihrer Familie mit einem der letzten deutschen Judentransporte aus Ungarn nach Wien. Gemeinsam mit anderen Kindern wurde sie nach Bombenangriffen zu Aufräumungsarbeiten auf Friedhöfen und in Straßen eingesetzt. Die Kinder hungerten und bettelten bei jeder sich ihnen bietenden Möglichkeit um Essen. An einem der ersten Tage bat Ilana eine Frau, die gerade in die Kirche ging, um Essen. Die Frau, die Wienerin Anna Ehn, gab ihr sofort eine halbe Semmel und schenkte von nun an jeden Tag dem Kind etwas zu essen. Als die ältere Schwester Ilanas bei einem Luftangriff schwer verwundet wurde und in ein von der SS beaufsichtigtes Spital kam, gelang es Anna Ehn aufgrund der Bitten Ilanas, »die Ärzte dazu zu bewegen, ihr meine Schwester zu übergeben. Sie brachte meine Schwester in ihre Wohnung und pflegte sie hingebungsvoll drei Monate lang, bis sie wieder auf ihren Beinen stehen konnte.«

Ende 1944 verlegten SA-Männer die Häftlinge eines Arbeitslagers in Wien-Floridsdorf in das Lager Mauthausen. Als sich die Kolonne durch das Dorf Grafenwörth schleppte, flüchtete Aryeh Weiss, der Sohn eines Tischlers aus Debreczin, der in Bergen-Belsen getötet wurde, mit seiner Mutter, seiner Schwester und seinem Bruder und bat eine Bauernfamilie im Dorf, sie zu verstecken. Bereits am nächsten Tag wurde ihnen jedoch mitgeteilt, sie könnten nicht bleiben, da die Gefahr für die Bauern selbst zu groß sei. Daraufhin bat die Familie Weiss die gegenüber wohnende Bäuerin Maria Grausenburger, eine Kriegerwitwe, mit ihrer Tochter um Hilfe. Frau Grausenburger willigte ein, sie in ihrem Haus zu verstecken, und versorgte sie auch einige Tage mit Essen. Als die Familie Weiss sie bat, zum Bürgermeister zu gehen und ihm zu erzählen, sie kämen aus dem »faschistischen Ungarn« auf der Flucht vor den Russen und bäten, im Dorf bleiben und arbeiten zu dürfen, machte Frau Grausenburger auch das mit Erfolg. Die Familie Weiss erhielt Ausweise auf den erfundenen Namen Varga und auch Arbeit im Dorf. Als die Rote Armee immer näher rückte, sammelten die Deutschen alle Fremden in dieser Gegend und brachten sie in das Gefangenenlager Gneisendorf. Aryehs Bruder Ernst war Maler, und der Lagerkommandant war ihm gut gesinnt. Daher ließ er die Familie Weiss aufgrund der Grafenwörther Papiere frei, und sie kehrte nach Grafenwörth zurück. Dort hatten sich mittlerweile in allen Häusern SS-Leute einquartiert, auch bei Frau Grausenburger. Dennoch nahm sie sie wieder auf und behielt sie auch dann noch, als Nachbarn drohten, zu melden, daß sie Juden verstecke. Die Familie Weiss konnte bei ihr drei Monate, bis zum Einrücken der russischen Truppen, bleiben. Nach der Meinung von Aryeh Weiss war sie eine tief humanitäre Frau. Als man sie nach der Befreiung fragte, warum sie das alles getan habe, antwortete sie: »Ich hatte Angst, daß sie eine Frau mit drei so prächtigen Kindern töten würden.« Maria Grausenburger hat ihre Ehrung nicht mehr erlebt.

Ob man Stefan Gyulai, der in den Yad Vashem-Akten als »österreichischer Adeliger« bezeichnet wird, als österreichischen »Gerechten« in Anspruch nehmen kann, erscheint fraglich. Jedenfalls hat er auf seinem Schloß in der Slowakei, in dem sich auch Gestapo-Männer aufhielten, drei Juden versteckt und ernährt und anderen Geld für Bauern gegeben, damit sie bei diesen ein Versteck finden konnten. Alle, denen er half, haben überlebt.

Anna Maria Haas versorgte von 1939 bis 1945 unter schwierigsten Umständen unentgeltlich die Familie Rubin-Bittmann, von der noch die Rede sein wird, mit Lebensmitteln.

Der Sägewerksbesitzer Ludwig Knapp und seine Frau Maria hatten lange in Prag gelebt, ehe er im niederösterreichischen Weitra ein Sägewerk aufbaute, für das ihm »auch ein Antinazi« Juden als Zwangsarbeiter aufzunehmen empfahl: »Sie tun etwas Gutes, wenn Sie Juden nehmen.« Da nahm er sie zunächst nur aus der nüchternen Erwägung, daß man ihm ohne Arbeiter den Betrieb stillgelegt hätte. Dann begann er für sie zu sorgen. Sie brauchten Essen und Bekleidung, und er beschaffte beides. »Zum Helden« wurde Ludwig Knapp nach seiner eigenen Einschätzung in dem Augenblick, in dem er erfuhr, daß seine jüdischen Arbeiter abtransportiert werden sollten – »es gab nur einen Transport: in den Tod« –, und als er entschlossen war, das nicht zuzulassen. Er gab seinen Arbeitern Nahrung für die nächsten Wochen und begab sich selbst mit seiner Familie auf eine kurze Reise. Als er zurückkam, waren die Arbeiter fort. Der Gestapo gegenüber war er sehr erstaunt, daß den Juden die Flucht gelungen war.

Der Wiener Installateurgehilfe Otto Kuttelwascher und seine Frau Hermine, nach 1945 Ehrenmitglieder des »U-Boot«-Verbandes, haben ein jüdisches Mädchen vom Juni 1942 bis April 1945 in ihrer Wohnung verborgen. Die Wiener Schneiderin Lucia Pollreisz hat als junge Frau, deren Mann zur Deutschen Wehrmacht eingezogen war, drei Wiener Juden als »U-Boote« von 1941 bis 1945 in ihrer Wohnung, in ihrem Betrieb, in einem Landhaus in der Ramsau bei Hainfeld verborgen und versorgt. Auf diese Weise hat sie das Ehepaar Max und

Johanna Arnold und die Schwester von Max, Leopoldine Stern, die sie vorher gar nicht gekannt hat – sie war ihr von Bekannten empfohlen worden –, gerettet. Die Antwort auf die Frage, warum sie so gehandelt hat, lautete Jahre später: »Ich war immer auf der Seite der Schwächeren.« Lucia Pollreisz, Otto Kuttelwascher, Ludwig Semrad und Dr. Leo Tschöll waren übrigens die einzigen »Gerechten«, die sich noch vor ihrer Ehrung 1969 auf meinen Aufruf gemeldet haben. Der seinerzeitige, in seiner schlichten Darstellung besonders überzeugende Bericht Kuttelwaschers wird übrigens auch in dem diesmal sehr verkürzten Anhang wiedergegeben werden. Die bereits wiederholt genannte Dr. Ella Lingens-Reiner (S. 129) hat schon als Medizinstudentin einigen ihrer üdischen Kommilitonen nach dem »Anschluß« zur Emigration verholfen. Während der »Reichskristallnacht« gewährte sie in ihrer Wiener Wohnung zehn Juden Unterstand. Sie und ihr Mann, der Arzt Dr. Kurt Lingens, halfen auch gemeinsam Juden nach Kräften. 1939 lernten sie dabei Kurt Montesicki kennen, einen begüterten Mann, der seinerseits auch seinen jüdischen Verwandten zur Emigration verhalf. Dabei bedienten sie sich der Hilfe des Wiener Schauspielers Klinger, der jedoch ein Informant der Polizei, d. h. ein Spitzel war. Als das Ehepaar Dr. Lingens im Sommer 1942 über Bitte von Mitgliedern des polnischen Untergrundes, mit dem sie zusammenarbeiteten, den illegalen Transfer zweier jüdischer Ehepaare aus Krakau in die Schweiz zu bewerkstelligen versuchten, nahmen sie ein Ehepaar bei sich auf, fanden für das andere ein geeignetes Versteck und verhandelten mit Klinger. Dieser brachte die Juden zwar an die Grenze, doch dann lieferte er sie den Deutschen aus und verriet die Helfer. Am 13. Oktober 1942 wurde Karl Montesicki wegen des Verbergens von Juden in seinem Haus, das Ehepaar Lingens wegen des gleichen »Vergehens« und der Planung der Flucht von Juden in das Ausland verhaftet. Alle wurden nach

Auschwitz gebracht, wo am 25. Juni 1943 Montesicki umgebracht wurde. Das einzige Kind des Ehepaares Lingens, der Sohn Peter, war drei Jahre alt, als seine Eltern verhaftet wurden. Die Sorge um dieses Kind bedrückte die Mutter, die sich auch im KZ unermüdlich als Ärztin betätigte, in einem Maß, das sie selbst in ihren Erinnerungen an das KZ erschütternd zum Ausdruck gebracht hat.

Die Wiener Geschwister Anna Manzer und Edi Stecher, die erst im Februar 1985 ausgezeichnet wurden, haben auch mit Hilfe ihrer verstorbenen Eltern Ludwig und Anna Frissnegg die aus dem Zwangsarbeitslager der Firma Siemens in Wien-Floridsdorf auf dem Transport nach Mauthausen geflohene ungarische Jüdin Melvine Deutsch als »U-Boot« bis April 1945 versteckt und mit Lebensmitteln versorgt.

Der Wiener Postbeamte Konstantin Müller und seine Mutter Anna, die eine Blumenpflanzschule besaß, versteckten von 1942 bis 1945 zwei Jüdinnen in ihrer Wohnung bzw. Gärtnerei. Schon 1939 hatten sie es Gerti Stern ermöglicht, Österreich zu verlassen. Deren Mutter Mathilde Hahn, ihre Schwester und ihren Schwager unterstützten sie bis 1942 finanziell. Die Medaille der »Gerechten« wurde Mutter und Sohn 1974 in Wien verliehen. »Ihren« Baum in der Allee der »Gerechten« konnten sie allerdings nicht mehr selbst pflanzen. Der Tod kam ihnen zuvor. Für sie hat dann die Schwester bzw. Tochter die feierliche Handlung vorgenommen.

Die bekannte Wiener Schauspielerin Dorothea Neff unterstützte ihre jüdische Freundin Lilli Wolff zunächst durch Lebensmittelmarken und besorgte ihr Wohnung und Arbeit. Als Frau Wolff sah, wie sehr sich die Lage der Juden in Wien verschlechterte, beschloß sie, zu ihrem Vater nach Berlin zu fahren und dort ein Versteck zu finden. Dorothea Neff begleitete die Freundin nach Berlin und kehrte mit ihr nach Wien zurück, als sich dort kein Versteck fand. Als die Deportationen der Wiener

Juden begannen, nahm Dorothea Neff Lilli in ihre Wohnung in der Annagasse im 1. Bezirk und verbarg sie dort vier Jahre lang. Den Hausbewohnern gegenüber wurde Lilli als ein aus Bologna geflüchtetes Bombenopfer ausgegeben. Als Lilli Wolff einmal ernstlich erkrankte, wurde sie unter dem Namen Dorothea Neff in das Spital gebracht. Dorothea Neff hat den Augenblick ihres Entschlusses, die Freundin bei sich zu behalten, nie vergessen. Vor allem auch deswegen, weil sie bald danach erfuhr, daß genau zum Zeitpunkt ihre Entschlusses alle judischen Bewohner des Hauses in der Ferdinandgasse, in dem Lilli gewohnt hatte, von der SS zur Deportation abgeholt worden waren. Noch zwei Tage danach wartete ein SS-Mann vor der Wohnung Lilli Wolffs – vergeblich.

Die Wienerin Hilde Olsinger nahm das jüdische Ehepaar Storfer 1943 in ihre Wohnung auf und verbarg es dort bis zum Kriegsende. Sie nahm nicht die geringste finanzielle Gegenleistung an und teilte ihre Lebensmittelkarten mit ihren Schützlingen. Die Wohnung war klein, und die beiden Kinder Frau Olsingers gingen noch in die Schule. Auch sie verrieten nichts. Hilde Olsinger war gläubige Katholikin. Obwohl in der Umgebung viele Bomben fielen, sagte sie immer: »Gott hat euch zu uns geschickt, und unser Haus wird nicht beschädigt werden.« Sie war sich dessen sicher. Sie war arbeitsverpflichtet, doch an ihrem freien Tag ging sie bei Fliegeralarm nicht in den Keller, sondern blieb voller Gottvertrauen mit den Storfers in der Wohnung. Ihr Mann war bei der Wehrmacht, wußte aber von dem Geheimnis seiner Frau und ließ es zu.

Geradezu unglaublichen Mut bewies auch die Wienerin Maria Potesil. Sie war verwitwet, hatte zwei erwachsene Kinder und ein Pflegekind, den 1924 geborenen Kurt Martinetz, nach den »Nürnberger Gesetzen« ein »Mischling«. Der Vater war Jude gewesen, und die Mutter war einen Monat nach der Geburt gestorben. Nach dem »Anschluß« verlor er die Vormundschaft der Gemeinde Wien, und auch alle Anstrengungen seiner Pflegemutter, seine Anerkennung als »Mischling 1. Grades« zu erreichen, blieben vergeblich. Sie konnte sich um den Preis der Aufgabe ihrer tschechischen Staatsbürgerschaft nur die Vormundschaft für Kurt erkämpfen, und solange ihre Gesuche auf dem Aktenweg waren, konnte Kurt nicht deportiert werden. Seinetwegen ließ sie sich von einem SS-Mann als »arisches Schwein« beschimpfen und mit einem Stuhl auf den Kopf schlagen, worauf sie einen Herzanfall erlitt. Als Jude mußte Kurt aus der Wohnung seiner Pflegemutter im 20. Bezirk ausziehen und in einem Judenhaus im 2. Bezirk wohnen. Frau Potesil war mit ihm gezogen. Ab 1942 mußte Kurt den »Judenstern« tragen, und sie war verpflichtet, den Stern an ihrer Wohnungstür anzubringen. Einkaufen durfte sie nur in für Juden bestimmten Geschäften. Sie selbst stand immer im Verdacht, eine Jüdin zu sein, die sich weigerte, den Stern zu tragen. »Denn für die Leute war es schwer, zu glauben, daß eine ›reine Arierin‹ es wagt, mit einem jüdischen Kind auf der Straße zu gehen.« Im September 1944 wurde Kurt in das Transitlager in der Sperlgasse gebracht, um von dort nach Theresienstadt deportiert zu werden. Sechs Wochen lang unternahm Frau Potesil alles – Bestechung eingeschlossen –, um die Freilassung Kurts zu erreichen, die ihr tatsächlich gelang. Danach versteckte sie ihn bis zum Kriegsende in den Wohnungen verschiedener Bekannter. »Die Retterin gab Kurt alles. Er war wie ihr eigener Sohn.«

Lorraine Justman-Visnicki und vier andere jüdische Mädchen entgingen durch die Hilfe einer Reihe von Personen im Gefängnis von Innsbruck dem Tod in den Vernichtungslagern. Sie wurde am 13. März 1944 in Innsbruck von der Gestapo verhaftet und war für den Transport nach Auschwitz vorgesehen. Im Gefängnis überzeugte zunächst der Meister Wolfgang Neuschmidt seine Vorgesetzten davon, daß Lorraine und ihre vier

Freundinnen für die Küchenarbeit gebraucht würden. Unterdessen besprach er mit Polizeiinspektor Karl Dickbauer, der die Transporte vorzubereiten hatte, die Möglichkeiten einer Flucht der Mädchen. Er wurde dabei durch den Küchenchef Erwin Lutz ermutigt, der auch den Mädchen zur Flucht riet. Dickbauer ließ ihre Papiere verschwinden. Der Innsbrucker Kriminalpolizist Rudl Moser und der Polizeiinspektor Anton Dietz boten im Sommer 1944 ihre Hilfe an. Am 18. Jänner traf jedoch ein Geheimbefehl ein, demzufolge alle 80 Insassen des Gefängnisses nach Bergen-Belsen zu transportieren seien. Noch am selben Abend verließ Lorraine mit ihrer Freundin Mirjam Fuchs das Gefängnis. Sie gingen zunächst in die Wohnung von Frau Marie Stocker, deren Adresse sie von Moser erhalten hatten. Frau Stocker umarmte sie mit den Worten: »Gott sei Dank, ihr seid hier, meine lieben Kinder!« Nach einigen Tagen kamen die Mädchen zu Frau Maria Petrykiewicz und deren Tochter Wanda Bottesi, da ihr Verbleiben in der Wohnung von Frau Stocker zu gefährlich gewesen wäre. Sie blieben zwei Wochen in der Wohnung von Frau Petrykiewicz im 4. Stock, auch bei Bombenalarm. Wanda, eine Kosmetikerin, färbte den Mädchen die Haare, um ihnen ein nichtjüdisches Aussehen zu verleihen. Dann ging Wanda auf Bitte der Mädchen zu Inspektor Dietz. Dieser kam selbst und brachte neue Papiere mit seiner Unterschrift und dem Stempel der Innsbrucker Polizei, denenzufolge sie katholische Polinnen waren. Mit diesen Dokumenten konnte Wanda durch eine Bekannte im Arbeitsamt zwei Arbeitskarten besorgen. Mit diesen Papieren, blonden Haaren und Kleidern von Frau Stocker und Frau Petrykiewicz kamen sie in das Salzburger Dorf St. Martin, wo sie als polnische Arbeiterinnen überlebten. Auch die drei anderen Mädchen wurden auf ähnliche Weise gerettet (Pauline Janaszewicz, Regina Litman-Rundbaken und Ruth Litman-Eisenberg). Die Ehrung als »Gerechte« für Maria Petrykiewicz und ihre

Tochter Wanda Bottesi nahm deren Tochter Wanda Leidolf entgegen.

Maria Saidler war in Wien Haushälterin bei Bekannten von Theresia Sommer und deren Mutter Anna namens Fleischer. Als Anna Sommer ihre Wohnung verlassen mußte, floh sie zunächst zur Familie Fleischer und zog dann in eine Wohnung, die für alleinstehende jüdische Frauen bestimmt war. Als ihre Deportation unmittelbar bevorstand, ging Frau Sommer – wie ausgemacht – zu Frau Saidler, die sie auch verbarg. Auch der in England lebende Sohn der Familie Fleischer, Dr. Fleming, berichtete, daß Frau Saidler seine kranke Mutter rührend gepflegt hat, obwohl ihr seine Eltern keinen Lohn mehr zahlen konnten. Sie habe auch seinen Eltern vorgeschlagen, sich bei ihr zu verstecken, doch hätten diese abgelehnt und wurden nach Auschwitz deportiert.

Der Wiener Ludwig Semrad wurde 1941 von den Deutschen nach Jagielnica in Polen zur Leitung einer beschlagnahmten polnischen Zigarettenfabrik geschickt. Zur Verwunderung des bisherigen Direktors Wolkowitz wurde dieser während der ganzen NS-Zeit auf seinem Posten belassen. Im Sommer 1942 nahm Semrad 50 Juden auf und teilte ihnen Hilfsarbeiten zu, um sie zu retten. Der Gestapo gegenüber erklärte Semrad, daß er die Juden dringend brauche, und außerdem wandte er erfolgreich das Mittel der Bestechung an. Den jüdischen Arbeitern bezahlte er Löhne, behandelte sie gut und konnte sie in der Fabrik bis zum Ende des Krieges behalten. Auch Semrads Frau Wanda half mutig den verfolgten Juden. Als im Winter 1942 Gestapo-Männer und ukrainische Helfer von Haus zu Haus gingen, um Juden zu verhaften, kam Wanda von der Fabrik in die kleine Stadt Jagielnica und suchte nach der Frau von Wolkowitz, Bela. Sie fand sie versteckt im Kuhstall christlicher Nachbarn. Daraufhin nahm sie Bela bei der Hand und ging mit ihr an den wartenden Häschern vorbei zur Fabrik. Dann brachte sie Bela und deren drei

Kinder in einem Schuppen neben der Fabrik unter, wo sie bis zur Befreiung von Jagielnica bleiben konnten, dauernd unterstützt und behütet vom Ehepaar Semrad.

Die Wienerin Maria Steiner versteckte von 1942 bis zum Kriegsende Frau Hedwig Mendelsohn in ihrem Haus trotz ständiger Kontrollen des Blockwarts und der Gestapo. Frau Mendelsohn wurde auf diese Weise gerettet und konnte ihrem 1942 nach Argentinien emigrierten Mann Dr. Leopold Mendelsohn nachfolgen. Während des Krieges war es ihr nicht mehr gelungen, da sie Dr. Mendelsohn erst 1941 geheiratet hatte und die Papiere zu spät einlangten.

In Moledeczno in Weißrußland rettete der Österreicher Florian Tschögl, der dort gefangene Rotarmisten zu bewachen hatte, 1943 und 1944 die Familie Arzichovski (Vater, Mutter, Söhne und jüngere Tochter). Polen denunzierten sie als Juden und als Hetzer gegen die deutschen Soldaten. Tschögl wehrte alle Angriffe ab und nahm auch während einer besonders gefährlichen Zeit die Tochter Sarah zu sich. Er versorgte die Familie auch mit Lebensmitteln und nahm keine Gegenleistung an.

Als der 80jährige Jude David Ballhorn im Mai 1942 hilflos durch die Straßen Münchens irrte, sprach ihn der Innsbrucker Anton Viehböck an und nahm den ihm bis dahin völlig unbekannten Mann mit sich nach Innsbruck, wo er und seine Frau Antonia Ballhorn ihn bis 1945 in ihrer Wohnung versteckten und erhielten. Beides war schwer, da die Viehböcks zwei Kinder hatten und nicht begütert waren.

Der Kunstmaler Roman Erich Petsche aus Ried, Oberösterreich, wurde als Offizier der Deutschen Wehrmacht 1944 im jugoslawischen Novisad im Haus der jüdischen Familie Schick einquartiert. Der Vater hatte versucht, vor den deutschen Soldaten nach Budapest zu fliehen. Er wurde auf der Flucht verhaftet und ist seitdem verschollen. Als am 25. März 1944 alle Juden aus Novisad nach Auschwitz deportiert werden sollten und auch wurden, fuhr Petsche in der Nacht davor mit Mutter und Tante und den zwei Töchtern Schicks – die Überlebende war damals fünf Jahre alt – nach Budapest, nachdem sie seiner Bitte, bei einer günstigen Gelegenheit aus dem Zug zu springen, nicht gefolgt waren. Er selbst kehrte noch in der gleichen Nacht nach Novisad zurück. Auf der Fahrt hatte er Frau Schick als seine Frau und die Kinder als seine eigenen bezeichnet. Obwohl er den Frauen die Adresse seiner Frau in Ried gegeben hatte, kamen sie zunächst in einem Kloster in Budapest unter. Von dort wurden sie allerdings dann doch in ein ungarisches Judenlager gebracht. Die jüngere Tochter und die Tante haben überlebt.

Von den bisher als »Gerechte« ausgezeichneten Österreichern haben manche Tausende Juden gerettet, einige nur einen einzigen. Jeder Retter von Menschen – noch dazu unter Gefährdung seines eigenen Lebens und seiner Existenz – erbringt eine durch nichts aufzuwiegende Leistung. Nimmt man aber zu den schon Ausgezeichneten alle bisher nicht bekannten oder nie mehr nachweisbaren Fälle hinzu, in denen Helfer und Schützlinge tot sind, so erreicht man auch für die Zeit der nationalsozialistischen Judenverfolgung in Österreich weit mehr als die Zahl von 36 Gerechten, die nach uraltem jüdischen Volksglauben in jeder Generation leben und die durch ihre guten Taten für die Erhaltung und das Fortbestehen der Menschheit sorgen. Dieser Glaube gründet im Vertrauen auf den Gott des Alten Testaments, der bereit gewesen wäre, Sodom zu verschonen um zehn Gerechter willen ... Angesichts der Dezimierung seines auserwählten Volkes durch den Nationalsozialismus ist jedoch eine Berufung auf die Taten auch noch so vieler einzelner »Gerechter« nicht möglich. Sie sind keine Rechtfertigung, wohl aber Beispiel und Mahnung.

4. Das Echo eines Aufrufes

Die schon mehrmals erwähnte ungünstige Quellenlage veranlaßte die Verfasserin, im Juni 1969 Rundfunk, Fernsehen und die großen österreichischen Tages- und Wochenzeitungen um die Veröffentlichung eines Aufrufes zu ersuchen, in dem alle Österreicher und Österreicherinnen, die selbst 1938–1945 verfolgten Juden geholfen haben oder denen Hilfeleistungen anderer bekannt waren, um eine entsprechende Mitteilung gebeten wurden. Die Massenkommunikationsmittel kamen diesem Ersuchen fast ausnahmslos nach. Das Echo des Aufrufes war entgegen allen Erwartungen relativ groß und positiv: Bis zum 15. August 1969 waren 150 Antworten eingetroffen. 89 von ihnen kamen aus Wien, doch gibt es kein österreichisches Bundesland, aus dem nicht wenigstens ein Brief einlangte. Drei Absender blieben anonym bzw. wählten Pseudonyme, wie das »Committee opposing hatred« aus London, das sein Pamphlet gegen Israel mit der Aufforderung an den »Herrn Dr. Weinzierl« schließt, »in ein Kibbuz an den Jordan« zu gehen: »Verschwinden Sie möglichst sofort!!!« Ein »Fridolin« empfahl der Verfasserin, »eine Dokumentation über die unschuldigen Opfer jedes geschichtlichen Zeitabschnittes« anzulegen, und ein Absender schrieb anonym, nicht, weil er ein Judenfeind war, sondern weil er glaubte, daß wir schon wieder soweit sind, »daß die Nazi frech sind und behaupten, diese Greuelgeschichten werden nur von den Juden und politischen Gegnern erfunden, um gegen die arische Bevölkerung zu hetzen«. Er arbeite an einem Buch über die österreichischen NS-Verbrechen.

Bis zum 15. August 1969 waren 80 Briefe von Männern und 67 von Frauen eingelangt. Bis 1986 bzw. bis zum Herbst 1995 habe ich noch 14 einschlägige Antworten erhalten: sieben von Frauen und sieben von Männern, zusammen also 161: 87 Männer und 74 Frauen. Damit kamen insgesamt 100 Antworten aus Wien, 20 aus Niederösterreich, 24 aus Oberösterreich, der Rest aus den anderen Bundesländern, zwei aus London und eine aus New York. Ohne daraus kommunikationstheoretische Schlüsse ziehen zu wollen, sei vermerkt, daß von jenen Absendern, die ausdrücklich erwähnten, wodurch sie auf den Aufruf aufmerksam wurden, 49 den Wiener »Kurier« anführten, 30 den Rundfunk, 21 andere Zeitungen und nur zwei das Fernsehen angaben. Mitteilungen über den eigenen Beruf machte etwa die Hälfte. Von ihr sind 28 Angestellte und Beamte, 25 Akademiker und Lehrer, zwölf Geschäftsleute, sechs Künstler, sechs Handwerker und sechs Arbeiter. Die antwortenden Frauen dürften, von einigen Ausnahmen abgesehen, Hausfrauen sein. Eine Antwort kam sogar aus dem Gefängnis Eisenstadt und eine aus einem Arbeitshaus, in dem sich der Briefschreiber wegen Vergehens gegen das Meldegesetz befand. Einige der Absender legten ihren Briefen notariell beglaubigte Abschriften von Dokumenten oder Briefe und Fotos ihrer jüdischen Freunde und Bekannten bei. Soweit diese noch leben, wurden ihre Namen und Adressen genau angegeben, so daß die Angaben jederzeit überprüft werden konnten. Sieben bekannten sich ganz offen als ehemalige Nationalsozialisten – einem sind die Juden auch heute »noch immer unsympathisch« –, doch kann kein Zweifel darüber bestehen, daß auch sie materiell und moralisch einigen Juden wirklich geholfen haben. Das gilt besonders von einem Mann, der bis 1938 immer bei Juden arbeitete, aber schon 1934 der NSDAP beitrat und 1938 als kommissarischer Verwalter »die sogenannten weißen Juden (Arisierer) kennen-« und dadurch seine seinerzeitigen jüdischen Arbeitgeber erst richtig schätzenlernte. Er bemühte sich daher nach Kräften, dem Inhaber des von ihm nur kurze Zeit verwalteten Betriebes zu helfen.

Selbstverständlich sind die eingelangten Antworten aber nicht repräsentativ für die Einstellung der Österreicher zur nationalsozialistischen Judenverfolgung. Manche von ihnen halten einer quellenkritischen Prüfung nicht stand, und fünf Briefe – ein für eine derartige Aktion erstaunlich niedriger Prozentsatz – tragen auch psychopathische Züge. Dennoch zeigt das Echo des Aufrufes jedenfalls deutlich die Breite des Spektrums dessen, was in Österreich – 24 Jahre nach dem Untergang des Dritten Reiches – als Hilfe für Juden verstanden wurde. Es reicht von einer alten Frau, die sich viele Jahre über ihren lärmenden jüdischen Obermieter geärgert hatte, und nach dem »Anschluß«, als man bei ihr über ihn Erkundigungen einholte, trotzdem sagte, sie wisse nichts Nachteiliges, und darauf 1969 noch stolz war; von einem Mann, der im Mai 1939 als Soldat einem Mädchen, von dem er erst nachträglich erfuhr, daß sie Jüdin war, als Dank für ein Liebesabenteuer einen illegalen Grenzübergang zeigte; von einer Krankenschwester, die jüdischen Zwangsarbeitern nicht ganz ausgekratzte Marmeladekübel brachte, bis zu Menschen, die unter eigener Lebensgefahr jahrelang Juden als »U-Boote« versteckt und gerettet haben. Die Verfasserin hat die eingelangten Antworten einer Reihe von jungen Leuten vorgelegt, für die jene Zeit nur noch Geschichte ist. Sie haben einen guten Teil der geschilderten Hilfeleistungen als nicht der Rede werte Selbstverständlichkeit empfunden, und für »normale« Zeiten haben sie recht. Daß aber bereits ihre Eltern sehr wirksamem Zwang zur Unmenschlichkeit ausgesetzt waren, dem zu widerstehen sie nicht gelernt hatten, sollte gerade der Jugend zu denken geben. Antisemitismus und blinde Autoritätsgläubigkeit hatten schon vor Hitler eine lange Geschichte. Der Nationalsozialismus hat sie und seine Machtmittel zunächst zur Verfemung, Entrechtung und Enteignung und schließlich zur Ausrottung der Juden benutzt. Im totalen Staat jeglicher Prägung ist es sehr rasch keine

Selbstverständlichkeit mehr, menschlich zu handeln. Vor diesem Hintergrund gewinnt daher das gesamte Echo des Aufrufes, den manche mit Recht als spät empfunden haben, an Gewicht. Im folgenden werden jedoch nur einige typische oder besonders achtenswerte Beispiele geleisteter Hilfe angeführt.

Ein Österreicher, der als deutscher Soldat 1942–1944 einer »geheimen Truppe« (Einsatzgruppe?) in Rußland angehörte und wegen eines Liebesverhältnisses mit einem jüdischen Mädchen dann selbst neun Monate im Feldstraflager verbrachte, hat im litauischen Ghetto Oschmiana ein Jahr lang sieben Juden verpflegt und an »kritischen Tagen« so viele Juden als möglich zum lebensrettenden Arbeitseinsatz herausgeholt. Sein Bericht klingt glaubhaft, vor allem auch deshalb, weil er selbst betont, keinen seiner Schützlinge jemals wiedergesehen und daher auch keine Zeugen zu haben.

Die bekannte, 1949 mit dem Preis der Stadt Wien ausgezeichnete österreichische Schriftstellerin Alma Holgersen, eine gebürtige Tirolerin, hat einem staatenlosen jüdischen Ehepaar einen Paß nach Indien verschafft, zwei Juden die Überfahrt nach Amerika bezahlt, Juden Lebensmittel gebracht und durch persönliche Intervention erwirkt, daß eine Familie, die bereits in der Castellezgasse, der Wiener Sammelstelle für die Transporte nach Polen, auf die Deportation wartete, im letzten Augenblick befreit wurde. Diese Familie floh allerdings ein Jahr später nach Berlin, von wo sie dann dennoch deportiert wurde.

Wohl für viele Erlebnisse dieser Art typisch ist der Bericht des Tiroler Pressefotografen Herbert Kofler, der im Jänner 1945 als Oberschütze vom Lager Kaisersteinbruch mit seiner Einheit ungefähr 960 polnische Offiziere und Juden, die fünf Jahre lang in Ungarn interniert gewesen waren, nach Berlin zu transportieren hatte: »In Kaisersteinbruch übernahmen wir die älteren Herren – sie alle waren zwischen 50 und 60 Jahre alt und in ziemlich desolatem Zustand – bereits in Viehwaggons verladen und konnten unseren Transport nicht in Bewegung setzen, weil starker Schneefall einsetzte, so daß sich die Abreise nach Berlin um ca. 19 Tage verzögerte. Die Leute in den Waggons machten Entsetzliches mit, täglich starben drei bis fünf dieser armen Menschen, sie schrien und bettelten geradezu um etwas Bewegungsfreiheit und um Wasser. Es gelang mir damals, den jungen Transportkommandanten zu überreden, diesen Gefangenen helfen zu dürfen. Ich bekam zehn Mann Bewachung unter meinen Befehl, ließ die Waggontüren öffnen und aus jedem Waggon vier bis sechs Mann austreten zum Wasserholen. Die Dankbarkeit dieser armen Kerle war rührend ...«

Der Badener Eduard Hammerer sammelte Ende 1938 400 RM, um einer jüdischen Familie die Ausreise nach Schanghai zu ermöglichen. Die Wienerin Lina Schell hat 1943 zwei aus Auschwitz geflohenen Juden und einer Jüdin aus der Leopoldstadt während der Durchkämmung der Gassen in ihrer Wohnung Unterstand gewährt. Johann Renczes war von 1938 bis 1940 als Buchhalter der Strickwarenfabrik Moritz Knopp Erben in Litschau tätig und versorgte von dort aus die jüdischen Besitzer in London mit Strickwaren. Er selbst wurde aus politischen Gründen 1940 verhaftet und war bis 1945 in Wien im Gefängnis. Im April 1945 beherbergte er zwei polnische Juden, die in einer Floridsdorfer Maschinenfabrik hatten arbeiten müssen. Ein als Frontbuchhändler eingesetzter Tiroler beschenkte 1943/44 in Warschau regelmäßig jüdische Buben, die aus dem Ghetto durch Kanäle in die anderen Straßenviertel krochen, mit Brot und Geld. Antonie Strasser unternahm es, mit einem jungen Wiener nach dem Einmarsch der Deutschen in Brünn in der dortigen Flüchtlingszentrale heimlich die Papiere der jüdischen Flüchtlinge zu entwenden bzw. zu vernichten.

Am meisten riskiert und im Fall des Gelingens am meisten geholfen haben jene, die es auf sich nahmen,

Juden in ihren Häusern oder Wohnungen zu verbergen. Einige dieser Helfer sind durch den Aufruf aus der Anonymität aufgetaucht. Sie gehörten zumeist nicht der sozialen Oberschicht an, was in mancher Hinsicht zu denken gibt: Das gilt von den schon genannten »Gerechten«, der Wiener Schneiderin Lucia Pollreisz ebenso wie für den Installateurgehilfen Otto Kuttelwascher und seine Frau Hermine. Maria Fränkel, die in den Wiener Semperitwerken angestellt war, versteckte 1944 den jüdischen Mann ihrer Freundin in ihrem Schrebergartenhäuschen. Weiters berichtet sie von einem Mädchen, das seinen jüdischen Geliebten jahrelang verbarg, und von einer Hausbesorgerin, die einen Juden dadurch vor der Gestapo rettete, daß sie sagte, er wäre bereits abgereist. Rückblickend stellt Frau Fränkel heute fest: »Österreich war nicht judenfeindlich, es wurde nur aufgehetzt, und die Schwachen erlagen dem Terror.«

In eine besonders gefährliche Lage geriet die Wiener Gärtnerin Rosa Pscherer, die einen alten jüdischen Anwalt und dessen Frau, beide Konvertiten, monatelang im Haus ihrer Eltern verbarg. Die Nerven des Mannes hielten den Belastungen des »U-Boot«-Lebens nicht stand, und er nahm sich das Leben. Wenige Monate später starb die Frau an einem Herzschlag. Beide Toten mußte Rosa Pscherer heimlich in der Nacht allein in ihrem Garten begraben. Die Leichen wurden 1946 exhumiert.

Mehr Glück hatte der Wiener Karl Hagn, der 1941 die Tante seines jüdischen Schwagers verbarg, die das Kriegsende erlebte. Auch Anton Doujak hielt gemeinsam mit dem Wiener Hausbesorgerehepaar Haas den Rechtsanwalt Dr. Felix Friedländer von 1941 bis 1945 versteckt. Dieser lebte in einem ständig verdunkelten Raum der Wohnung Doujaks und wurde vom Ehepaar Haas mit Essen versorgt: »Friedländer mußte erst wieder auf vollen Sohlen gehen lernen – weil er dreieinhalb Jahre gewöhnt war, auf Zehenspitzen zu gehen.« Doujak ist allerdings der Meinung, daß Friedländer ihn und das

Ehepaar Haas nach dem Krieg »sehr rasch vergessen« habe: »Wenn Sie mich heute fragen, ob ich dasselbe unter denselben Umständen noch einmal tun würde – Hilfe zu leisten –, dann würde ich erst gewisse Fragen stellen an den Hilfsbedürftigen – damals tat ich das nicht.« Dennoch »reut« Doujak seine Hilfe nicht, wie auch alle anderen Helfer, die »U-Boote« verbargen, mit berechtigtem Stolz auf diese Leistung zurückblicken. Das gilt auch für den Wiener Nähmaschinenhändler Anton Fischer, der 1944 seinen jüdischen Freund sechs Wochen in seinem Lager versteckte und auch anderen Juden geholfen hat: »Ich weiß zwar nicht, für welche Zwecke Sie meine Daten benötigen, aber ich weiß, daß ich ein gutes Werk getan habe.«

Die Wiener Studienrätin Dr. Anna Mathä und ihre Mutter verbargen ab 1940/41 in ihrer damaligen Wohnung im 1. Bezirk in der Annagasse 10/10 bis zum Kriegsende drei Juden. Es waren ein ehemaliger Schüler von Dr. Mathä, jetzt Dipl.-Ing. Paul Sondhoff in den USA; die Schwägerin von Architekt Prof. Prutscher, Berta Brauner, der Papiere unter dem Namen Kierlinger besorgt wurden, und die mittlerweile verstorbene Lina Lustig, um deren Rettung Mutter und Tochter Mathä gebeten worden waren. Auch die Tante Sondhoffs, Anni Cejger-Sanderling, hielt sich tagsüber oft in der Wohnung in der Annagasse auf. Die »U-Boote« wurden von den Mathäs ohne Lebensmittelmarken verpflegt, was vor allem die Leistung der Mutter Mathä war. Außerdem hatten sie noch ein Zimmer ihrer Wohnung, allerdings offiziell, an Univ.-Prof. Dr. P. Johannes Thauren SVD abgetreten, da das Missionshaus St. Gabriel bei Mödling innerhalb weniger Stunden geräumt werden mußte.

Leopold Hager, damals Bäckereiangestellter in Wien, versorgte ständig Juden im 1. und 2. Bezirk mit Lebensmitteln. Brot wurde bei Hager von dem Juden Opst gelegentlich mit einem Leichenwagen abgeholt. Opst ist dann in Theresienstadt zugrunde gegangen. Berta Hölzlmacher, Angestellte der Kultusgemeinde, und ein Jude namens Harrmann wurden von Hager als »U-Boote« versteckt und haben mit ihm in der Bäckerei Teirich in der Leopoldstadt gearbeitet. Auch Harrmann entging jedoch nicht dem Transport nach Theresienstadt. Berta Hölzlmacher konnte gerettet werden. Von Opst erhielt Hager 1943 ein Foto, auf dessen Rückseite steht: »Zur Erinnerung von mir. Opst, 1943.«

Der dann in Bad Ischl lebende Medizinalrat Dr. Josef Sora wurde als Luftwaffenoffizier als Lagerarzt in das KZ Melk abkommandiert. Sora übte seine Funktion so menschlich wie möglich aus und schloß auch mit einem Juden Freundschaft, für den er durchaus nicht ungefährliche Besorgungen erledigte. Durch ihn gab er auch die Abendnachrichten von BBC an die Häftlinge weiter. Als eines Tages befohlen wurde, alle tuberkulösen Häftlinge, ungefähr 50, verhungern zu lassen, vereinbarte Sora mit dem ihm ergebenen Küchenkapo, diese Häftlinge heimlich in der Nacht zu versorgen. Als die Rote Armee immer weiter gegen Westen vorrückte, wurde von der Lagerleitung angeordnet, alle Häftlinge bei der Arbeit in den Stollen von Roggendorf zu töten, die von der SS bereits mit Sprengstoff geladen worden waren. Sora wandte sich an den als Gegner des NS-Regimes bekannten damaligen Landrat von Melk und machte ihn auf die Folgen einer solchen Katastrophe für die ganze Bevölkerung von Melk aufmerksam. Auch der Landrat wußte jedoch keinen Ausweg. Daraufhin riet ihm Sora, sich an seinen Vorgesetzten, Gauleiter Jury von Niederdonau, mit der Bitte um Intervention im Hauptlager Mauthausen zu wenden, ohne jedoch seinen Informanten preiszugeben. Dieser Weg erwies sich als richtig. Nach etwa einer Woche kam der Befehl, das Lager Melk Mitte April nach Ebensee zu verlegen, was die Rettung von ca. 14.000 Menschen bedeutete.

Die bekannte Grafikerin Prof. Hertha Larisch-Ramsauer

versteckte die Witwe ihres Lehrers, des bekannten Bühnenbildners Prof. Strnad, Mathilde, als »U-Boot« in ihrem Landhaus in Zeiselmauer. Das größte Problem war dabei die Lebensmittelversorgung über Jahre hinweg. Hertha Larisch begann deswegen, Hühner zu züchten, und hielt eine Ziege. Sie konnte auf diese Weise Frau Strnad retten, mit der sie keineswegs besonders befreundet gewesen war. Nach ihrem Selbstverständnis handelte sie einfach »menschlich«, wozu in jener Zeit allerdings einiger Mut gehörte.

Aus ganz anderen Verhältnissen stammte Josefine Jindra. Zu deren Großmutter Maria Jindra brachte 1923 eine Fürsorgerin der Stadt St. Pölten ein acht Monate altes Baby, Wera Heilpern, mit der Bitte, es in Pflege zu nehmen, da für sie nichts gezahlt werden konnte und dadurch der Säugling sozusagen »unanbringbar« war. Großmutter Jindra, selbst schwer asthmaleidend, nahm ihn sofort auf. Wera war die uneheliche Tochter einer Vertreterin von Textilfirmen und von deren früherem Chef Lewin, dem Besitzer des Schlosses Engelstein, wo sie in dessen Büro gearbeitet hatte. Vor der Geburt wurde sie von Lewin entlassen, und ihre aus Ungarn stammenden, aber in Wien lebenden Eltern waren nicht bereit, sie mit dem Kind aufzunehmen. Bis Wera ungefähr zwei Jahre alt war, besuchte die Mutter ab und zu ihre Tochter bei Jindras. Dann hörte man nichts mehr von ihr. Am Ende des Schuljahres 1933 verlangte Lewin das Kind über die Berufsvormundschaft St. Pölten für sich. Trotz allen Schmerzes mußte sich die Familie Jindra von Wera trennen. Auf Schloß Engelstein wurde die nun zehnjährige Wera von den vier Schwestern ihres Vaters gut, aber ohne Liebe behandelt. Eine Tante führte Wera zum Krankenbett eines Wera unbekannten Mannes in einem Wiener Sanatorium. Man sagte Wera, es sei ein Onkel, doch war es ihr Vater, der acht Tage später starb. Nach dem »Anschluß« mußten die Tanten mit Wera sofort das Schloß verlassen. Sie kamen nach Wien, zunächst noch in ein eigenes Haus in der Aspernbrückengasse, dann in eine Wohnung, in der viele Juden auf ihre Deportation warteten. Bei der »Aushebung« durch die Gestapo starb eine der Tanten an einem Herzanfall. Zwei Tanten starben im KZ, eine war noch in Engelstein gestorben. Wera wurde einem jüdischen Arbeitsdienst zugeteilt und mußte vom Mai 1941 bis zum September 1942 im »Altreich«, zunächst in Siechau in der Altmark und dann in Nordhausen in Thüringen, als Spargelstecherin und dann in einer Kautabakfabrik arbeiten. Am 17. September 1942 wurde sie von der Gestapo zum Transport nach Wien angefordert. Der Zug hielt in St. Pölten. Wera, die sich schon vorher den »Stern« abgerissen hatte, benützte das Gedränge auf dem Perron zur Flucht zur Familie Jindra, wo sie mit offenen Armen aufgenommen wurde. Die alte Großmutter teilte mit ihr die Brotkarte. Da zum Haus ein Garten gehörte, konnte niemand in das Haus, ohne vorher zu läuten. Dann mußte sich Wera im Bett verstecken, manchmal stundenlang. Auch ein kleines Bodenkämmerchen, in das man nur sehr mühsam hineinkam, diente als Versteck. Erst wenn es finster war, konnte Wera hinter einem Holzstoß im Hof frische Luft schöpfen. Am 1. September 1944 starb die Großmutter. Noch in der gleichen Nacht holte ihr ältester Sohn Wera zu sich nach Wagram, wo er sie eine Woche lang auf dem Dachboden versteckte. Dann kam sie wieder zurück und teilte mit der Familie Jindra »schwesterlich« deren Leid. Nur eine Nachbarin, die für die Familie einkaufen ging, und eine Freundin von Josefine Jindra wußten von Wera. Auch sie verrieten nichts. Rückblickend schrieb Josefine Jindra: »Um ein Königreich könnte man ein solches Opfer nicht bringen, das vermag nur die Liebe. Und die besteht weiter.«

Aus den USA meldete sich Elise Stein, um zu berichten, daß das Wiener Ehepaar Hans und Franzi Horrak in seiner kleinen Gemeindewohnung in der Hohenbergstraße in Meidling drei Jahre Trude Wolf(-Kellermann) bei sich aufnahm. Fremden gegenüber wurde sie als kranke Kusine vom Lande ausgegeben. Frau Horrak, die in einer Lebensmittelkartenverteilungsstelle arbeitete, verschaffte auch noch anderen Juden Lebensmittel. Der Mann von Elise Stein war schon am 10. November 1938 nach Dachau gekommen. Ihre Wohnung war von einer Familie Swoboda »arisiert« worden. Elise Stein zog daraufhin mit ihrem dreijährigen Sohn zu ihren Schwiegereltern. Bei diesen bot ihr Hilde Liebert, die mit ihrem Mann Franz in einer Gemeindewohnung in der Hernalser Wattgasse 98 wohnte, mehrmals an, sie und ihren Sohn bei sich zu verstecken. Der Bericht von Rosalia Ista, geb. Wasserstein, über die abenteuerliche Rettung ihrer Familie in Wien wird im Anhang im vollen Wortlaut wiedergegeben werden, in dem Otto Kuttelwascher als »Gerechter« und Frau Ista als eine durch die Hilfe vieler, aber auch aus eigener Anstrengung Gerettete berichten sollen.

Der Mann Josefa Kohns, ein Schneider, war schon 1935 wegen illegaler politischer Tätigkeit das erste Mal verhaftet worden. Drei Monate später wurde den Kohns auch die Gemeindewohnung gekündigt. Mit ihren zwei Söhnen, die damals in die Volksschule gingen, wurde ihnen eine kleinere Wohnung im 10. Bezirk zugewiesen. Dort war die Familie sehr beliebt, doch mit dem »Anschluß« änderte sich die Lage schlagartig. Alle Nachbarn gingen ihnen nun plötzlich aus dem Weg. Das Wohnungsamt wollte ihnen die Wohnung nehmen, doch konnte das Frau Kohn noch durch ihre Initiative verhindern. Am 1. September 1939 verhaftete die Gestapo ihren jüdischen Mann und noch zwei Männer aus dem Haus. Kohn kam zuerst in das Landesgericht II, dann in die Gestapo-Zentrale auf dem Morzinplatz, von dort nach Dachau und schließlich nach Gusen. Am 29. August 1940 erhielt Frau Kohn telegrafisch die Mitteilung, daß ihr Mann tot sei und sie sich die Asche schicken lassen könne. Die beiden Buben gingen weiter in die Schule, in der sie bis zum März 1938 wohlgelitten waren. Am 13. März 1938 stand jedoch auf der Bank des älteren Sohnes groß das Wort »Jude«. Bis dahin ein Vorzugsschüler, ging sein Schulerfolg wegen der von ihm tief empfundenen Kränkung schlagartig zurück. Verständnisvolle Lehrer rieten zu einem Schulwechsel, der sich auch bewährte, obwohl man ihn auch dort erst nach der energischen Vorsprache der Mutter wie die anderen Schüler behandelte. Als »Mischlinge« durften die Buben jedoch dann nicht in die öffentliche Hauptschule gehen. Da Frau Kohn tagsüber außer Haus arbeiten mußte und ein im Haus wohnender SA-Mann die Kinder immer wieder quälte, kam Frau Kohn so weit, daß sie sich mit ihren Kindern umbringen wollte. Das Fürsorgeamt schlug ihr schließlich vor, die Kinder in das Internat der Schulschwestern im 16. Bezirk zu geben. Das ging endlich gut, auch wenn die Söhne nur alle vier Wochen nach Hause kommen konnten. Zuletzt besuchte der Größere eine Gewerbeschule. Den Jüngeren nahm die Mutter dann aus dem Internat. Er besuchte einen Hort, ehe er 1945 in der Hauptschule eingeschrieben wurde. Frau Kohn arbeitete vom September 1941 bis zum Kriegsende als Aushilfsangestellte bei der Post. Die Söhne sind jetzt in Kanada und in Wien in qualifizierten Berufen tätig.

Die 1929 in Wien als Tochter der Chemikerin Dr. Regine Hildebrand und des Ingenieurs Dr. Rudi Kraus geborene Ärztin Dr. Lucia Heilman wurde vom Kupferkunsthandwerker Reinhold Duschka gerettet. Dieser war 1900 in Berlin geboren, lebte jedoch seit den dreißiger Jahren in Wien. Lucia Heilman und deren Mutter hatte er in einer Jugendorganisation kennengelernt und traf sich auch außerhalb der Organisation mit beiden. Sie wurden gute Freunde. Der Vater, Rudi Kraus, der bei den Wiener Siemenswerken gearbeitet hatte, wanderte nach dem »Anschluß« 1938 nach Persien aus, wo er in einer Siemensfabrik Arbeit fand. Frau und Tochter sollten nachkommen. Dazu war es jedoch zu spät. Die Besorgung der notwendigen Dokumente dauerte zu lange. Nach Kriegsbeginn 1939 wurden keine Transitpapiere mehr ausgestellt. Die elterliche Wohnung in der Berggasse 29 wurde beschlagnahmt. Daraufhin flüchteten Mutter und Tochter zu Duschka, der in der Mollardgasse 85a seine Werkstatt hatte. Er bot beiden an, sie dort zu verstecken. Die Werkstatt bestand aus zwei Räumen, einer von ihnen war auch Verkaufsraum. Wenn Kunden kamen, mußten die im zweiten Raum Versteckten absolute Stille bewahren. Ihr Bett war der Steinboden. Die Decken wurden bei Tag versteckt. Lucia und ihre Mutter lernten beide das Kupferkunsthandwerk. Von den Einnahmen beim Verkauf ihrer Arbeiten kaufte Duschka auf dem schwarzen Markt Lebensmittel. Im Winter 1944 wurde das Haus in der Mollardgasse von einer Bombe getroffen und brannte völlig aus. Duschka brachte seine Schützlinge in seinem Sommerhaus im Wienerwald bis zum Kriegsende unter. Den Nachbarn sagte er, sie seien Verwandte aus Deutschland. Lucia konnte natürlich nicht in die Schule gehen, aber die Mutter unterrichtete sie. Duschka besorgte Lehrbücher. Für Lucia war er nach ihrem Bericht wie ein Vater, und sie liebte ihn wie einen Vater: »R. D. take all risks in coherence to his character as a human being who is still able to define justice and acts when justice is done against other human beings. Besides he felt that his friend, my father, tried to save us against the Nazis and couldn't.«

Mit Duschka wurde im September 1991 auch die Familie des Pfarrers Adam Stalmach ausgezeichnet, der im Krankenhaus Vöcklabruck ein jüdisches Ehepaar gerettet hatte. Nähere Angaben darüber sind in den Yad Vashem-Akten offenbar nicht enthalten.

Das gleiche gilt auch für den steirischen Bauern Edelmann und seine Familie. Edelmann war auch Bürgermeister einer kleinen Gemeinde bei Graz. Er, seine Frau und seine Tochter Brigitte haben den aus Rumänien stammenden Martin Herzkovit und zwei seiner Kameraden in den beiden letzten Kriegsmonaten in ihrem Stall versteckt. Zu dieser Zeit war noch die Gestapo in der Gegend tätig. Ende Jänner 1993 wurden sie als »Gerechte der Völker« anerkannt.

Eine besonders mutige Frau war die 1895 in Wien geborene Marianne Belokosztolsky, Tochter eines polnischen Vaters und einer tschechischen Mutter, die als Sängerin Senta Wengraf in den zwanziger Jahren eine renommierte Opernsängerin in Wien und Berlin war. 1929 heiratete sie in dritter Ehe den Berliner jüdischen Journalisten Hans Goldlust, der Anfang der dreißiger Jahre seinen Namen in Golz änderte. Anfang 1934 emigrierte er nach Prag. Senta Wengraf gab ihren Beruf auf und war als Marianne Golz-Goldlust als Journalistin tätig. Nach der deutschen Besetzung Prags im März 1939 flüchtete Hans Golz-Goldlust über Polen nach England. Seine Frau blieb in Prag, weil sie der Mutter und Schwester ihres Mannes helfen wollte. Sie verschaffte einigen Juden »arische« Papiere, schmuggelte sie über die Grenze in die Schweiz, nach Italien oder Deutschland, verschaffte einigen von ihnen in der Nähe von Leipzig Arbeit. Ihre in Wien lebende Schwester versorgte sie mit Geld. 1942 wurde das Bestehen einer privaten Rettungsaktion für Juden bekannt. Marianne und 17 weitere Personen in Prag, Wien und Leipzig wurden am 19. November 1942 verhaftet, unter ihnen drei Juden, die sie nach Leipzig geschmuggelt hatte. Der Prozeß fand im Mai 1943 in Prag statt. Die Angeklagte Marianne und neun Mitglieder ihrer Gruppe, der Untergrundgruppe des Tschechen Sapotzki, deren Mitglieder sich in ihrer Wohnung getroffen hatten, wurden folgender »Verbrechen« beschuldigt: Sabotage, Begünstigung von Reichsfeinden, wobei ihr Anteil an der Flucht der Juden Walter Levitt, Josef Goldschmidt und Kunel besonders hervorgehoben wurde; zwei von ihnen waren »Halbjuden«. Weiters waren Verlassen des Protektorats, Urkundenfälschung, illegale Grenzüberschreitung, illegales Betreten des Reichsgebietes Anklagepunkte. Am 18. Mai 1943 wurden Marianne Golz-Goldlust und sieben weitere Widerstandskämpfer zum Tode verurteilt. Das Urteil wurde ebenfalls 18. Mai 1943 vollstreckt. Die Richter hatten zu ihrer Person folgendes angeführt: daß sie wegen ihrer früheren Ehen mit Juden »selbst geistig vollständig verjudet ist« und daß ein Jude, der der Deportation entgehen will, ein Reichsfeind ist und seine Fluchthelfer ebenso. Der Leiter der Kommission für Verleihung der Auszeichnung von »Gerechten«, Dr. M. Pardiel, hat aus dem einzigen vorliegenden Dokument, dem 59 Seiten umfassenden deutschen Gerichtsprotokoll, das er übersetzt hat, noch hervorgehoben, daß die vier deutschen Richter, die die Todesurteile gefällt hatten, Dr. Franz Ludwig, Robert Hartmann, Dr. Erwin Albrecht und Dr. Wolfgang Reynek, nach 1945 weiter im Justizdienst der BRD tätig waren.

Die Kommission in Yad Vashem hatte gezögert, weil nur eine Kopie des deutschen Gerichtsprotokolls vorhanden war, jedoch keine Aussagen von Geretteten oder näher Verwandten vorlagen. Nur der Westberliner Journalist Ronnie Golz, der Sohn von Hans Golz aus dessen nach 1945 in England geschlossenen Ehe, und ihre Nichte Dr. Erika Reimer-Haala, die 1988 der israelischen Botschaft in Wien einen Film des Norddeutschen Fernsehens über ihre Tante, das Tonband einer Rundfunksendung und ein Buch mit den Kassibern ihrer Tante überbracht hatte, legten Zeugnis für sie ab. Ronnie Golz stellte Yad Vashem eine Reihe von Dokumenten und das Buch »Der Große Tag« zur Verfügung. Ausschlaggebend war jedoch das Gerichtsprotokoll für die posthume Verleihung der Medaille und des Rechtes, einen Baum im Wald der »Gerechten« zu pflanzen. Erika Reimer-Haala hat Ende 1988 die Medaille in Jerusalem entgegengenommen und bei diesem ihren ersten Israel-Aufenthalt einen Baum gepflanzt.

Paula Smejkal floh nach dem »Anschluß« mit ihrem jüdischen Bräutigam aus Wien nach Holland. Beide hofften, dort heiraten zu können. Dafür ergab sich jedoch ebenfalls keine Möglichkeit, so daß sie beabsichtigten, nach England zu fliehen. Dazu kam es jedoch nicht. Bei einer der ersten Razzien der Deutschen wurde der Mann verhaftet. Frau Smejkal blieb mit einem Baby zurück. Sie nahm dann noch drei jüdische Kinder zu sich. Eines von ihnen war die 1938 geborene Fanny Heiselbeck-Friedmann. Sie bestätigte, daß sie im Sommer 1942 von Frau Smejkal mit ihrer Schwester und einem geistesschwachen jüdischen Buben aufgenommen wurde. Sie blieb bei Frau Smejkal bis 1943. Dann kam sie zu einer anderen Familie. Ihre Schwester und der Bub blieben bis zum Hungerwinter 1944/45. Damals kamen viele holländische Kinder von der Großstadt auf das Land, wo sie versorgt wurden. Alle drei Schützlinge von Paula Smejkal überlebten. Deren Eltern und Bruder wurden in den Vernichtungslagern umgebracht. Frau Smejkal wurde 1978 als »Gerechte« anerkannt.

Der frühere ungarische Jude Giora Carni (György Krausz), 1922 in Szombathely geboren, nach dem Krieg in Israel lebend, berichtete 1993 der Yad Vashem-Kommission, daß er und seine Kameraden Kundra und Elefant zu Beginn des Jahres 1945 von einer ungarischen Gruppe, die von der SS und Wehrmachtssoldaten zur österreichischen Grenze getrieben wurde, auf Rat des Mühlenbesitzers Jozef Perl in Eberau geflohen waren. Elefant trennte sich dann von ihnen. Kundra und Carni schlugen sich bis zum Nachbarort von Eberau, Deutsch-Ehrendorf, durch, wo sie von einer Bäuerin erkannt, mit Nahrung versehen und in der Scheune der Familie Legath aufgenommen wurden. Obwohl dann eine SS-Einheit im Hof des Hauses eine Küche eingerichtet hatte, durften sie in ihrem Versteck bleiben, wurden allerdings nur mehr einmal täglich mit Essen versorgt. Mutter, Sohn und Tochter Legath waren an ihrem Schutz beteiligt, der Vater kam erst kurz vor Kriegsende als Deserteur zurück. Als der Koch der Einheit entdeckte, daß die Familie Juden versteckte, versprach er auf Bitten von Frau Legath, nichts zu verraten, und hielt sich auch daran. Carni konnte sogar in der Küche aushelfen, Kundra, von Beruf Schneider, erledigte Flickarbeiten. So vergingen drei Wochen, bis die ersten russischen Soldaten das Dorf besetzten. Jetzt bat der heimgekehrte Vater die beiden Juden um ihre Hilfe, die sie durch entsprechende Verhandlungen mit einem russischen Leutnant auch leisteten. Dieser versprach, daß der Familie Legath nichts geschehen werde, und gab Carni und Kundra russische Passierscheine für die Rückkehr in die Heimat. 1988 traf Carni in Szombathely ein. Der Vater Kundra lebte nicht mehr. Im Sommer 1991 suchte er die Familie Legath in Deutsch-Ehrendorf. Vater und Mutter waren gestorben, die 1945 zwölfjährige Tochter Frieda, nunmehrige Frau Haas, wohnte noch immer in Deutsch-Ehrendorf, aber in einem neuen Haus. Ihr Bruder Martin lebte seit 1960 in New York. Sie hat in einem Bericht vom 6. Juli 1993 die Geschichte von Carni und Kundra fast gleichlautend wie Carni beschrieben. Die Kommission von Yad Vashem hat am 12. Jänner 1994 beschlossen, Frieda, ihrer Mutter und ihren Bruder als »Gerechte« auszuzeichnen. Perl dagegen nicht, weil seine Ratschläge für ihn nicht lebensgefährlich gewesen wären. Die Auszeichnung von Mutter (posthum), Tochter und Sohn fand in der israelischen Botschaft am 13. September 1994 statt.

Die neuesten und bisher größten Zahlen von österreichischen »U-Booten« stammen von Brigitte Ungar-Klein, die für ihre noch nicht abgeschlossene Wiener Dissertation eine österreichische Gesamtzahl von 1514, 796 weibliche, 718 männliche, erhoben hat. Eine Fehlerquote von ca. 10 Prozent – nach oben wie nach unten – kann sie nicht ausschließen, weil auch sie nach jahrelanger Suche auf die äußerst lückenhafte Quellenlage hinweist. Vor der Emigration lebten 26, bis zu einem Jahr 257, länger als ein Jahr 979 und ab Herbst 1944 82 als »U-Boote«. Ungar-Klein konnte in 156 Fällen ein familiäres Verhältnis zwischen »U-Boot« und Helfer feststellen. In fast ebenso vielen Fällen gab es mit größter Wahrscheinlichkeit ein intimeres Verhältnis bzw. kam es nach 1945 zu einer Eheschließung (vgl. auch Mosu, S. 99 ff.).

Um einen »Mischling« ging es auch beim Sohn von Paula Frankfurter. Vater und Sohn galten als »Volljuden«, weil auch Sohn Kurt der mosaischen Religion angehörte. Die Mutter lebte in größten Sorgen, weil man Kurt bereits die Lebensmittelkarten abgenommen hatte und er in eine Judensammelklasse eingewiesen worden war. In dieser Situation half ihr der Landwirtschaftsschulrat Dr. Ing. Franz Cehovin aus Ybbsitz. Dieser richtete nun an alle denkbaren Institutionen, Parteikanzlei, Unterrichtsministerium und Rassenamt, Gesuche und erreichte tatsächlich die Anerkennung Kurts als Mischling ersten Grades. Damit war er gerettet und konnte sogar mit einer Berufsausbildung beginnen. Er überlebte als einziger seiner Klasse. Seine Mutter dankte in einer »Erklärung« nach dem Krieg Ing. Cehovin ausdrücklich dafür. Dieser konnte noch in einem ähnlichen Fall helfen. Nach dem »Anschluß« stellte sich heraus, daß die mit ihm befreundete Frau von Dr. Ing. Karl Faack, Professor an der höheren landwirtschaftlichen Bundeslehranstalt in Schloß Weinzierl bei Wieselburg in Niederösterreich, Grete Faack, eine ungarische »Volljüdin« war. Cehovin sprach noch im Frühjahr 1938 beim damaligen Staatskommissar Ing. Groß vor und bat ihn unter Abnahme des Ehrenwortes, seine schützende Hand über das Ehepaar Faack zu halten. Faack wurde kurz darauf in die Reichsstatthalterei nach Wien versetzt. Er bezog mit seiner Frau eine Wohnung in der Schwarzspanierstraße. Beide erlebten unbehelligt das Ende des Krieges. Cehovin hatte offensichtlich gute Verbindungen, war jedoch minderbelasteter Nationalsozialist, der nach 1945 um seine Wiedereinstellung kämpfen mußte.

Die Antworten auf den Aufruf »Wer hat Juden geholfen?« stammen aus so unterschiedlichen sozialen Milieus und sind auch inhaltlich so verschieden, daß eine logische innere Ordnung kaum herstellbar ist. Dazu kommt noch, daß bis heute, mehr als ein Vierteljahrhundert danach, einzelne Meldungen eintreffen. Ich bitte daher wegen der bunten Reihung um Entschuldigung. So war z. B. Prof. Oskar Matulla schon nach dem Ersten Weltkrieg jahrzehntelang im niederösterreichischen Kulturleben, im besonderen der bildenden Künste, aktiv, wobei er für Ausstellungen und Wettbewerbe zuständig war. Er hat im »Zentralverband der bildenden Künstler Österreichs«, nach dem »Anschluß« »Bund deutscher Maler Österreichs«, jüdischen und »entarteten« Künstlern geholfen. Genauer beschrieben hat er seine Methoden der Hilfe in zwei Fällen: Zunächst für den Maler Edmund Adler (1876–1965) aus Mannersdorf am Leithaberg. Diesen hatte Matulla auf eine Ausstellung »Technik in der Kunst« vom Bund deutscher Techniker in Dresden aufmerksam gemacht. Adler beteiligte sich, erhielt für sein Bild »Alte Dorfschmiede« eine Goldmedaille, und das Bild wurde angekauft. Mittlerweile mußten alle Künstler der »Reichskammer der bildenden Künste« beitreten. Dazu benötigte man künstlerische Arbeiten oder deren Fotos, Studienzeugnisse und den Ariernachweis. 1940 war es soweit, daß man mit der Aufarbeitung der lagernden Arbeiten und Fotos beginnen konnte. In diesem Zusammenhang machte der Geschäftsführer Prof. Matulla darauf aufmerksam, daß der Ariernachweis Adlers nicht stimme. Er habe drei jüdische Großeltern aus Prag und müsse daher ausscheiden. Matulla wies darauf hin, »dass Adler, als das nicht bekannt war, gut genug war, das Land ND auf einer Ausstellung zu vertreten und eine Goldmedaille heimzubringen, was habe sich nun plötzlich an seiner Kunst geändert«. Die Frage zielte schon in die Richtung, daß erst ein abgeschlossener Akt an die Zentralstelle in Berlin weitergeleitet wurde, wo dann über Aufnahme oder Ablehnung der Künstler entschieden wurde. Prof. Igo Pötsch (1884–1943), der für Wien dieselbe Funktion ausübte wie Matulla für »Niederdonau«, hatte diese Möglichkeit dazu benützt, schwierige Fälle durch »Liegenlassen« zu erledigen, nach seinem Prinzip »alles erledigt sich von selbst«. Dieses Prinzip verwendete nun auch Matulla und vermittelte im Herbst 1941 Adler sogar einen Porträtauftrag für die Familie des stellvertretenden Gauleiters Karl Gerland. Gerland war auf Adler anläßlich einer niederösterreichischen Ausstellung aufmerksam geworden, in der Adler mit sechs Bildern vertreten war. Der Geschäftsführer wies Matulla darauf hin, worauf dieser mit Adler sprach. Er machte ihn darauf aufmerksam, daß er damit seine Position festigen könne, aber über seine Abkunft müsse er schweigen, in dieser Frage ginge es um seine und Matullas Existenz. Die Aktion endete mit voller Zufriedenheit aller Beteiligten. Adlers Stellung war auch ohne abgeschlossenen Akt so gefestigt, daß der Hinweis auf den Porträtisten des Gauleiters auch die rassischen Schwierigkeiten bei der Musiklehrprüfung der Tochter Adlers sofort beilegte. 1936 hat Matulla bei einer niederösterreichischen Ausstellung den Maler Carl Hoefner (1886–1954) kennengelernt. Hoefner war damals Mittelschullehrer in Waidhofen an der Thaya. Als Maler war er ein Impressionist, hatte aber wie Adler bei Prof. Griepenkerl (1839 bis 1912) an der Wiener Akademie studiert: Auffallend war dann, daß er bei der Anmeldung für die Reichskammer nicht seine hellfarbigen Landschaftsbilder vorlegte, sondern außerordentlich gute Radierungen von seiner näheren Umgebung an der Thaya. Die Kanzlei teilte Matulla gleichzeitig mit der Vorlage der Bilder mit, daß bei Hoefner der Ariernachweis nicht stimme und er daher bereits aus dem öffentlichen Dienst entlassen sei. Das Ansuchen um die Aufnahme in die Reichskulturkammer habe er erst 1941 eingereicht. Der Kulturreferent des Gaues Niederösterreich war von den Radierungen Hoefners so beeindruckt, daß er erklärte, wäre der Künstler kein Jude, würde er sie alle sofort kaufen. Matulla traf in jenen Jahren Hoefner nicht mehr persönlich, kam aber wieder mit dem Salzburger Maler Karl Reisenbichler zusammen, den er aus der Zeit des alten Zentralverbandes kannte und der in Salzburg eine ähnliche Funktion ausübte wie Matulla in Niederösterreich. Matulla vereinbarte nun mit Reisenbichler, Hoefner solle sich bei der RK. in Salzburg anmelden, und wenn das Schwierigkeiten mache, eben in Kärnten. Als Matulla sein künstlerisches Gutachten nicht mehr verweigern konnte – es war sehr positiv –, war Hoefner schon in Salzburg angemeldet, wo die ganze Prozedur von vorn begann. Da man damals schon 1944 schrieb, dürfte eine neuerliche Anmeldung in Kärnten nicht mehr notwendig gewesen sein.

Ähnliche auf Einfluß beruhende Hilfsmaßnahmen wurden von Dipl.-Ing. Emil Russ (geb. 1888 in Böhmen, gest. 1963 in Wien) ausgeübt. Russ war als Maschinenbaufachmann ausgebildet. Er war sehr erfolgreich, schon 1912–1918 bei den Škodawerken, wo er zuletzt Vorstand eines Konstruktionsbüros für mittelschwere Schiffs- und Küstenlafetten war. Nach dem Krieg wurde er technischer Direktor der Metallfabrik Oed bei Wiener Neustadt. 1921 kam er als Prokurist der schwedischen Firma Gustav Goransson nach Wien. 1924 trat er als Gesellschafter in diese Firma ein, die 1934 in seinen Alleinbesitz überging. Sie führte Rohmaterial für die Stahl- und Eisenindustrie nach Schweden, England, Norwegen, Frankreich und in die Nachfolgestaaten der Habsburgermonarchie aus. Er verfügte daher über ausgezeichnete internationale Beziehungen, die er dann auch entsprechend nützte:»Während der Verfolgung der Juden habe ich nach Möglichkeiten meine ausländischen Verbindungen benützt, um Leuten Einreisebewilligungen zu beschaffen und sie, wo nötig, zu unterstützen

(Dr. Berl, Dr. Redlich, Richard Steinreich, Andreas Somlo, Hugo Soffer etc.).« Zu Beginn des Zweiten Weltkrieges versammelte er eine Sachverständigenrunde, die vertraulich richtige wirtschaftliche Informationen als Korrektiv der NS-Kriegspropaganda an das Ausland weitergab. Nach dem Krieg hat er eine Liste jener 36 österreichischen Männer und einer Frau zusammengestellt, mit denen er damals kooperierte; unter ihnen Dr. Ludwig Kleinwächter, Diplomaten und Industrielle sowie 26 Wirtschafter aus Norwegen, Schweden, Ungarn, Prag und England, mit denen er auch während des Krieges infolge seiner Firmenvertretung Kontakt halten konnte. Auf seiner österreichischen Liste scheint auch ein unauffälliger Polizeibeamter Josef Hanakamp auf.

Über die unglaubliche Rolle dieses Mannes berichtete die jüngere Tochter von Russ, Mag. Erika Russ, im Dezember 1996 der Verfasserin: Ihr Vater habe Hanakamp während des Krieges als Mitglied eines Philatelistenklubs im 3. Wiener Bezirk kennengelernt. Hanakamp war damals Mitglied der Gestapo. 1938 war er österreichischer Kriminalbeamter gewesen und wurde von der Gestapo übernommen. Er war geschieden – »meine Frau ist in die Schweiz gegangen« – und anscheinend ein fröhlicher Junggeselle. Bei der Gestapo war er für die Kontrolle geschäftlicher Korrespondenzen, die in das Ausland mitgenommen werden durften, zuständig. Ing. Russ fuhr während des ganzen Krieges ein-, zweimal im Jahr geschäftlich nach Schweden. Bei der ersten Kontrolle nahm Hanakamp die Papiere, »drehte den Kopf weg und steckte sie ungesehen in das Kouvert, das er dann vorschriftsmäßig versiegelte. So konnte ich mit Hilfe der Gestapo das nächste Mal alle Unterlagen, die mir für das Ausland relevant erschienen, mitnehmen, die dann von meinen schwedischen Freunden nach England weitergeleitet wurden« (Emil Russ im Bericht von Erika Russ). Einladungen für das Wochenende lehnte Hanakamp immer ab. Er habe in Sievering einen Garten mit Rosenzucht, und das sei seine beste Erholung. Kurz vor der Eroberung Wiens durch die Rote Armee trafen Erika Russ und die Mutter Hanakamp auf der Straße. Er sagte, daß er nach Innsbruck reisen werde, weil in Wien ja jeder wüßte, daß er bei der Gestapo gewesen sei. Auf die Frage von Frau Russ nach seiner Wohnung antwortete er, sie möge sich deswegen keine Sorgen machen. Gleich nach der Eroberung Wiens erfuhr die Familie Russ, daß eine Frau in seine Wohnung eingezogen sei: »Das war seine Frau, Jüdin, die er die ganzen Jahre in dem Gartenhaus in Sievering versteckt gehalten hatte: Sie war niemals in der Schweiz gewesen.«

Juden, die als selbst Verfolgte anderen Juden halfen, waren Josef Rubin-Bittmann und seine Frau Sidonie, geb. Lipiner, eine aus Lemberg stammende Verwandte Martin Bubers. Sie hat am 5. September 1944 in einem nassen Kellerraum, in dem sie damals mit ihrem Mann als »U-Boot« lebte, ihren ersten schon genannten Sohn Fritz geboren. Er gilt als Zeichen jüdischen Überlebenswillens, da er das einzige 1944 in Wien geborene jüdische Kind ist. Die Eltern waren von 1939 bis 1945 »U-Boote« und mußten oftmals ihr Versteck wechseln. Dennoch verschafften sie vielen Wiener Juden, die der Deportation entgehen wollten, Quartiere und Lebensmittel. Es gelang ihnen, Hunderte von ungarischen Juden, die in einem Sammellager auf ihren Transport in ein Vernichtungslager warteten, vor dem Verhungern zu retten und ihnen auch Geld zu geben. Gemeinsam mit seiner Frau und christlichen Freunden organisierte Josef Rubin eine Hilfsaktion für ein jüdisches Kinderlager im 2. Bezirk in der Ferdinandstraße, in der er sich zur Zeit der Geburt seines Sohnes selbst versteckt hatte. In das Kinderlager schleuste er Lebensmittel, Süßigkeiten und Medikamente ein. 1945 begann er, ein Nachkomme ostjüdischer Talmudisten, als einer der ersten mit dem Wiederaufbau einer jüdischen Gemeinde in Wien. Auch seine Frau, die übrigens ihrem Mann vor der Hochzeit das

Leben gerettet hatte, war nach 1945 weiterhin unermüdlich für alle Juden, die Hilfe brauchten, tätig. 1968 starb sie nach langem schweren Leiden, tief betrauert nicht nur von ihrer Familie, sondern auch von der ganzen Wiener jüdischen Gemeinde. Kommerzialrat Rubin-Bittmann, zu allem auch noch ein erfolgreicher Geschäftsmann, war ein Vierteljahrhundert im Kultusvorstand und mehr als 20 Jahre Vorstand des Tempels in der Seitenstettengasse. Er starb kurz vor seinem 75. Geburtstag am 25. April 1972 in Wien. In ihrem Nachruf bezeichnete ihn die jüdische »Gemeinde« als einen wahren »Gerechten« im Sinn der Bibel. Er sei ein Mensch gewesen, der sich in seinem Leben stets durch Hilfe an seinem Nächsten bewährt habe. Umso schmerzlicher ist es für Christen, daß dieser Mann seinen Söhnen nur von einer einzigen Christin, der »Gerechten« Anna Maria Haas aus dem 9. Bezirk, berichten konnte, daß sie ihm und seiner Familie in der schwersten Zeit unentgeltlich geholfen, sie unter schwierigen und gefährlichen Umständen mit Lebensmitteln, ab September 1944 auch mit Milch für das Neugeborene, versorgt hat. Mitgeholfen hat dabei auch ihre Mutter Maria Frankel.

Dennoch gab es doch auch noch andere Helfer und Retter: Die Wiener Widerstandskämpferin Stefanie Bonomi verköstigte von 1940 bis 1945 in einem Kohlenkeller versteckte Juden und verhalf zwei ungarischen Juden zur Flucht vor der Deportierung. Rosa Kristof aus der Hinterbrühl beschäftigte von 1941 bis 1945 eine Jüdin als Hausgehilfin. Die Wienerin Mathilde Reitmayer verbarg bis zum Kriegsende eine jüdische Freundin, die noch heute bei ihr lebt, als »U-Boot«.

Es ist jedoch unbezweifelbar, daß auch weit weniger gefährliche, »kleinere« Hilfeleistungen, wie der Besuch im jüdischen Spital oder die regelmäßige Absendung von Paketen nach Theresienstadt, ja selbst das Ausharren einer »Arierin« bei ihrem jüdischen Ehepartner, damals ein nicht alltägliches Maß von Hilfsbereitschaft und

Charakterstärke voraussetzten. Es wurde naturgemäß bei jenen leichter aktiviert, die ihren Schützlingen auch menschlich verbunden waren:

Ich nenne die Wienerin Maria Peleschka. Sie unterstützte die Familie ihres jüdischen Bräutigams bis zu deren Deportation 1942 nach Theresienstadt mit Lebensmitteln und bezahlte die Spesen für die Einstellung der Möbel bei einem Spediteur. Nach der Deportation erhielt sie noch kurze Kartennachrichten, »doch nach einem halben Jahr war es aus. Ich vermutete, sie kamen nach Auschwitz. Ich hörte nie mehr was. Doch ich konnte es nicht glauben. Ich zahlte weiter den Zins beim Spediteur. Es waren bestimmt einige Jahre, bis ich endlich zur Überzeugung kam, es ist alles umsonst.« Der Wienerin Maria Hauneder gelang es, ihren Chef, der gleich nach dem »Anschluß« verhaftet worden war, freizubekommen und ihm bei der Emigration in die Schweiz zu helfen. Hans Karnalik und seine Frau aus Mauerbach versorgten seinen jüdischen Arbeitgeber aus Laa a. d. Thaya nach der Abschiebung nach Wien mit Lebensmitteln und beschafften drei Tage vor Kriegsausbruch das Reisegeld nach Australien.

Daß auch der Dienst in der Wehrmacht Möglichkeiten zur Hilfe bot, zeigen folgende Beispiele: Der Wiener Dr. Karl Kudielka ließ als Gerichtsoffizier im Fliegerhorst Semlin 1943 eine Gruppe alter Banater Juden, die ihm »zum Arbeitsdienst« übergeben worden war, mit Hilfe eines Dolmetschers und serbischer Bauern in das 20 Kilometer entfernte Partisanengebiet und damit in die Freiheit schleusen. Ein Steirer hat sich als Feldwebel mit einer Halbjüdin formal verlobt, um sie vor der Deportierung zu retten, was ihm auch gelang. Der Wiener Bruno Sokoll verbarg zur Zeit der »Reichskristallnacht« jüdische Freunde mehrere Tage in seiner Wohnung. Später hat er sie als Soldat in Uniform im Sammellager besucht und ihnen schließlich durch Überredung der Lagerwache zur Flucht auf ein Donauschiff verhelfen können.

Der Steirer Josef Wesely wurde 1943 als Offizier der Deutschen Wehrmacht in Riga wegen Lebensmittelsammlungen für Juden beim Kriegsgericht angezeigt, vor dem er erklärte: »Ich habe noch nie einen Menschen gefragt, der hungert, ob er Jude oder Christ ist.« Da der Vorsitzende, ein württembergischer General, glücklicherweise der gleichen Meinung war, wurde Wesely freigesprochen.

Auch der Kremser Ing. Karl Gauby hat sich als Offizier der Wehrmacht in ähnlicher Weise menschlich zu Juden verhalten, was ihm den Dank der Juden und Differenzen mit seinen Vorgesetzten eintrug: »Im Frühjahr 1944 war ich als Hauptmann Kraftstoff-Nachschuboffizier beim stellvertretenden Generalkommando XVII A. K. in Wien. Anläßlich einer Dienstfahrt fuhr mich mein Kraftfahrer in das Öl-Tank-Lager in die Lobau. Gerade als wir auf dem schotterigen Weg ins Lager einfuhren, überquerte eine Gruppe essentragender Juden, die dort arbeiteten, den Fahrweg. Der letzte der Gruppe, ein alter gebrechlicher Mann, bedacht, seine Suppe unverschüttet über den Weg zu bringen, erschrak vor dem anbrausenden Auto und fiel, die Eßschale verlierend, knapp vor dem abgebremsten 220 Steyr hin. Ich springe sofort aus dem Wagen und überzeuge mich, daß dem Mann außer dem Verlust der Suppe nichts geschehen ist. Veranlasse sofort, daß der vor Schreck noch Zitternde eine Suppe nachbekommt, und erledige meine Dienstobliegenheit im Tanklager. Am nächsten Morgen mußte ich von meinem Vorgesetzten im Generalkommando einen strengen Verweis einstecken. Der zivile Lagerleiter hatte mich angezeigt, ich hätte mich, eines deutschen Offiziers unwürdig, zu sehr um den Juden bemüht!«

Um einige seiner jüdischen Bekannten bemüht hat sich auch der Wiener Fabrikant Litschauer: Seinem langjährigen Vertreter Neuron und dessen Familie ermöglichte er die Emigration in die Schweiz, seinem Zahnarzt verschaffte er ein Visum nach England. Das beträchtliche Vermögen zweier jüdischer Freunde hat er über den Krieg hinweg gerettet, wofür er auch auf Dankschreiben der Israelitischen Kultusgemeinde hinweisen kann. Der Wiener Gemeindebeamte Emanuel Vodrazka benützte seine Tätigkeit bei der Judenauswanderungsstelle der Fachrechnungsabteilung IIb dazu, Juden durch seine Steuerratschläge bei der Beschleunigung ihrer Emigration zu helfen. Die Wiener Lehrerin Maria Holubowsky wurde noch im Herbst 1944 wegen ihrer Hilfsaktionen für Juden und ihrer Widerstandstätigkeit verhaftet.

Der mit ihrer Hilfe verbundenen Gefahr waren sich alle Helfer mehr oder minder deutlich bewußt: Die Burgenländerin Veronika Böck brachte einer jüdischen Bekannten bis zu deren Deportierung aus Wien regelmäßig Lebensmittel in die Wohnung »mit bisserl Angst jedesmal«. Auch die Wienerin Maria Zenaty, deren eigener Mann im KZ war und die dennoch Juden half, schreibt: »Heute erzählt man leicht; habe immer Angst gehabt wegen meinem Mann und mir.« Eine Wienerin, die ebenfalls mehreren Juden mit Lebensmitteln, Brennmaterial und Bekleidung half, schloß sogar noch 1969 ihren Bericht mit den Worten: »Hoffe, ich habe keinerlei Unannehmlichkeiten.«

Eine eigene bemerkenswerte Gruppe der eingelangten Briefe bilden jene, deren Absender nicht über eigene Hilfeleistungen, sondern über die von Verwandten oder Bekannten berichten. Von ihnen seien folgende angeführt: Die Grazerin Johanna Scherling versteckte im Frühjahr 1945 fünf junge Juden, die während eines Luftangriffes von einem Transport nach Oberösterreich entkommen waren. Der in Stuttgart geborene Schriftsteller Karl Gössele hat 1941 als Feldwebel illegale Lebensmitteltransporte von Praschnitz nach Warschau durchgeführt, die für im Warschauer Ghetto eingeschlossene Juden bestimmt waren. Sie wurden sogar seinem Bataillonskommandeur gemeldet, der die Meldung jedoch nicht weitergab und den Tatbestand verschleierte. Von der Rettung Mathilde Strnads durch Hertha Larisch war schon die Rede. Der Wiener Fischhändler Wazel hat in seinem Landhaus ein galizisches Mädchen als Hausangestellte verborgen und einem anderen Juden ein halbes Jahr Unterstand gewährt. Die bereits verstorbene Hermine Steinfelder versteckte 1944 tageweise ihre jüdischen Nachbarn und versorgte sie mit Lebensmitteln, ehe auch sie nach dem Osten deportiert wurden. Der ebenfalls schon tote Sudetendeutsche Josef Grader, seit 1918 österreichischer Staatsbürger, wurde wegen der Gewährung eines Nachtquartiers für eine jüdische Flüchtlingsfamilie zu mehreren Jahren Gefängnis verurteilt, aus dem er erst 1945 entlassen wurde. Der verstorbene Direktor der Firma Hornyphon, Kolischer, soll seine Rettung einem Wiener Fleischhauer verdanken, der ihn als »U-Boot« zu verbergen wagte.

Der Wiener Anton Tschauder aus Meidling versteckte den Juden Hugo Bock und verköstigte ihn bis zu dessen Auswanderung. Schwester Manfreda von den Kreuzschwestern, die während des Krieges im Salzburger Benediktinerkolleg Kranke pflegte, hat ebenfalls längere Zeit einen Juden verborgen und verköstigt. Ein Pater des Klosters Liefering in Salzburg hat als Kooperator im Zillertal eine Zeitlang einen jungen Juden sogar in einem Kasten versteckt. Der Vorarlberger Pfarrer Josef Welte half zwei Juden über die Grenze in die Schweiz. Ein Verwandter von ihm brachte über 50 Juden bei Nacht und Nebel über den Rhein.

Von unermüdlicher Hilfsbereitschaft war das verstorbene Ehepaar Thurn, das in einem Haus der Kultusgemeinde den Hausbesorgerposten innehatte. Es versteckte bei Razzien Hausbewohner, versorgte sie mit Lebensmitteln und barg ihr Eigentum. Die 1964 verstorbene Prof. Hildegarde Kubart-Selka ließ ebenfalls jüdische Bekannte in ihrer Wohnung unangemeldet schlafen und gab einer befreundeten jüdischen Familie ihren gesamten wertvollen Schmuck mit, um ihr »das Exil zu erleichtern«. In dem Vorarlberger Ort Hohenems schleusten nach dem »Anschluß« eine Woche lang Einheimische, unter denen sich auch SS-Männer befunden haben sollen, nachts größere Gruppen von Wiener Juden über die Schweizer Grenze.

Der Stationsvorstand von Bad Schallerbach, Gottfried Weinberger, verhinderte als Soldat in Rußland die Meldung, daß der Kompaniedolmetsch ein Jude war, und schützte ihn. Die verstorbene Frau Apath, eine Klagenfurterin, versteckte im November 1938, als Klagenfurt offiziell schon »judenrein« war, ein jüdisches Ehepaar, dem dann noch die Emigration gelang. Der 1952 verstorbene Wiener Musikprofessor Anton Spiller verhalf mehreren seiner jüdischen Freimaurerbrüder zur Flucht nach Amerika. Auch der Musikprofessor Josef Martin hat zwei seiner jüdischen Musikerkollegen längere Zeit bei sich verborgen. Einen Pianisten holte Martin in sein Haus, nachdem ihn Unbekannte auf der Straße zusammengeschlagen hatten.

Die vor einigen Jahren unter tragischen Umständen verstorbene Wienerin Maria Kramer versteckte in ihrer winzigen Wohnung drei Juden. Sie wurde schließlich gemeinsam mit ihnen verhaftet und kam in das KZ Ravensbrück, aus dem sie schwer krank zurückkehrte. Auch die Wienerin Christl Markovits-Kmunke kam wegen ihrer Hilfe für Juden nach Ravensbrück. Der Wiener Arzt Dr. Viktor Rauch rettete als Arzt der Deutschen Wehrmacht mehrere Juden vor der Vernichtung. Der damalige Polizei-Sanitätsgehilfe Johann Hartl erreichte im Polizeigefangenenhaus Rossauerlände durch fingierte Krankmeldungen die Zurückstellung von Juden von den Vernichtungstransporten. Und der Wiener Hofrat Dr. Ferdinand Rösch verbarg ein jüdisches Ehepaar mehrere Tage in seinem von der Gestapo durchsuchten Haus.

Daß sogar im KZ Juden von Mithäftlingen geholfen wurde, ist bereits im Kapitel »Gerechte« berichtet worden. Dennoch sollen hier noch zwei besonders eindrucksvolle Beispiele von Männern angeführt werden, die – wie zweifellos viele andere auch – aus schon genannten Gründen nie als »Gerechte« ausgezeichnet wurden bzw. werden konnten: Der Wiener Sozialdemokrat Ernst Burger, als politischer Häftling Blockschreiber in Auschwitz, hat in dieser Position einigen Juden das Leben gerettet. Er selbst unternahm im Oktober 1944 einen Fluchtversuch, wurde jedoch wieder gefangengenommen und am 30. Dezember 1944 gehenkt. Der vormalige junge Kärntner christlichsoziale Politiker Dr. Felix Hurdes, seit 24. Mai 1938 als »Schutzhäftling« im KZ Dachau, mußte 1938/39 neun Monate im berüchtigten Isolierblock von Dachau verbringen, weil er jüdischen Mitgefangenen, die dort besonders grausam behandelt wurden, die Schubkarren nicht »ausreichend« angefüllt hatte, um ihnen die Arbeit etwas zu erleichtern.

Zuletzt seien noch jene Informationen angeführt, die von Menschen stammen, denen selbst geholfen wurde. Sie bezeugen Hilfeleistungen folgender Art: Nennung von Bürgen für die Einreise, Vermittlung von Aufnahmeplätzen in England (Maria Kosteletzky) und Gewährung illegaler Unterkunft (Schwestern Lydia und Olga Kopal, Antonia Plätzer, Marianne Juhasik – allerdings gegen Bezahlung in sieben verschiedenen Wohnungen ihr völlig Fremder), für »U-Boote« bis zu einer Dauer von acht Monaten (Steffi Spitz-Weinzinger). Das Wiener Ehepaar Hofrat Zohar gewährte sogar ihm »gänzlich unbekannten jüdischen Studenten aus dem Osten, von einer Widerstandsbewegung geschickt, Obdach« und beherbergte sie, solange es nur ging.

In einem Brief wird eine ganze Reihe von Helfern angeführt, deren Namen der Absenderin selbst oder aus den Erzählungen ihrer jahrelang als »U-Boot« lebenden Schwester in Erinnerung geblieben sind: »Alle diese Menschen gaben ihre Hilfe aus reiner Liebe, keiner von diesen dachte an eine etwaige Rückversicherung.«

Wesentlich kritischer ist das Urteil eines Linzer Juden, dem kein Fall »von unmittelbarer Hilfe an Juden« bekannt ist. Auch er kommt jedoch zu einem differenzierenden Urteil. Es dürfte im Positiven und Negativen zutreffen. Vor allem aber berührt es auch ein nicht nur österreichisches Kernproblem, den Mangel an Zivilcourage, der die Juden infolge der langen antisemitischen Tradition schließlich sogar ihren Mördern überließ: »Es hat sehr brave Linzer und unglaublich naive gegeben damals, aber auch andere. Das Widerlichste – allgemein gesehen – war die grassierende Feigheit, aber auch davon gab's Ausnahmen, selbst bei (naiven) Nazis, damals ›P. Gs.‹.« Diese Feigheit, der Mangel an Solidaritätsgefühl gegenüber den jüdischen Mitbürgern und die fehlende Vorstellungskraft für die Leiden anderer sind die Hauptgründe dafür, daß es in Österreich zu einer Zeit, da man sie zur Wahrung der Menschenrechte bitter notwendig gehabt hätte, zu wenig »Gerechte« gab.

Schlußbetrachtung

Am Anfang dieses Buches wurde gesagt, daß seine Geschichte weit zurückreicht. Sie begann 1938, als bereits kurz nach dem »Anschluß« die 13 jüdischen Schülerinnen der dritten Klasse eines Gymnasiums für Mädchen in Wien gleichsam über Nacht die Schule verlassen mußten, die wenigen noch verbliebenen »Mischlinge« von der neuen Direktorin, einer fanatischen Nationalsozialistin, diffamiert und isoliert wurden. Einen Sitzstreik dagegen, wie in der Schule der mit mir gleichaltrigen Wienerin Elisabeth Friedl, gab es bei uns nicht. Ich habe wohl die krasse Ungerechtigkeit empfunden; viele Gedanken habe ich mir über sie allerdings auch nicht gemacht. Nicht gilt das jedoch für jenen nebligen Herbsttag mitten im Krieg, an dem ich in Wien an einer Straßenecke stand, Lastwagen vorbeifahren sah, mit denen man sonst das Vieh transportierte, und Erwachsene mit geduckten Köpfen halblaut und bedrückt sagten: »Da deportiern s' wieder Juden nach Polen!«

Damals wußte ich bereits von Freundinnen, daß deren nach dem Osten deportierten Verwandten dort in unsagbarer Not leben mußten, daß anfangs noch einige Kartengrüße von ihnen einlangten und dann jede Spur von ihnen erlosch. Im Winter 1944/45 begegnete ich als kriegsdienstverpflichtete Studentin im Wiener Arsenal dem Elend aus Ungarn deportierter Zwangsarbeiter. Alte, schwerkranke, hungernde Frauen lösten uns mit der Nachtschicht ab, von der die jungen »Arierinnen« befreit waren. Obwohl ich also wahrlich nicht sagen kann, ich hätte von der nationalsozialistischen Judenverfolgung nichts gewußt – was übrigens meiner Meinung nach mit gutem Gewissen nur wenigen Österreichern möglich sein dürfte –, so schien doch auch mir ihr 1945 im vollen Umfang bekannt gewordenes Ausmaß zunächst kaum glaublich. Der bürokratisch organisierte Massenmord von Millionen Menschen überstieg eben mein Vorstellungsvermögen. Es reicht noch immer nicht zur völligen Erfassung der Bedeutung dieses Einbruches der Unmenschlichkeit in die zivilisierte Welt. Noch immer weiß ich keine alle Dimensionen auslotende Antwort auf die mich seit Jahren beschäftigenden Fragen: Wie kam es dazu? Wieso war es möglich? Und warum haben sich die Österreicher nicht zu Aktionen kollektiver Solidarität für die Juden zusammengefunden wie die Holländer, deren Arbeiter streikten, deren Bischöfe einen Protesthirtenbrief von den Kanzeln verlesen ließen, oder wenigstens wie jene Berliner Arbeiterfrauen, die sich – zwar vergeblich, aber dennoch – zusammenrotteten, um den Abtransport ihrer jüdischen Männer zu verhindern?

Einige Motivationen allgemeiner Natur und spezifisch österreichischer Provenienz wurden im Laufe der Darstellung erwähnt. Sie seien hier nochmals zusammengefaßt: Am Beginn des Antijudaismus steht die Xenophobie, der Fremdenhaß. Schon in der heidnischen Antike ist er jedoch gepaart mit der Abneigung und Furcht vor einem Volk, das mit beharrlicher Konsequenz am Glauben an einen einzigen, seinen Gott festhält. Der religiöse Antijudaismus im eigentlichen Sinn beginnt jedoch erst mit der Geschichte des Christentums. »Die unentbehrliche und dennoch hassenswerte Rolle« (Loewenstein), die in ihr die Juden nach der Überzeugung der Christen gespielt haben, ist daran schuld, daß sie wegen des Todes Jesu verdammt, in die Rolle des Sündenbockes gedrängt wurden. Schon bei den Kirchenvätern ist jene eigenartige Form widersprüchlicher Reaktionen gegenüber den Juden zu finden, die psychologisch auf Gefühlen basiert, »die jeder Sohn seinem Vater gegenüber empfindet, dem er zwar sein Dasein verdankt, dessen Rivale er aber unbewußt auch ist, und von dem er sich mit dem Alter emanzipieren muß« (Loewenstein). Damit ist das jüdische Volk auf das anomale und tragische Leben eines zugleich verehrten und verachteten, verfolgten und gefürchteten »Tabu-Volkes« festgelegt.

Nach dem Untergang des römischen Imperiums, dessen Bürger sie waren, verloren die Juden stufenweise diese Position. Als die katholische Kirche im Hochmittelalter den Höhepunkt ihrer Machtentfaltung im Abendland erreichte, war die gesetzliche und ökonomische Situation der aus der geschlossenen christlichen Gesellschaft verbannten, durch Zwang auf das Geschäft mit dem Geld verwiesenen Juden bereits so verändert, daß sie als minderwertige Wesen, ja fast als Tiere galten, auch wenn sich einzelne Päpste immer wieder für ihren Schutz verwendet haben. Nach dem Fluch des Blutes Christi lastete nun auch der Fluch des »Goldes« auf den Juden (Marie Bonaparte). Unter seinem Druck haben Juden jene Fähigkeiten entwickelt, die ihnen ihre Feinde bis zum heutigen Tag zum Vorwurf machen.

Die wirtschaftliche Not und die Existenzangst des der modernen Industrialisierung nicht gewachsenen Kleinbürgertums haben der Neigung, das eigene Unglück einem »Sündenbock« anzulasten, eine weitere Dimension hinzugefügt. Das gleiche bewirkte der Nationalismus des 19. Jahrhunderts. Das soziale und das nationale Ressentiment gegen die Juden wurde in Österreich von den Christlichsozialen und den Deutschnationalen bewußt für ihre politischen Zwecke eingesetzt, wobei die Zweitgenannten durch ihre biologistische Rassendoktrin bereits die Weichen für die Unterdrückung und schließliche Ausschaltung der »minderwertigen« Rassen stellten. Aber auch bei den Christlichsozialen grassierte zeitweilig ein zumindest verbal fanatischer und barbarischer Antisemitismus, der von rassistischen Vorurteilen durchaus nicht frei war.

Die wirtschaftliche, soziale und politische Krisensituation der Zeit nach 1918 war dann der Nährboden für eine erhöhte Anfälligkeit für den kollektiven Antisemitismus der Nationalsozialisten, die am Ende den Juden zum Sündenbock der ganzen Welt und für alle ihre Übel verantwortlich machten. Sie haben auch in einem bis dahin in Europa nicht erreichten Ausmaß »organisierte Massen« geschaffen. Die Zugehörigkeit zu ihnen hat die Speicherung gewalttätiger Aggressionen auch bei jenen gefördert, die als einzelne dazu niemals imstande gewesen wären. Dann kam der Krieg. Schon vor seinem Ausbruch hatte Hitler als eine seiner absolut sicheren Folgen die Vernichtung des Judentums prophezeit. Was an ihm lag, sie zu verwirklichen, hat er getan. Im Machtbereich des totalen Staates des Nationalsozialismus erreichte die »soziale Krankheit« Antisemitismus ihre Extremform: den Massenmord. Ihm sind auch 65.459 österreichische Juden zum Opfer gefallen.

Damit stehen wir vor der schon angeschnittenen Frage, warum viele Österreicher trotz aller gerade auch in diesem Buch gewürdigten Hilfeleistungen einzelner für den Antisemitismus besonders anfällig waren. Beim Versuch einer Antwort wird man sich nicht mit dem Hinweis auf Schönerer, Lueger und deren Vorläufer oder die Wirtschaftsnot der Nachkriegszeit begnügen können. Man muß auch in Betracht ziehen, daß Österreich seit der Gegenreformation ein offiziell katholischer, bis 1859 absolutistisch regierter Staat war, in dem der Untertan und später der Bürger nur der »Staatsreligion« angehören durfte. Noch im 19. Jahrhundert nahmen die »Akatholiken«, wie die amtliche Bezeichnung für alle Andersgläubigen lautete, in Theorie und Praxis des öffentlichen Lebens die Stellung von Außenseitern mit eingeschränkten Rechten ein. Die Gleichberechtigung der Konfessionen wurde erst mit dem Staatsgrundgesetz vom Dezember 1867 gewährt. Für ihre feste Verankerung im Bewußtsein aller Österreicher waren die rund 70 Jahre bis zum Einmarsch Hitlers offensichtlich zu kurz.

Die auch heute noch jedenfalls nominell vorhandene Dominanz des Katholizismus, zu dem sich 75 Prozent aller Österreicher bekennen, sollte aber wenigstens in der Rückbesinnung das Verständnis für den engen Zusammenhang zwischen dem Antisemitismus und der Kirchenfeindlichkeit des zutiefst antichristlichen Nationalsozialismus ermöglichen. Für ihn war der leidende, sich für das Heil der Menschheit opfernde Christus mit seinen Geboten der Gottes- und Nächstenliebe nur eine lästige Behinderung der Erziehung der Deutschen im nationalsozialistischen Sinn. Daher identifizierte er Christus mit dem Judentum als dem Ursprung der christlichen Ethik. Schon in Rosenbergs »Mythus des 20. Jahrhunderts« heißt es deshalb, daß »das kirchlich-christliche Mitleid, das auch in der freimaurerischen ›Humanität‹ in neuer Form aufgetaucht ist«, »zu der größten Verheerung unseres gesamten Lebens geführt hat. Aus dem Zwangsglaubenssatz der schrankenlosen Liebe und der Gleichheit alles Menschlichen vor Gott einerseits, der Lehre vom demokratischen, rasselosen und von keinem nationalverwurzelten Ehrgefühl getragenen ›Menschenrecht‹ anderseits hat sich die europäische Gesellschaft geradezu als Hüterin des Minderwertigen, Kranken, Verkrüppelten, Verbrecherischen und Verfaulten ›entwickelt‹.«

Diese drei Jahre vor Hitlers Machtergreifung erstmals publizierten Aussagen eines Buches, das 1942 bereits in einer Million Exemplaren verbreitet war, enthalten das eigentliche Motiv der nationalsozialistischen Judenverfolgung. Das Gewissen, »diese jüdische Erfindung«, war die einzige Macht, die verhindern konnte, daß die Deutschen zu blinden, unmenschlichen Werkzeugen des Nationalsozialismus wurden – daher mußten seine Urheber beseitigt werden. Die völlige Ausrottung der Juden und der Menschlichkeit hat der Nationalsozialismus nicht erreicht, doch ist er weit damit gekommen ...

Die These von Daniel H. Goldhagen, daß der »eliminatorische Antisemitismus« der Deutschen (und Österreicher) so lange und so tief verwurzelt war (ist?), daß sie nicht zur »Shoa« gezwungen werden mußten, sondern Hitlers »willige Vollstrecker« waren, ist für mich auch wegen Goldhagens verengender Methodik nicht überzeugend.

Motive, die dennoch – wenn auch viel zuwenige – Menschen bewogen, Juden in der Zeit ihrer größten Verfolgung auch unter gefährlichen Umständen zu helfen, wurden hier bereits mehrmals angeführt. Systematisch erforscht wurden sie bisher noch nicht, doch hat es der amerikanische Sozialwissenschaftler Samuel Oliner von der nordkalifornischen Humboldt State University mit einem internationalen Wissenschaftlerteam vor wenigen Jahren versucht. Der Plan ging auf eine Initiative von Rabbi Harold Schulweis und des Judah Magnes Memorial Museums in Berkeley zurück. Schon vor 30 Jahren ließ Rabbi Schulweis Tonbandinterviews mit 27 Judenrettern und 42 Geretteten aufnehmen. Für die Weiterführung fehlte aber das Geld, bis sich Prof. Oliner im Herbst 1983 des Projektes annahm. Er richtete Schreiben an 5500 Synagogengemeinden in den USA und in Kanada mit der Bitte, ihm Namen und Adressen von Holocaust-Überlebenden und Rettern mitzuteilen. Hunderte Antworten mit Adressen kamen zurück. Oliner war dann monatelang mit der Ausarbeitung eines Fragebogens mit 200 Fragen beschäftigt, deren Beantwortung durch die Retter Auskunft darüber geben sollte, weshalb sie ihr Leben einsetzten, während andere »Holocaust-Zeitgenossen« Auskunft darüber erteilen sollten, warum sie sich nicht exponierten. »Holocaust-Überlebende« sollten schließlich über ihre Retter berichten und ihre Meinung über deren wahrscheinlichen Motive. Oliners »Altruistic Personality Project« erstreckte sich auf Polen, Frankreich, die BRD, Kanada und die USA. Es bezog insgesamt 1500 Personen ein: 500 nichtjüdische Judenretter, 500 nichtjüdische Zeitgenossen, die nichts zur Rettung der Opfer unternahmen, und schließlich 500 jüdische Überlebende, die ihr Leben nichtjüdischen Rettern verdanken. Oliner selbst ist der einzige Überlebende seiner Familie und seiner 60köpfigen Verwandtschaft, die im August 1942 im Garbotz-Wald in Polen bei einem NS-Massaker niedergemetzelt wurden. Oliner überlebte, weil ihn seine Mutter wegstieß und so seine Flucht ermöglichte: »Ich war ein zwölfjähriger Junge. Ich lief ins nächstgelegene Dorf zu einer befreundeten polnischen Familie, die mich aufnahm, meinen Namen in Josef Polewski änderte und bei der ich bis zum Kriegsende lebte. Außer meinen Rettern wußte keiner, daß ich Jude war.« Nach dem Ende des Krieges kam er über ein englisches Flüchtlingslager als 21jähriger in die USA. Dort wurde er amerikanischer Bürger, Soldat und schließlich auch Doktor der Philosophie an der Universität Berkeley.

Oliner verband mit dem Projekt klare Zielsetzungen: »Wir müssen verstehen lernen, weshalb diese Nichtjuden ihren Kopf und Kragen riskierten, um etwas zu tun, wofür sie keine Gegenleistungen erwarteten, obwohl es für sie einfacher gewesen wäre, sich in keiner Weise zu engagieren und beiseite zu schauen. Das Ziel der Forschungsarbeit ist es schließlich, einen gemeinsamen Nenner für die Handlungen Tausender unterschiedlicher Menschen in diversen Ländern ausfindig zu machen.« Die Retter könnten moralische Vorbilder sein, die man nachahmenswürdig findet und von denen man in den Schulen spricht: »Es besteht ein echtes und dringendes Bedürfnis der Bestandsaufnahme dieser Helden der Liebe und Gerechtigkeit, der Menschen, die wirklich betroffen waren.«

Nach den Ergebnissen der vorliegenden kleinen österreichischen Studie wage ich zu vermuten, daß der von Prof. Oliner gesuchte gemeinsame Nenner das Gewissen ist, »jene jüdische Erfindung«, das einzuschläfern oder zu zerstören den Nationalsozialisten – selbstverständlich auch aufgrund alter antijüdischer Vorurteile – so »gut« gelungen ist. Daher ist die Frage, wie man für die Zukunft solchen Fehlentwicklungen und Katastrophen rechtzeitig vorbeugen kann, so schwer zu beantworten. Denn trotz der Erschütterung, die die Vernichtung von 6 Millionen Juden bei allen zivilisierten Völkern, auch und gerade beim deutschen, bewirkt hat, gibt es mittlerweile nicht nur in Österreich bereits wieder das Phänomen des »Antisemitismus ohne Juden«.

Daher neige ich dazu, Rudolph M. Loewenstein zuzustimmen, der in seiner aufschlußreichen »Psychoanalyse des Antisemitismus« zu folgender Konklusion gekommen ist:

»Das gesetzliche Verbot des Antisemitismus könnte nur in einem Gesellschaftssystem wirksam sein, das sich auf die Reglementierung des Denkens gründet. In einem solchen Fall liefe das Heilmittel Gefahr, für die Zivilisation ebenso schädlich zu sein wie die Krankheit, die es zu heilen versuchte. Niemand wird aus unserer Untersuchung den Schluß ziehen, daß der Antisemitismus verhindert werden könnte, wenn die Übermittlung seiner kulturellen Grundlagen durch die religiöse Erziehung unterbrochen würde. Überflüssig zu sagen, daß die direkte antisemitische Tradition selbst in diesem Fall bestehen bliebe. Wie auch immer, es ist genauso vergeblich, auf eine ähnliche Unterbrechung zu spekulieren, wie an ein Verschwinden des Antisemitismus durch eine baldige Konversion aller Juden zum Christentum zu glauben. Dagegen ist die Hoffnung vielleicht weniger abwegig, daß die Lehre von der Biblischen Geschichte in einem weniger ausgesprochenen antijüdischen Sinn verbreitet werden könnte. Der Effekt einer solchen Änderung könnte auf die Dauer vielleicht beachtliche Resultate haben.«

Darüber hinaus sollte das oberste Ziel jedweder Erziehungsbemühung von Gesellschaft, Kirchen und Staat sein: die Weckung und Festigung der Überzeugung, daß die Menschenrechte nie und nirgends verletzt werden dürfen; daß sie von allen für alle verteidigt werden müssen und daß diese Verteidigung mit der Sprache beginnt. Steht doch schon in den Sprüchen Salomos: »Tod und Leben sind in der Macht der Zunge.« Nur eine konsequente und unermüdliche Erziehung in dieser Richtung erlaubt die Hoffnung, daß in kommenden Generationen nicht wieder nur einzelne »Gerechte« »das Bildnis des Menschen wahren« werden.

Anhang
Dokumentation

I. GESETZ ZUM ANDENKEN AN DIE MÄRTYRER UND HELDEN – YAD VASHEM

5713–1953 (August 19)

1. Hiermit wird in Jerusalem ein staatliches Institut – genannt Yad Vashem – errichtet zum Gedächtnis

   (1) an die sechs Millionen Juden, die den Märtyrertod durch die Nazis und ihre Helfer erlitten;
   (2) an die jüdischen Familien, die durch die Unterdrücker ausgerottet wurden;
   (3) an die Gemeinden, Synagogen, Bewegungen und Organisationen und die kulturellen, erzieherischen, religiösen und wohltätigen Institutionen, die in der Absicht vernichtet wurden, den Namen und die Kultur Israels auszulöschen;
   (4) an den Heldenmut der Juden, die ihr Leben für ihr Volk hingaben;
   (5) an das Heldentum jüdischer Soldaten und Untergrundkämpfer in Städten, Dörfern und Wäldern, die ihr Leben im Kampfe gegen die Naziverbrecher, ihre Helfer und Helfershelfer einsetzten;
   (6) an den heroischen Widerstand der Gefangenen und Kämpfer der Ghettos, die sich erhoben und die Flamme des Aufstandes entfachten, um die Ehre ihres Volkes zu retten;
   (7) an das mutige und hartnäckige Ringen der Massen des jüdischen Volkes, die – die Vernichtung vor Augen – um menschliche Würde und jüdische Kultur kämpften;
   (8) an die verzweifelten Bemühungen der Bedrohten, das Land Israel trotz aller Hindernisse zu erreichen, und an den Einsatz und das Heldentum ihrer Brüder, die auszogen, die Überlebenden zu retten und zu befreien;
   (9) an die Edlen aller Völker, die ihr eigenes Leben aufs Spiel setzten, um Juden zu retten.

2. Es ist die Aufgabe von Yad Vashem, dokumentarisches Material in Israel über jene Juden zu sammeln, die ihr Leben im Kampf und im Aufstand gegen die Nazis und deren Helfer hingaben, und das Andenken der Opfer zu erhalten, wie auch das der Gemeinden, Organisationen und Insti-

tutionen, die zerstört wurden, weil sie jüdisch waren. Für diesen Zweck soll Yad Vashem zuständig sein:
(1) aus eigener Initiative und in eigener Verwaltung Institutionen zum Zwecke der Erinnerung zu errichten;
(2) Material über die Vernichtung und das Heldentum der Juden zu sammeln, zu prüfen und zu veröffentlichen, und es damit dem Volke zu eigen zu machen;
(3) den Tag, der durch die Knesset als Gedenktag für den Kampf und die Vernichtung des europäischen Judentums festgesetzt wurde, in Israel und im Bewußtsein des ganzen jüdischen Volkes als nationalen Trauertag zu verwurzeln, und der Opfer und Helden gemeinsam zu gedenken;
(4) denjenigen Angehörigen des jüdischen Volkes, die in den Tagen der Katastrophe und des Widerstandes umkamen, die symbolische Staatsbürgerschaft Israels zu verleihen;
(5) die Einrichtungen, die zum Gedächtnis an die Opfer und Helden der Katastrophe geschaffen wurden, offiziell anzuerkennen, und sie mit Rat und Tat zu unterstützen;
(6) bei internationalen Unternehmungen zum Gedächtnis der Naziopfer und der im Kriege Gefallenen Israel zu vertreten;
(7) jede andere Tätigkeit zu entfalten, die zur Erfüllung seiner Aufgaben notwendig ist.

3. Yad Vashem ist eine Körperschaft des öffentlichen Rechtes, berechtigt, Verträge zu schließen, Eigentum zu erwerben, zu besitzen und abzutreten, und als Partei in allen rechtlichen oder anderen Verhandlungen aufzutreten.

4. Die geschäftsführenden Organe von Yad Vashem sollen aus einem Beirat und einer Exekutive bestehen.

5. Die Beteiligung des Finanzministeriums an der Gründung und Erhaltung von Yad Vashem soll einen Teil des Staatshaushaltes bilden. Yad Vashem soll mit einem eigenen Etat ausgestattet werden, dessen Gelder aus der genannten Beteiligung und aus Zuschüssen nationaler und öffentlicher Institutionen, aus seinen eigenen Leistungen und Einrichtungen, aus Beiträgen der Mitglieder, Abonnenten und Freunde, aus Erbschaften, Zuteilungen und Spenden kommen soll, wie aus solchen Geldern und anderen Hilfsmitteln, die mit Zustimmung der Regierung aufgebracht werden.

6. Der Minister, der ermächtigt ist, dieses Gesetz durchzuführen (im folgenden: »Der Minister«), soll mit Zustimmung der Regierung die Statuten von Yad Vashem festlegen, die am Tage ihrer Veröffentlichung im Gesetzblatt »Reschumot« in Kraft treten.

7. Die Statuten sollen festlegen:
   (1) die Zusammensetzung des Beirates, seine Erwählung, seine Einberufung und seine Vollmachten;
   (2) die Zusammensetzung der Exekutive, ihre Erwählung, ihre Vollmachten und ihre Arbeitsweise;
   (3) das Verfahren für die Einberufung von Konferenzen und Kongressen;
   (4) Bedingungen für die Verleihung der symbolischen Staatsbürgerschaft und das Verfahren der Verleihung;
   (5) die verschiedenen Auszeichnungen für die jüdischen Soldaten und Widerstandskämpfer sowie für die Ghetto-Insassen und Ghetto-Kämpfer;
   (6) das Verfahren zur Vorbereitung und Bestätigung des Budgets sowie Anweisungen bezüglich Anschaffungen und Verwaltung der Gelder;
   (7) solche anderen Anweisungen, die der Minister für notwendig hält, um das Bestehen von Yad Vashem als öffentlich-rechtliches Gedenkwerk zu garantieren.

8. Der Minister ist ermächtigt, alle Verordnungen zur Ausführung dieses Gesetzes zu erlassen.

Moshe Scharett, Außenminister,
Stellvertretender Ministerpräsident
Benzion Dinur, Erziehungs- und Kultusminister
Jizchak Ben-Zvi, Staatspräsident

II. AKTEN DES YAD VASHEM-ARCHIVS IN JERUSALEM

*Übersetzung aus dem Neuhebräischen
von Alisa Stadler und Dr. Günter Fellner*

1. Fragmente aus der Zeugenaussage Bernowsky über Anton Schmid

Abschrift

Aufgenommene Zeugenaussage

Tel Aviv, Jeremias-Straße 25   19. Juni 1961
Jahr und Ort der Geburt:
Wilna 1903   Akt: Schmid Anton
Beruf: Ingenieur   Fragmente
Bildung: hohe   aus der Zeugenaussage
Familienstand: von Schlomo Bernowsky

Seine erste Frau, Etta Bernowsky, geb. Jenkewitz, verst., wurde in Wilna geboren (1903–1943), von den Deutschen ermordet. Sohn Michael Bernowsky, gest., wurde in Wilna geboren (1934 bis 1943), von den Deutschen ermordet.

Lebenslauf des Zeugen 1941 während des Krieges (in Schlagworten):
Anfang Juli 1941 fing er an, in Beuthelager als Schlosser zu arbeiten; am 6. September 1941 wurde er im Gefängnis Lokiszki in Haft genommen; nach drei Tagen wurde er befreit und anfangs in das Ghetto Nr. 2 überführt und von dort am selben Tag in das Ghetto Nr. 1 in der Rudnicka-Straße Nr. 2. Nach der Aktion am Jom-Kippur-Ausgang, als er vom Tod gerettet wurde, und nach Bestechung eines litauischen Polizisten übersiedelte er in die Rudnicka Nr. 7, dort blieb er bis zur Liquidierung des Ghettos Wilna wohnen.

Im Oktober 1941 kam er in die Versprengten-Sammelstelle, um dort als Schlosser zu arbeiten. Im März 1942, nach der Tötung von Frenkel, wurde er zum Brigadier seiner Einheit ernannt. Kurz vor Liquidierung des Ghettos amtierte er kurze Zeit als Sekretär des Brigadiers in Beuthelager. Nach der Liquidierung des Ghettos Wilna wurde er nach Estland überführt und arbeitete dort in Eseda verschiedene und eigenartige Arbeiten, wie z. B.: Straßenbau, Verpflegung, Bautischlerei, Motorradreparatur, Walzenausbesserung, und das alles im Laufe von zehn bis elf Monaten. Nach Eseda weilte er einen Monat im

Lager Lagedi, das als Übergangslager vor der Evakuierung nach Deutschland diente.
Die Stationen in Deutschland: Stutthof (verschiedene Arbeiten), Deutzmotzen (Bau eines Flugfeldes), Belingen-Promern (Mechanik) und von dort im Todesmarsch, der drei Tage dauerte, bis Ostrach, wo er am 21. April 1945 befreit wurde.
Kapitel 2: Im Ghetto Wilna bis vor seiner Liquidierung (Sommer 1943) arbeiteten am Anfang ungefähr 400 Juden. Wir arbeiteten in Schlossereien, an Betten-Reparaturen, Polsterung von Matratzen, Schusterei, Schneiderei, Reinigung und Heizung von Zimmern. Ich habe mich als Schlosser betätigt.
Im Februar 1942 erhielten alle Ghetto-Bewohner Identitätskarten. Die Arbeiter bekamen Arbeitsscheine auf weißem Papier; die Facharbeiter unter ihnen (die von den Deutschen als solche anerkannt wurden) gelbe Ausweise. »Facharbeiter-Ausweis«. Ihre Zahl war ca. 3000. Auf unserem Arbeitsplatz bekamen nur 15 Arbeiter gelbe Ausweise. Und auch ich war einer der »Glücklichen«.
Die allgemeine Meinung war, daß der Besitzer eines gelben Ausweises sich und seine Familie durch dieses Zeugnis vor der Hinrichtung bewahrte. Der Führer unserer Einheit, Feldwebel Anton Schmid, der gut zu uns war, sagte etwas anderes: »Die gelben oder weißen Ausweise sind derselbe Dreck; so oder so, alle Juden werden vernichtet«, sagte er. Trotzdem drückte er seine Bereitschaft aus, jene von den Arbeitern, die keine gelben Ausweise erhalten hatten, zusammen mit ihren Familien in die Stadt Lida zu führen. Lida gehörte zum Distrikt Bilorussia, und zu dieser Zeit, 1942, war die Lage der Juden noch ganz gut. Dort wurden noch keine Ghettos errichtet und keine Aktionen durchgeführt. Schmid führte zwei- bis fünfmal in der Woche Brennholz in Lastwagen für die Versprengten-Sammelstelle aus den Gegenden von Wilna nach Bieniaskonie (am halben Weg nach Lida). In diesem Wagen führte er die Juden mit. Auf diese Weise konnte er ungefähr 300 jüdische Familien nach Lida führen. Mit ihm gemeinsam arbeiteten an der Ausführung der Flucht zwei seiner jüdischen Arbeiter, Leute aus der Unterwelt – »Berke, der Kassier«, und »Smora«. Sie veranlaßten Schmid (er machte es anfangs nicht für Geld), daß er von den Transportierten Schmuck und Pelze verlangte, und sie bekamen als Vermittler einen schönen Anteil von dieser Einkunft.
Im Laufe der Zeit verschlechterte sich die Lage der Juden von Lida und sie wurden in ein eigenes Ghetto gesperrt. Als die Deutschen unter den Einwohnern des Ghettos Lida viele aus Wilna fanden, eröffneten sie eine Untersuchung, und nach lan-

gem Suchen gelang es ihnen, den wahren Schuldigen zu finden. Eines Nachts veranstaltete die deutsche Gendarmerie eine Durchsuchung bei Schmid und sperrte ihn in das Militärgefängnis Stefanka. Anscheinend hat Schmid bei der Untersuchung vieles enthüllt; unter anderem erzählte er, daß er einen Zivilanzug in der Schneiderwerkstätte seiner Einheit bestellt hatte und daß der Schneider Ram die Bestellung ausführte. Die Gendarmerie wandte sich an den Brigadier der Einheit, Abraham Frenkel, und verlangte von ihm den Anzug. Frenkel erklärte, daß sich der Anzug bei ihm im Ghetto befände; da wurde ihm befohlen, am nächsten Tag den Anzug zu bringen und in das Gefängnis zu kommen, um in Anwesenheit Schmids Erklärungen abzugeben. Frenkel erfüllte sein Versprechen und was ihm anbefohlen wurde, ging mit dem Anzug in Begleitung eines deutschen Soldaten in das Gefängnis und seine Spuren verschwanden. An Stelle von Schmid wurde Unteroffizier Fuchs zum Führer der Einheit ernannt. Er bestellte mich, den Platz Frenkels als Brigadier auszufüllen. Meine Beteuerungen, daß ich den Leuten nicht vorstehen könne, halfen nichts. Er antwortete, daß ich seine Worte als Befehl aufzunehmen habe; ich war gezwungen, mich zu unterwerfen, aber ich bemühte mich, mich soweit wie möglich der Erfüllung dieser Aufgabe zu entziehen. Am Morgen des 2. April 1942, als ich in das Sekretariat eintrat um die Schlüssel zu holen, fand ich einen Soldaten, der im Bürodienst stand, traurig und nachdenklich. Als ich ihn nach dem Grund fragte, antwortete er, daß Schmid heute früh wegen Hochverrats erschossen worden sei. Fuchs erwies sich als großer Feigling.

Schlomo Bernowsky

2. Aussage des Zeugen Sternberg über Julius Madritsch, Raimund Titsch und Oskar Schindler

Abschrift

An Tel Aviv, 17. März 1963
Jad Wa'Schem
Mount Memorial
Jerusalem
Abteilung für Gerechte unter den Völkern

Ihr Brief vom 13. März 1963
1. Julius Madritsch
2. Raimund Titsch
3. Oskar Schindler

Sehr geehrter Herr Alkalay,
Herr Ostrowil, Tel Aviv, Struckstraße 8, an den Sie sich, wie an mich, in dieser Angelegenheit gewendet haben, war vor einigen Wochen in Wien und hat dort von Julius Madritsch das Heft »Menschen in Not« bekommen, das von Herrn Madritsch zum zweitenmal herausgegeben wurde. Bis jetzt hatte ich keine Gelegenheit, diese Broschüre zu lesen, auch aus dem einfachen Grund, weil ich mich aus Gefühlsgründen bemühe, diese schrecklichen, grausamen und barbarischen Bilder aus der Schreckenszeit voller Ungeheuerlichkeiten nicht wieder sehen zu müssen, denn all dies habe ich an meinem Fleisch und Blut erlebt.
Ich füge das Heft im Namen von Herrn Ostrowil bei, der Ihnen in den nächsten Tagen seine Zeugenaussage übersenden wird. Wie ihm Herr Madritsch mitteilte, wird er Ihnen direkt einige Dutzend Exemplare durch unsere Botschaft in Wien schicken. Zu Beginn meiner Worte möchte ich bemerken, daß alle in dem Heft geschilderten Geschehnisse und Tatsachen mir in ihrer Mehrzahl gut bekannt sind, ich muß daher bestätigen, daß sie auf Wahrheit beruhen und, wie sie sind, der bitteren Wirklichkeit entnommen wurden.
Ich arbeitete in der Näherei Madritsch von Ende 1942 bis Oktober 1944, und ich war Zeuge all dessen, was in dieser Zeit rund um diesen »Arbeitsschub« geschah. Ich finde es nicht für notwendig, wieder auf all diese Einzelheiten zurückzukommen, und ich bin überzeugt, daß Sie nach der Übersetzung des beiliegenden Heftes ins Hebräische daraus ein richtiges Bild erhalten werden und eine Ergänzung, was die Verdienste von Madritsch und Titsch anbelangt, ihre Hilfe, Unterstützung, Aufmunterung und ihre Rettungsaktion für Hunderte von Gefangenen des Konzentrationslagers Plaschov bei Krakau, die dank dieser ihrer Tätigkeit am Leben blieben.
Ich möchte noch einige Einzelheiten hinzufügen, die in dem oben erwähnten Heft nicht gebracht wurden oder nicht genug herauskommen. 1. Als wir noch im Ghetto waren, bis 13. März 1943 (genau vor 20 Jahren, das heißt bis zur Liquidierung des Ghettos in Krakau), befand sich der Arbeitsplatz der Näherei »Madritsch« außerhalb des Ghettos in einem weiten, geräumigen Gebäude am Rynek-Podgorski-Platz – nicht weit vom Ghetto –, und da hatten wir die Möglichkeit, uns mit christlichen Bekannten zu verabreden, die uns in dem Gebäude besuchten und uns halfen, unsere letzten Dinge zu verkaufen, und uns dafür Nahrungsmittel, Zeitungen und Nachrichten darüber brachten, was außerhalb des Ghettos und in der Welt

überhaupt geschieht. Dieser Zustand dauerte sechs Monate vom 13. März 1943 an, als wir in das berüchtigte Lager »Plaschow« überführt wurden; jeden Morgen gingen wir – eine Stunde Fußmarsch – vom Lager zur Arbeit an jenen Platz der Vorstadt »Podgosche«, und am Abend gegen sechs Uhr kehrten wir in das Lager zurück. Im Lauf dieser sechs Monate bis zum 1. September 1943 haben wir viele gesegnete und bedeutsame Möglichkeiten ausgenützt.

a) Nach der Liquidierung des Ghettos Krakau, als es zur Gänze aufgelassen und »judenrein« gemacht wurde, blieben Hunderte Familien verborgen und versteckt in den Kellern und Bunkern. Mit Hilfe des Wiener Oberkellners Bosko wurden in der Dämmerung nach und nach diese Familien in den Keller der Näherei »Madritsch« gebracht, und von dort wurden sie auf allen möglichen Wegen und mit den verschiedensten Mitteln nach Bochnia und Tarnow geführt, Städte, in denen noch ein Ghetto bestand. Diese Aktion dauerte ungefähr zehn Tage, selbstverständlich unter Gefährdung aller, die daran beteiligt waren. Wenn auch einige Familien bei den Aktionen zur Zeit der Auflassung des Ghettos in diesen Städten zugrunde gingen, so wurden doch die meisten Familien gerettet, denn es gelang ihnen zu flüchten und in die Slowakei und weiter nach Ungarn zu gelangen. Madritsch wußte von der Rettungsaktion, die durch sein Unternehmen organisiert wurde; selbstverständlich war das mit großer Gefahr für ihn verbunden. Trotzdem verhinderte er nichts und gefährdete dadurch in hohem Maße sein Leben. Ich war Zeuge der Rettungsaktion und der Verantwortung von Madritsch, denn ich leitete damals die Küche, die sich im Keller befand, der oben als Zentrum dieser Aktion geschildert wird.

b) Was die »Küche« betrifft, so umfaßte sie damals ungefähr 1500 »Gefangenen-Arbeiter«. Es gab zwei getrennte Kochkessel: »vollkommen koscher« und »halb koscher«, natürlich von den Geldern des Werkes. So halfen wir uns am Morgen mit heißem Kaffee, wenn wir von Plaschow vom Lager nach einem langen und ermüdenden Weg zur Arbeit kamen, und besonders auch mit einem sättigenden Mittagessen. Der Koch und Aufseher über den »koscheren« Topf war ein frommer Jude namens Akiba Eisen, er befindet sich heute in Givataim und ist 80 Jahre alt.

c) Im Laufe dieser sechs Monate setzten wir unseren Kontakt mit Polen fort, wir bekamen Zeitungen und Informationen und sogar Nahrungsmittel (durch Dutzende polnische Arbeiter, die bei Madritsch im selben Gebäude arbeiteten, einige waren Juden, Besitzer arischer Identitätskarten), die wir ins Lager brachten und am Abend bei unserer Rückkehr an unsere Leidensgefährten verteilten, die im Lager zurückblieben, den ganzen Tag ihre zermürbende Arbeit dort verrichteten und nicht mehr außerhalb der Lagergrenzen kamen. Natürlich waren wir auch die Vermittler und Verbindungsleute zwischen ihnen und ihren polnischen Bekannten, die ihren Besitz hatten, die Reste des Vermögens, und die sie mit notwendigen Dingen und dringend benötigten Medikamenten versorgten.

d) Diese unsere Kameraden standen in der täglichen Arbeit unter dem Druck und der Aufsicht der SS-Männer mit Peitsche und Skorpionen in Händen. Es verging kein Tag, an dem nicht der verfluchte Kommandant Göth, der Ende 1945 in Krakau erhängt wurde, oder einer seiner Gehilfen eine Anzahl ihrer Opfer unter den Gefangenen erschossen, als ob sie nicht mit all ihrer Energie gearbeitet und ihre Pflicht als Arbeiter erfüllt hätten. Jeden Tag bei der Rückkehr von der Arbeit waren wir voll Sorge und Angst um das Schicksal unserer Angehörigen und Kameraden, die im Lager geblieben waren. Die Gefahr dieser plötzlichen Schüsse um einer Geringfügigkeit willen bedrückte uns alle bei Tag und bei Nacht.

e) Von der Seite der Madritsch-Leute gab es noch eine segensreiche Tätigkeit: Wir organisierten unter uns eine Art Wohltätigkeitsaktion, wir kauften bis zu hundert Laibe Brot, die wir täglich in das Lager brachten, um sie unter den Bedürftigen zu verteilen. Bei dieser Aktion muß ein Mann besonders hervorgehoben werden, der in Mauthausen zugrunde ging. A. Rittermann, den ich auch in »Meinen Erinnerungen an das Grauen« in dem Buch Krake erwähne. Friede sei seiner Asche!

Am 1. September 1943 wurde der Gang zur Arbeit außerhalb des Lagers unterbrochen. Wir waren hermetisch im Lager Plaschow eingeschlossen. Am selben Tag wurden auch einige hundert Arbeiter von Madritsch aus der Abteilung Tarnow überführt. Dort wurde mit Blut und Feuer das letzte Ghetto in Westpolen liquidiert. Zu unserem Glück gelang es Madritsch und Titsch nach einigen Tagen, im Lager selbst das Werk wieder zu eröffnen, das in fünf »Baracken« geteilt wurde. Der Hunger bedrängte uns in grauenhafter Weise, die Brotpreise – die Madritsch-Leute konnten ja nicht mehr weggehen – erreichten eine phantastische Höhe. Es gab auch gar keine physische Möglichkeit, Brot zu erhalten. Da wandten wir uns an Madritsch und Titsch um Hilfe, sie bekundeten sofort ihre

Bereitschaft, sich einzuschalten, sie gaben jenem verfluchten Göth Bestechungsgelder und bekamen auf diese Weise die Erlaubnis, jeden gefangenen Arbeiter von Madritsch einmal und öfters auch zweimal mit einem Laib Brot zu versorgen. Madritsch finanzierte diese Ausgaben, auch die vielen Bestechungsgelder, aus den übriggebliebenen Stoffresten, die beim Zuschneiden eingespart wurden. Diese Aktion der laufenden Brotversorgung wurde nicht nur für die Arbeiter von »Madritsch« segensreich, sondern für das ganze Lager, denn dadurch sank die Höhe der Brotpreise am schwarzen Markt, der durch verschiedene Verbindungswege in das Lager gelangte, und die Hungersangst, die dauernd das Lager bedrohte, wurde abgewendet.

Dies und noch mehr: In Plaschow gab es noch eine Schneiderei »Schneidergemeinschaft«, die 1000 weibliche und männliche Gefangene beschäftigte. Einige Male gab es dort nicht genügend Arbeit, weil das Nähmaterial nicht rechtzeitig geliefert wurde. Dadurch war der Arbeitsplatz im ganzen gefährdet. Als man sich an Madritsch und an Titsch wandte, die immer gewissenhaft um den Nachschub an Nähmaterialien und um die rechtzeitige Bestellung besorgt waren, und sie bat, einen Teil der Bestellungen oder des Materials leihweise zu übernehmen, verweigerten Madritsch und Titsch ihre Hilfe auf diese Weise niemals.

Anfang August 1944 erlosch der Stern der deutschen Armee zur Gänze, und langsam näherte sich die sowjetische Armee vom Osten her dem Westen Galiziens. Da kam ein Befehl von Berlin zur Liquidierung des Lagers Plaschow. Zwei Drittel der Madritsch-Arbeiter wurden in alle möglichen Lager, wie Stutthof, Auschwitz, Mauthausen, Gusen und ähnliche, verschickt, und zu unserem Leid gingen die meisten dort zugrunde. Von dem einen Drittel, das im Lager Plaschow zurückblieb, wurden die Gefangenen Anfang Oktober 1944 nach Großrosen geschickt und in andere Lager, und ungefähr 70 bis 100 von ihnen – dank den Bemühungen von Madritsch und besonders von Titsch – wurden in die Liste von Schindler aufgenommen und nach Brünnitz überführt, wo sie dank Schindler gerettet wurden. Dieses Kapitel ist Ihnen ja wohlbekannt.

Raimund Titsch

Bei allen oben erwähnten Aktionen mit all ihren Einzelheiten stand Titsch Madritsch zur Seite, und beide arbeiteten gemeinsam. Zwei getrennte Punkte möchte ich hervorheben:

a) Titsch freundete sich mit einigen aus unserer Gesellschaft an und teilte uns von Zeit zu Zeit Nachrichten aus dem englischen Radio mit, natürlich im Lager. Es ist überflüssig zu betonen, daß dieser Schritt mit Lebensgefahr verbunden war. Diese Nachrichten, die er nicht zögerte uns zu überbringen, gingen im ganzen Lager von Ohr zu Ohr, und nur einige von uns wußten, streng geheim, woher die Nachrichten kamen, die eine Quelle des Trostes und der Aufmunterung für Tausende Gefangene von Krakau wurden.
b) Jeden Tag brachte Titsch an die ihm nahestehenden Gefangenen Nahrungsmittelpakete von der Stadt. Viele von den Gefangenen hatten ihr Vermögen bei polnischen Bekannten zurückgelassen, zwischen ihnen und Titsch wurden Kontakte geschaffen, um diese Pakete zu übergeben. Viele Gefangene erhielten Bargeld in verschiedenen Arten in das Lager, und dafur konnte Titsch Nahrungsmittelpakete beschaffen, täglich ungefähr zehn. Natürlich war auch diese Aktion mit Gefahr für Titsch verbunden, aber seine Anständigkeit, sein Charakter und seine Hilfsbereitschaft für seine Mitmenschen erlaubten ihm nicht, fernzustehen, ohne in jeder nur möglichen Form Hilfe zu leisten. Im Besitz von Titsch befinden sich viele Photographien von den schrecklichen Geschehnissen und Ereignissen aus Plaschow, die sehr wertvoll sind, einige von ihnen habe ich Ihnen bereits übergeben, wie z. B. das Bild des Kommandanten Göth, er sei verflucht, mit dem Hund, den er auf die Gefangenen hetzte, Pergamente über die harte Arbeit der Gefangenen-Gruppen, Brotverteilung durch Madritsch usw.
Dies sind zusätzliche Bemerkungen, die ich Ihnen in Eile übergeben kann. Wie es mir scheint, befinden sich auch in Ihrer Zweigstelle in Tel Aviv einige Zeugenaussagen betreffs Madritsch, Titsch und Schindler, die eine zusätzliche wichtige Informationsquelle darstellen. Was Schindler anbelangt, haben Sie laut Ihrer Mitteilung genügend Material. Ich möchte nur Ihre Aufmerksamkeit darauf lenken, daß sich bei Ihnen ein Protokoll unseres Treffens – zusammen mit Schindler – Ende April 1962 bei Ihrem Vorsitzenden Dr. Kubobi befindet, und dies ist ein wichtiges Dokument mit einer Schilderung der Tätigkeit Schindlers.

Mit Gruß und Hochachtung
Jakob Sternberg

3. Aussage des Zeugen Tischler über Julius Nataly

Eidesstattliche Erklärung

Unterfertigter, B. B. Tischler, geboren am 8. April 1910 in Bratislava (Preßburg), derzeit wohnhaft Ramat-Gan, 44, Jahalom St. (Israel), erklärt folgendes:
Ende Dezember 1944, vor Weihnachten, war meine Lage unhaltbar geworden. Ich hatte mich bereits seit längerer Zeit in Preßburg und Umgebung illegal aufgehalten, von der Gestapo persönlich auf die Fahndungsliste gesetzt, da ich am Anfang der NS-Verfolgung eine Arbeitsbewilligung besessen hatte und ihnen bekannt war, daß ich nicht deportiert wurde. Am Vorabend des christlichen Weihnachtsfestes saß ich in einer Ecke des Volkscafé des H. Czeke in der Dobrovitsgasse und wußte nicht wohin, da ich die Nacht vorher den Heizraum eines in der Nähe befindlichen Hauses, von dem Verwalter entdeckt, fluchtartig verlassen mußte. Es war bereits dunkel, und ich wußte, daß ich da bald auch werde verschwinden müssen. Da öffnete sich die Türe und ein Mann in kurzem Lederrock, schneebedeckt, trat ein und ging geradewegs auf mich zu. Ich erschrak im ersten Moment, doch er setzte sich mit einem Gruß neben mich, bestellte einen Tee mit Rum und sagte, ich sollte mit ihm kommen, er werde mich auf einen sicheren Platz bringen. Sein Name sei Julius Nataly. Ich hatte vordem nur flüchtig über ihn gehört, doch jetzt kam er wie ein leibhaftiger Schutzengel. Er hatte von H. Halász, den ich einige Stunden früher angerufen hatte, über meine Lage erfahren und gleich gehandelt. Er brachte mich in seine Druckerei in der Probstgasse, die sich in einem uralten verschwiegenen Hause befand. Als wir hinkamen, war bereits mein Cousin B. Hauser dort, der schon seit ein paar Tagen von Herrn Nataly ausgehalten wurde. Es waren dort Luftkissen zum Schlafen sowie Speisen und Wein vorbereitet. Die Fenster waren verdunkelt, und im Ofen brannte ein warmes Feuer. Er hielt mich über die Feiertage dort und weigerte sich die ganze Zeit, uns allein zu lassen, mit dem Hinweis auf die Gefahr der Entdeckung. In diesem Falle könnte er uns durch den Hinterausgang, der in den Hof führte, noch rechtzeitig herauslassen. So verbrachte Herr Nataly auch die Feiertage dort und verließ uns nur bei Nacht auf eine Stunde, um, wie er sagte, »seinen Rabbinern« Essen zu bringen. Es handelte sich um einige ebenfalls verbunkerte religiöse Juden, denen er regelmäßig Nahrung zukommen ließ. Als ich nach

den Feiertagen die Druckerei verlassen mußte, bot mir Herr Nataly, der selbst nicht mit irdischen Gütern gesegnet war, noch Geld an.

Ramat-Gan, den 11. Oktober 1965   B. Tischler

4. Erklärung von Mitgliedern der Untergrundbewegung von Zaglembia über Johann Pscheidt

Die Unterzeichneten, Mitglieder der Untergrundbewegung in Zaglembia, Polen, geben folgende Erklärung ab:
Herr Pscheidt Johann, heute wohnhaft in Salzburg, Ignaz-Harrer-Straße 81a, hat Juden das Leben gerettet und hat in der Untergrundbewegung in jeder Hinsicht mitgearbeitet.
Gleich nach seiner Ankunft in unserem Gebiet hat Herr Pscheidt Mittel und Wege gesucht, um Juden vor Verschickung in Zwangsarbeitslager zu retten, und hat sich und seine Existenz hierdurch in Gefahr gebracht.
Herr Pscheidt, ein deutscher Staatsangehöriger, kam im Jahre 1941 nach Zaglembia (Sosnowitz, Bendzin, Zawiercie) als Vertrauensmann verschiedener jüdischer Betriebe. Sein Posten wurde als der eines »Treuhänders« bezeichnet. Aus freien Stükken versuchte er Verbindung mit jüdischen Kreisen aufzunehmen, um in den Betrieben, für die er verantwortlich war, Juden anzustellen und dadurch ihre Verschickung in Konzentrationslager hinauszuschieben.
Herr Pscheidt war unter anderem Leiter einer Seifenfabrik in Bendzin, welche Herrn Lustiger gehörte, dem Vater eines der Mitglieder unserer Untergrundbewegung. (Einer seiner Söhne, Schmuel Lustiger, lebt heute in Tel Aviv, Sderoth Emanuel Nr. 3.) So entstand der Kontakt zwischen uns und Herrn Pscheidt. Die Verbindungsmänner waren Juzek Kozuch, Kommandant der Untergrundbewegung und Leiter der zionistischen Jugendbewegung in dem Zaglembia-Gebiet, der in einer der Aktionen gegen die Deutschen gefallen ist, und Karol Tuchschneider, der heute in Haifa, Hagefen-Straße 46, lebt.
Anfang 1943 wurden alle Juden dieses Gebietes in Ghettos eingesperrt. Zur selben Zeit planten Mitglieder der Untergrundbewegung mit Herrn Pscheidt die Errichtung eines Betriebes neben dem Ghetto. Dieser Betrieb sollte dazu dienen, Verteidigungs- und Rettungsaktionen zu verschleiern: Unter dem Namen »Rekord« wurde neben dem Ghetto eine Fabrik zur Herstellung von Schuhcreme errichtet.
Nachstehend geben wir die Aussage des Mitglieds der Unter-

grundbewegung, Karol Tuchschneider, wohnhaft in Haifa, Hagefen-Straße 46, wieder:

»Gemäß unseren Plänen wurde das Material zum Bau des Bunkers von einigen unserer Leute gesammelt. Einer von ihnen, Mieter Steinhart, lebt heute in Paris, Henry Duschen Nr. 1. Das Privatbüro von Herrn Pscheidt diente uns als Werkstätte zur Fälschung von Dokumenten, Stempeln u. dgl. Der Dachboden diente als Zufluchtsort und Durchgangsplatz für die Ghetto-Flüchtlinge. In diesem Betrieb waren einige unserer Leute, die arische Papiere besaßen, angestellt, und einer von ihnen arbeitete dort als Wächter.«

Ende Juli 1943 umzingelten die Deutschen das Ghetto, um es zu liquidieren. Ein Teil unserer Leute, denen es gelang, den Transporten und dem Ghetto zu entkommen, und die völlig mittellos dastanden, fanden auf dem Dachboden Unterschlupf.

Zur Zeit der Aktion wartete Herr Pscheidt am Eingang seines Betriebes auf alle Flüchtlinge, um sie zu verstecken und sie aus den Klauen der Mörder zu retten. Er sorgte dafür, daß sie Nahrungsmittel bekamen, und half ihnen, Verbindung mit den Mitgliedern der Untergrundbewegung, die im Ghetto und in den Bergen tätig waren, aufzunehmen.

Herr Pscheidt führte diese Hilfsaktionen unter eigener Lebensgefahr aus, da er – sowohl innerhalb als auch außerhalb der Fabrik – von Feinden umgeben war.

Von diesem Dachboden aus ging jeder von uns seinen Weg, entsprechend seiner Aufgabe, und jeden stattete Herr Pscheidt mit Geld, Gold, Nahrung und Kleidung aus und gab ihm ein Wort der Ermutigung mit auf seinen Weg. Er gab uns dadurch neue innere Kraft für die kommende schwere Zeit und zeigte uns, daß es noch einige Menschen gab, die bereit waren, ihr Leben für andere zu gefährden.

Nachstehend folgt die Aussage von Frau Fela Traiman, Mitglied der Zawiercie-Untergrundbewegung, welche heute in Tel Aviv, Trumpeldor-Straße 24, lebt:

»Bevor irgendwelche Nachrichten über die Verschickung von Juden in die Vernichtungslager bekannt wurden, erschien Herr Pscheidt im Zawiercie-Ghetto, um Juden herauszuholen und zu verstecken – Arbeiter, die bei ihm tätig waren, und jeden, dem er zufällig begegnete. Zur Zeit der endgültigen Deportierung (›judenrein‹) entfloh ich dem Ghetto und gelangte in den Betrieb von Herrn Pscheidt in Erdal. Er nahm mich auf und versteckte mich vor den Arbeitern, die mich bei meiner Ankunft gesehen hatten, in mir die ›Jüdin‹ sahen und mich mit ihren Blicken von Kopf bis Fuß gemessen haben. Am nächsten Tag drohte der Betriebs-Schutzmann (›Werkschutz‹) Herrn Pscheidt, ihn der Gestapo anzuzeigen. Sein Mut, sein Glaube an die Menschen und seine Nächstenliebe gaben Herrn Pscheidt die Kraft, den Drohungen seiner Arbeiter Widerstand zu leisten. Er versteckte uns auch weiterhin und nahm sogar neue Flüchtlinge auf. So blieb ich einige Tage bei ihm, bis er mich mit der Untergrundbewegung in Verbindung brachte. Als ich Platz für andere machen mußte, fand Herr Pscheidt für mich Unterkunft bei seiner Sekretärin, Lucia Pitriga, die in seinem Betrieb in Bendzin arbeitete. Beim Verlassen des Platzes gab mir Herr Pscheidt bares Geld auf den Weg mit. Nachdem ich mich schon von ihm verabschiedet hatte, rief er mich zurück, reichte mir einen goldenen Ring, den er von seinem Finger nahm, und eine goldene Kette und sagte: ›Sie werden dies bestimmt brauchen.‹«

Nachstehend geben wir die Aussage von Herrn Manus Diamant, Mitglied der Untergrundbewegung Sosnowitz, wieder, der heute in Ramat-Gan, Armonim-Straße 9, lebt:

»Am 1. August 1943, als das Ghetto Sosnowitz endgültig liquidiert wurde, blieb ich im Lager zur Liquidierung des restlichen jüdischen Besitztums zurück. Nach einigen Tagen floh ich aus dem Lager. Die Flucht-Aktion wurde von der Untergrundbewegung organisiert. Es war lebensgefährlich, außerhalb des Lagers gesehen zu werden. Jeder Flüchtling wurde auf der Stelle erschossen oder ins Ghetto zurückgebracht und von dort aus einem Transport in das Vernichtungslager Auschwitz zugeteilt. Mein Freund Jakob Zimmermann, der vor mir aus dem Lager flüchtete und sich an eine andere Adresse wandte, kam durch einen Schußwechsel mit den Nazis auf der Straße um. Ich flüchtete zu dem Betrieb von Herrn Pscheidt. Als ich dort ankam, hörte man Schüsse der Deutschen aus dem Ghetto. Als mich Herr Pscheidt allein sah, fragte er mich nervös: ›Sind Sie allein geflohen – wo sind die anderen?‹

Herr Pscheidt hielt mich eine Woche versteckt. Tagtäglich erschienen neue Ghetto-Flüchtlinge. Herr Pscheidt nahm jeden einzelnen auf, gab ihm Nahrung, Kleider und Geld. Er sorgte auch, die notwendigen Verbindungen für unsere weitere Flucht anzuknüpfen, und ermutigte uns. Er tat dies alles ohne jegliches Entgelt und unter eigener Lebensgefahr. Ende 1943, als ich in Wien war, erhielt ich von

Herrn Pscheidt die Adresse seiner Schwester, Frau Maria Z., die in Wien 9 wohnte. Auch ihr Haus war für uns – die Mitglieder der Untergrundbewegung in Wien – ein Obdach in schweren Tagen, als ein Teil von uns ohne Ausweis herumging, in ewiger Angst, ohne Nahrung und Kleidung und mit dem Bewußtsein, daß einige von uns bereits gefaßt und ins Vernichtungslager verschickt wurden. Das Haus seiner Schwester war eine Unterkunft für Verfolgte, denen es gelang, nach Wien zu entkommen. Herr Pscheidt kam manchmal nach Wien, uns zu beraten und uns Geld und Kleidung zu geben.

Nach dem Krieg, als ich von Herrn Ascher Ben-Nathan (heute Direktor des Sicherheitsministeriums) den Auftrag erhielt, Eichmann ausfindig zu machen, schickte ich die Nichte von Herrn Pscheidt – Gertrud – als ›Dienstmädchen‹ in das Haus von Frau Eichmann. Ihre Dienste dort waren uns bei der Suche nach Eichmann von Nutzen.

Im Jahre 1946 kam ich nach Salzburg, um Herrn Pscheidt zu besuchen. Ich traf ihn nicht zu Hause an. Ich ging in mein Büro im Riedenburg-D. P.-Lager. Am Eingang traf ich Herrn Pscheidt, wie er vor dem Lager auf und ab ging. Auf meine Frage, was er dort tue, antwortete er, mit Freudentränen in den Augen: ›Jeden Abend, nach der Arbeit, gehe ich hier spazieren, um den Neubeginn jüdischen Lebens und die jüdischen Babies in den Kinderwagen zu sehen – das einzige, was mir Freude und Glück bringt. Eine neue jüdische Generation entsteht vor meinen Augen.‹«

Nach dem Zweiten Weltkrieg führte Herr Pscheidt, der heute 73 Jahre alt ist, eine bescheidene Existenz, interessierte sich für jeden von uns und stand mit vielen in Briefwechsel. Er lehnte es ab, jegliche Hilfe, die unsere Freunde ihm anboten, anzunehmen.

Unser Dank geht an Herrn Pscheidt für sein humanes Verhalten in der Kriegszeit, als der Jude zu einem Ungeheuer gestempelt wurde, das endgültig vernichtet werden sollte. Es gelang ihm, sich über die Zeitumstände zu erheben und das Bildnis des Menschen zu wahren.

Name:	Nummer der Identitätskarte:	
Ruth Heilman	335.042	unleserlich
Tuchschneider Kalman	335.008	unleserlich
Gilboa Dina	879.265	unleserlich

Name:	Nummer der Identitätskarte:	
Granek Cecylia (Chmielnicka)	454.653	unleserlich
Henry Manus Diamant	859.993	unleserlich
Trajman Fela	805.657	unleserlich
Schoschana Shalev (Sztajnkeler)	539.026	unleserlich
Halperin Jaarit	454.670	unleserlich
Trajman Pinchas	216.955	unleserlich
Rosenberg Jakob	255.404	unleserlich
Herzberg Szulim	914.751	unleserlich
Herzberg Tusia	914.752	unleserlich
Blat Leon	444.788	unleserlich
Telem Hadasa	184.303	unleserlich
Diamant Szimszon	915.218	unleserlich
Majmon Jehuda	230.278	unleserlich
Majmon Awiwa	230.280	unleserlich
Klopman Shulamith	771.414	unleserlich
Bajuk Ruth	335.694	unleserlich
Bajuk Zelig	335.693	unleserlich
Samuel Lustiger	391.971	unleserlich
Chana Ben-Sira	335.691	unleserlich
Alisa Heilbroner (Fred Landau)	539.083	unleserlich
Sara Nyska	387.776	unleserlich
Sara Szochat (Majerczyk)	529.326	unleserlich
Freda Mazya	976.399	unleserlich
Chaja Sara Kaplan	505.501	unleserlich
Sophie Kav-venaki	919.104	unleserlich
Tobka (Jona) Bauer	355.048	unleserlich

Ich, der unterzeichnete Rechtsanwalt und Notar Josef Urstein, 20, Herzlstraße, Tel Aviv, bestätige hiermit, daß alle Personen, deren Unterschriften oben angeführt sind, vor mir in meinem Büro in Tel Aviv, 20, Herzl-Straße, erschienen sind; nachdem vor jedem einzelnen der Inhalt obiger Erklärung vorgelesen wurde und nachdem sich jeder einzelne durch seine Identitäts-Karte ausgewiesen hat, unterschrieb jeder einzelne obige Erklärung.

Tel Aviv, 7. Februar 1962

                                       Runder Notarstempel
                                       Josef Urstein
                                       Notar

5. Aussage der Zeugin Fritz über Dr. Rudolf Wertz

Wien, 21. Oktober 1964   Übersetzung

Dr. Rudolf Wertz
Austria

1. Die Gerettete: Gertrude Fritz geb. Fink, Witwe
2. Geburtsdatum: 14. Oktober 1897, Wien
3. Wien, Lazenhof 2/12
4. Wird von der Fürsorge erhalten
5. Bis 1939: Wien 9, Müllnergasse 6/22
   Von 1939 bis 1945 Konzentrationslager Theresienstadt
6. Bis 1939 arbeitete ich als Beamtin, nachher Zwangsarbeit als Hilfsarbeiterin

1. Der Retter: Dr. Rudolf Wertz
2. Alter: ungefähr 55 Jahre
3. Adresse: Wien 3, Landstraßer Hauptstraße 23
4. Arzt: wohnte im Krieg auf der o. e. Adresse

Einzelheiten der Rettung

Eine Freundin von mir, eine alte Dame namens Bruckner, die im Lager Theresienstadt starb, gab mir die Adresse meines Retters, Dr. Wertz, nachdem ich ihr erzählt hatte, daß ich inbegriffen war, oder richtiger, daß ich eine schriftliche Mitteilung von der Gestapo erhalten hatte, daß ich auf der Deportiertenliste nach Polen stand, und das bedeutete den sicheren Tod.

Abgesehen von der Adresse, wies mich Fr. Bruckner noch an, wie ich mich bei Dr. Wertz zu benehmen hätte. Ich ging in sein Empfangszimmer und legte die Mitteilung der Gestapo auf seinen Tisch, ohne ein Wort zu sagen. Um mich vor der Deportation zu retten, gab er mir einen Krankenschein über ein Myom, das ich niemals hatte, indem er sagte: Sie müssen jetzt sechs Wochen ununterbrochen im Bett liegen. Diesen Schein geben Sie jedem, der ihn leicht lesen kann, und auf gar keinen Fall dürfen Sie vom Bett aufstehen, denn jede Bewegung ist lebensgefährlich, was immer auch geschieht. Das geschah im September 1941.

Nachdem ich mich auf die Mitteilung der Gestapo nicht rührte und mich nach den Anordnungen des Arztes verhielt, kamen jüdische Ärzte zu mir und nachher auch ein arischer Arzt, um mich zu untersuchen. Alle drei Ärzte prüften den Krankenschein, untersuchten mich oberflächlich und ließen mich

liegen. So vergingen sechs angstvolle Wochen, ich bekam keine Mitteilung mehr von der Gestapo und war vor der Polen-Deportation gerettet.
Im Dezember 1941 heiratete ich einen Beamten der Kultusgemeinde in Wien; als seine Frau war ich ausgenommen von der Deportation nach Polen, und wir wurden gemeinsam in das Konzentrationslager Theresienstadt gebracht.
Dr. Wertz hat ausschließlich aus humanitären Gründen gehandelt, und nur zur Wahrung des Scheins hat er für die Ordination die lächerliche Summe von 5 RM verlangt.
Ich weiß gar nichts über seine Familienverhältnisse. Als ich ein einziges Mal nach dem Krieg bei ihm war, um mich bei ihm zu bedanken, erfuhr ich, daß er auf diese Weise vielen Juden geholfen hatte, aber er weiß nicht von einem einzigen, der nach den Schrecken dieser Zeit am Leben geblieben ist.
Zum Abschluß möchte ich noch bemerken, daß, nach den Worten des Dr. Wertz, er wegen seiner Hilfsaktionen für Juden in eine Strafkompanie deportiert wurde und nur durch die rasche Beendigung des Krieges vom Tod errettet wurde.

Wien, 21. Oktober 1964   Gertrude Fritz

III. ANTWORTEN AUF DEN AUFRUF
»WER HAT JUDEN GEHOLFEN?«

1. Bericht von Karoline Prenner, Wien

Auf Ihren Aufruf im Wiener »Kurier« vom 18. Juni 1969 »Wer hat Juden geholfen?« möchte ich hier ein Erlebnis aus meiner tristen Kinderzeit (ich bin 1929 geboren) berichten. Es war an einem heißen Sommertag im Jahre 1941, an dem sich folgendes ereignet hat. Mein Elternhaus steht im 14. Wiener Gemeindebezirk, nahe dem Hütteldorfer Bahnhof. Da wir Kinder, meine Schwester und ich, des öfteren zu den dem Bahnhof naheliegenden Gärten um Salat und Gemüse geschickt wurden, entdeckten wir auf einem Nebengleis einen langen Güterzug, in dem Menschen befördert wurden.

Nun, wie Kinder einmal neugierig sind, beschlossen wir, über den außerhalb des Bahnhofes liegenden Kohlenlagerplatz diesen langen Zug näher in Augenschein zu nehmen. Wie unverständlich uns die Situation dieser Menschen erschien, brauche ich hier wohl nicht zu erwähnen. Als wir schon ganz nahe waren, hörten wir stöhnen und um ein wenig Wasser flehen. Ohne viel zu überlegen, rannten wir nach Hause, füllten einige Zweiliterflaschen und trugen diese, so schnell wir konnten, zur beschriebenen Stelle. Doch welches Bild bot sich uns, als wir nun ganz nahe waren! Frauen, Kinder und junge Menschen, sie alle litten an Durst noch mehr als an Hunger, und durch die kleine Öffnung, die sich in der Mitte jedes Waggons befand, steckten wir schnell unsere Wasserflaschen. Mit dankbaren Blicken (ohne ein einziges Wort, denn der Zug war schwer bewacht) wurde uns unsere für die heutigen Begriffe so belanglose Tat belohnt. Damals wußten wir nicht, was man mit diesen Leuten vorhatte, aber schon nach kurzer Zeit, als man auch unseren Nachbarn, der ein Jude war, abholte, wurde uns alles klar.

So konnten wir diesen armen Menschen mit ein wenig Wasser helfen, ihr Los in diesem Augenblick zu erleichtern.

2. Bericht von Margarete Wolf, Wien

Meine Eltern, Alois und Thekla Thurn, waren jahrzehntelang Hausbesorger in Wien 9, Porzellangasse 25.

Das Haus gehörte der Israelitischen Kultusgemeinde und war ein Stiftungshaus der Frau Amalia Breuer für die israelitischen Blinden.

Das Haus war von sechs Wohnparteien, wovon fünf Juden waren, und vier Geschäftsleuten, wovon drei Juden waren, bewohnt.

So war es jedenfalls zum Zeitpunkt, als Hitler in Österreich zur Macht kam.

Als die Judenverfolgungen einsetzten, schützten meine verstorbenen Eltern ohne Rücksichtnahme auf ihre Existenz und Drohungen durch die NSDAP auf verschiedenste Art die im Hause lebenden Juden.

Das waren namentlich: Fam. Silber, Inhaber der Vindobona-Apotheke in Wien 9.

Den Sohn der Fam. Silber, Ernst, versteckte meine Mutter in einer Kiste am Boden, als nach ihm gesucht wurde. Als Herr und Frau Silber ihre Wohnung im Haus aufgeben mußten, versorgten sie meine Eltern auch nachher mit Lebensmitteln. Der Sohn lebt jetzt in Amerika (Aufenthalt unbekannt), die Eltern wurden vergast.

Fam. Groß. Wurde geholfen mit Lebensmitteln. Dem Sohn Alfred, damals Journalist, erbettelte meine Mutter einen Teil des Fahrgeldes, um nach Luxemburg zu flüchten. Die Eltern wurden in Isbice vergast, der Sohn lebt in England. Ich stehe mit ihm in Verbindung.

Fam. Bing. Die Mutter, Alice, fand öfters in der Hausbesorgerwohnung bei Durchsuchungen in ihrer Wohnung Schutz und Versteck. Sie wurde ausgehoben. Die Söhne konnten sich nach Australien retten. Leben auch noch dort; ich habe jedoch die Adresse verloren.

Frau Bing hatte Untermieter, Herrn Köhler mit Tochter und Sohn. Diese retteten meine Eltern, indem sie sie nicht abmeldeten, die Wohnung. Herr Köhler starb voriges Jahr, es lebt aber noch die Tochter Friederike in Wien 9, Porzellangasse 25.

Fam. Frydan, d. h. Frau Camilla und Sohn Hans. Verwandte von Friedell. Mit Lebensmitteln und Mieteaushilfe. Der Sohn soll in Amerika leben.

Den Geschäftsleuten halfen meine Eltern, indem sie erstens bei dem Pogrom im November die Geschäftsläden vorher schlossen, so daß nicht geplündert werden konnte. Und dann: Fa. Ignaz Herling. Herr Herling gab meiner Mutter die Schlüssel, und sie räumte nachts das Geschäft (Textilien) aus und schaffte die Ware heimlich zum Wohnort von Herrn Herling, der sie verkaufte und von dem Erlös mit seiner Frau nach Schanghai fuhr. Er ist dort gestorben. Wo seine Frau derzeit lebt, weiß ich nicht. Leider ist mir die Korrespondenz, die auf alle meine Angaben Bezug nimmt, infolge mehrerer Übersiedlungen verlorengegangen.

Fa. Otto Benedikt. Da räumte meine Mutter nachts diverse Photoapparate und andere wertvolle Gegenstände aus dem Geschäft und übergab sie heimlich Herrn Benedikt, der von dem Erlös mit seiner Frau eine geraume Zeit lebte. Herr Benedikt betreibt das Geschäft jetzt wieder in Wien 9, Porzellangasse 25.

Herr und Frau Benedikt waren öfters, obwohl Herr Benedikt leider den Judenstern tragen mußte, in unserem Schrebergarten, wo wir ihn versteckten und ihm die Möglichkeit zur Erholung gaben.

Außerhalb des Hauses halfen meine Eltern z. B. Frau Marianne Rosenberg, Witwe nach Minister Rosenberg, und ihrem Bruder, der im Heim in Wien 2, Malzgasse, war, mit Lebensmitteln, selbstgemachten Bäckereien usw. Die Tochter Luise Zucker lebt in Amerika und hat uns während der schlechten Zeit des öfteren Care-Pakete geschickt.

Das alles taten meine Eltern, obwohl sie wegen ihrer bekannten Judenfreundlichkeit aufs ärgste schikaniert wurden. Meine Mutter wurde auch bei der Gestapo am Morzinplatz einige Stunden verhört und festgehalten.

Ich schreibe das alles nicht, um Anerkennung für meine Eltern zu erlangen. Sie sind tot und brauchen das alles nicht mehr, aber ich möchte die weitverbreitete Ansicht damit entkräften, daß den Juden während der Hitlerzeit in Österreich nicht geholfen wurde.

Hochachtungsvoll
Margarete Wolf

PS. Meine Eltern hatten deshalb mehr als üblich Lebensmittel, weil sie vom Land waren und Verbindung dorthin hatten. Alle die geschilderten Hilfen geschahen vollkommen selbstlos.

3. Bericht von Otto Kuttelwascher, Pottschach

Nun begann das Tausendjährige Reich auch bei uns. Wir wohnten mit drei Kindern, zwei, vier und sechs Jahre alt, in Untermiete; jetzt wies man uns eine »Judenwohnung« zu. In der Nähe sah ich an einem Haustor einen jener vielen Zettel, mit denen alte Sachen billig zum Verkauf angeboten wurden, weil die Besitzer nun ihren Haushalt, vielleicht ihr Leben zu liquidieren hatten. Bei der angeführten Adresse erstand ich einiges, dabei wurden wir mit der jüdischen Familie K. bekannt. Es waren zwei alte Menschen und zwei ledige Töchter, andere

Angehörige waren bereits emigriert. Die jungen, mit uns etwa altersgleichen Frauen kamen in der Folge öfters zu Besuch und es wurde zwischen uns ein gutmenschliches Verhältnis.
Bald wurden die Wohnungen der Juden in der Umgebung geräumt und alle Bewohner – junge und alte, gesunde und kranke – in einen Hausblock nahe dem Donaukanal eingewiesen. Richtig müßte man sagen, zusammengepfercht, denn vier und mehr Familien mußten nun in einer Wohnung hausen. Es war eine große Erleichterung für die Familie K., daß unsere neuen Freunde die Nacht bei uns verbrachten. Fallweise waren sie arbeitsverpflichtet, und es kam die Zeit des »Judensterns«. Nach dem Tode von Vater K. mußte Erna in einer Fabrik im Reich arbeiten. Nun blieb Käthe oft nachts daheim bei der Mutter.
Im Dunkel einer Nacht wurde der »Judenblock« ausgehoben. Die Bewohner und ein wenig ihrer persönlichen Habe wurden auf Lastautos verladen und fortgebracht. Wir bekamen eine Postkarte, dreckig und naß, sicher wurde sie weggeschmissen und von einem »verständigen« Finder in den Briefkasten geworfen. Auf ihr standen die Abschiedsworte eines lieben Menschen geschrieben, den wir nie mehr wiedersehen sollten: »Liebe Mina! Ich möchte mich auf diesem Wege von Dir verabschieden, grüße mir Deinen Mann und die Kinder ... Ich küsse Dich innigst – Käthe.«
Einige Stunden später läutete es an unserer Türe. Dann steht Erna vor uns, mit dem Reiseköfferchen. Das Tor ihres Wohnhauses fand sie versiegelt, ihr »Marschbefehl« endete mit: »... Sie haben sich unverzüglich im Gebäude der Gestapo, Wien I, Morzinplatz, zu melden.« Meine Frau und ich blickten einander an; das Leben eines Menschen – oder das von uns allen – lag in der Entscheidung dieses Augenblickes. Wir wissen es nun nicht mehr, wer es von uns beiden zuerst aussprach: »Erna, du bleibst bei uns!«
Es war ein Wagnis, schon wegen der drei Kleinkinder, von denen eines nach dem andern nun zur Schule kam. Für uns alle wurde es eine schwere Zeit, niemand wußte, wohin sie führen wird. Eines von vielen Erlebnissen: Ein altes Nachbarehepaar kannte Erna von früher. Die Frau erblickte einmal die Versteckte durch das Fenster des Lichthofes zur Küche. Durch ihren Mann ließ sie meine Frau zu sich rufen und erklärte, daß die Jüdin aus dem Hause müsse: »Denken Sie doch an Ihre Kinder, das kann nicht gut ausgehen!« Meine Frau bat weinend um Geduld und versprach baldige Abhilfe. Doch nächsten Tag war es die Nachbarin, die unter Tränen erklärte: »Geben Sie bitte

diesen Menschen nicht fort! Heute habe ich einen Judentransport gesehen – ich möchte so ein Schicksal nicht verschulden.«
Das Wagnis gelang. Nun lebt Erna verheiratet in den USA und ist gesund. Vor kurzem meinte meine Frau: »So einen Entschluß könnte ich nicht mehr fassen; ich könnte es nicht mehr durchstehen.« Doch ich kenne sie besser, nie würde ihre Menschlichkeit versagen.

Otto Kuttelwascher

4. Bericht von Bertha Rothberg, Wien

Frau Irma Heindl, Wien, Urban-Loritz-Platz wohnhaft gewesen, jetzt USA, hat mir nach Theresienstadt, wo ich die Jahre war, sehr durch Pakete geholfen, und vor allem meiner armen Mutter, die ich halbverhungert dort antraf und die leider in Auschwitz ermordet wurde. Ich wollte mit ihr in den Transport, was aber von den Deutschen verhindert wurde, und so kam ich wieder zurück. Eben fällt mir ein, daß eine ehemalige Hausgehilfin, Frau Resi Wukwitz, Klosterneuburg, Agnesstraße Nr. 42, half.

Bertha Rothberg, Wien
26. Juni 1969

5. Bericht von Else Baum, Wien

Meinem Bruder Walter Katz (damals sechzehn Jahre alt) wurde durch Frau Maria Kosteletzky, 1100 Wien, Laxenburgerstraße 77, das Leben gerettet. Ich möchte dazu bemerken, daß Frau K. gute Christin ist. Der Sachverhalt ist folgender: Mein Vater war 1938 in Haft und mußte das Land verlassen. Ich und mein Mann mußten nach Schanghai. Für meinen Bruder, damals noch ein halbes Kind, gab es keine Auswanderungsmöglichkeit. Da wandte sich meine Mutter voll Verzweiflung an Frau K., die uns immer gut gesinnt war. Auf den Knien bat sie sie, ob es nicht möglich wäre, für das Kind etwas zu tun. Darauf Frau K.: »Knien tut man nur vor Gott.« Frau K. hatte zwei Töchter in England, die dort als Erzieherinnen lebten. Sie schrieb ihnen den Sachverhalt, und die beiden nützten alle ihre Freizeit, um meiner verzweifelten Mutter zu helfen. Sie gingen sämtliche Institutionen ab, bis es ihnen gelang, meinen Bruder in England in einer Farmschule unterzubringen. Er lebte dort vier Jahre unentgeltlich, bis er sich eine Existenz gründen konnte. Meine Mutter war ihr ewig dankbar, und ich glaube es auch von mir behaupten zu können.

Während ich diesen Brief schreibe, sitze ich hier bei Frau Kosteletzky in der Wohnung, wo auch die eine Tochter lebt. Die zweite blieb in England, hat dort inzwischen Familie, und es geht ihr gut.

6. Bericht von Rosa Fischmann, Wien

Wien, Juni 1969

Gerne komme ich Ihrer im »Kurier« erschienenen Aufforderung nach. Vor allem fallen mir Hofrat Dr. von Zohar und Gattin ein, die ihnen gänzlich unbekannten jüdischen Studenten aus dem Osten, von einer Widerstandsbewegung geschickt, Obdach gaben und sie beherbergten, solange es nur ging.
Auch meiner Schwester, als sie nach der Aufforderung, sich in der Sammelstelle zur Deportation einzufinden, untertauchte und mitunter ohne Obdach war, half die Familie von Zohar in liebevoller Weise, keine Gefahr scheuend. Auch zwei Schwestern, Lydia und Olga Kopal, die damals in Währing wohnten, nahmen meine Schwester Carola auf. Als sie dort nicht länger bleiben konnte, war es Frau Antonia Platzer, Wien XIV, Fenzlgasse 54, die meine Schwester liebevoll aufnahm und ihr über eine schwere Zeit hinweghalf. Frau Platzer und ihr Gatte taten dies gleichfalls in liebevoller Weise, obwohl sie selbst politisch »anrüchig« waren.
Es gab Leute, die nicht wagten (oder konnten), Carola bei sich aufzunehmen, die ihr aber mit Geld, Lebensmitteln oder Lebensmittelkarten zu helfen versuchten, Roman Daubrawsky, Wien VIII, Bennogasse 2, Herr und Frau Viktor Wachsmann, Wien XII, Reumannhof 3, Stiege 21, Dr. Nini Warsch, inzwischen verstorben, Frau Poldi Lissau, Wien VII, Breitegasse 7. Die Dentistin Frau Käthe Brotschneider, Wien XII, Fockygasse 36, übernahm die Zahnbehandlung ohne Entgelt.
Das sind nur einige wenige Namen, die mir aus den Erzählungen meiner verstorbenen Schwester in Erinnerung geblieben sind. All diese Menschen gaben ihre Hilfe aus reiner Liebe, keiner von ihnen dachte an eine etwaige Rückversicherung.
In den Jahren 1944–45 war es Frau Therese Thinius, die damals im Sühnhaus, Wien I, wohnte und eine Hilfe im Haushalt und zu ihren Kindern brauchte. Als sie erfuhr, daß Carola Jüdin wäre, nahm sie sie umso herzlicher in ihr Haus auf, und aus der Hausgehilfin wurde eine Freundin. Diese Freundschaft erhielt Frau Thinius, derzeit wohnhaft Forsthausstraße 2, 3031 Rekawinkel, NÖ., bis zum Tode meiner Schwester.

Auch in einem Kloster nahm man meine Schwester liebevoll auf, sie durfte sich dort aber nur tagsüber aufhalten, weil bei einer Kontrolle durch die Gestapo, die mitunter am Abend stattfand, sämtliche Schwestern gefährdet gewesen wären.

Rosa Fischmann, Wien

7. Bericht von Rosalia Ista-Wasserstein

Ich bin im Dezember 1918 in Wien Meidling als Volljüdin in einem Haus von 48 Parteien zur Welt gekommen. Lebte dort mit meinen Eltern und meiner Schwester, welche um sieben Jahre älter war als ich. Es gab noch eine jüdische Familie in diesem Haus, das war eine Schwester meiner Mutter, die mit ihrer Tochter, also meiner Cousine, welche Jahrgang 1919 war, lebte. Der Vater meiner Cousine war im Jahre 1928 gestorben. Wir lebten in ganz bescheidenen Verhältnissen auf Zimmer und Küche, alle anderen Parteien waren Nichtjuden. Es waren auch sehr viele Kinder, mit denen ich aufgewachsen bin, wo man keinen Unterschied kannte, ob Jude oder Nichtjude. Auch in der Schule bei den Mitschülerinnen gab es keinen Unterschied. Aber leider bei manchen Lehrkräften, wo meine Mutter schon damals wußte, daß es Antisemiten gibt. Ich war eine ganz gute Schülerin, aber vielleicht wären meine Noten besser ausgefallen, hätte ich zwei Lehrkräfte nicht gehabt. Im Jahre 1933 habe ich die Schneiderei bei einer jüdischen Lehrmeisterin erlernt. Durch die große Arbeitslosigkeit konnte ich nach meiner Lehrstelle keine Arbeit finden und war ohne Beschäftigung, hatte nur das, was ich von meinen Eltern bekommen konnte, und das war nicht viel. Arbeitslosenunterstützung habe ich nicht bekommen, da mein Vater Gewerbetreibender war, Marktfahrer. Meine Schwester hatte damals noch einen Posten in einer elektrischen Zählerfabrik. Trotzdem war es eine sehr schöne Jugendzeit.
Bis zum Jahre 1938. Da habe ich dann gewußt, was es bedeutet, Jüdin zu sein. Meine Schwester hat sofort den Posten verloren und mein Vater mußte den Gewerbeschein zurücklegen. Meine Schwester und ich waren damals mit Nichtjuden verlobt, beide Burschen haben uns nicht verlassen, trotz der Rassenschande, welche dann später Gesetz wurde.
Im Oktober 1938 hat dann meine Familie Zuwachs bekommen, einen jüdischen Buben von $2^{1}/_{4}$ Jahren, welcher im Burgenland bei einer Pflegemutter seit seinem 6. Monat lebte. Nachdem die Bundesländer sofort von Juden befreit sein mußten, kam das

Kind zu uns in Pflege; die Mutter des Buben konnte für ihn nicht sorgen.
Im Jahre 1939 wurde mein Vater deportiert, die Wohnung haben wir verloren, meine Tante und Cousine wurden deportiert und wir mußten den gelben Stern tragen. Wir mußten in den 2. Bezirk, Novaragasse 32, auf ein Zimmer ziehen, wo in dieser Wohnung noch mehr Juden lebten. Meine Schwester bekam dann einen Posten bei der Fa. Bene Kartonagenfabrik, wo sie nur in der Nacht mit anderen jüdischen Arbeiterinnen arbeiten durfte. Ich selbst habe im Jahr 1941/42 in der Lindengasse im 7. Bezirk bei Jersey-Modelle gearbeitet. Wir waren 60 jüdische Mädchen und arbeiteten von 3 Uhr nachmittags bis 11 Uhr nachts. In der Straßenbahn durften wir nur mit einer polizeilichen Erlaubnis fahren, vom Wohnort bis zur Arbeitsstätte, mit der Kennkarte, mit dem J darauf und durften nur auf der Plattform stehen. (Beide Ausweise besitze ich noch.) Auch den Namen Sara mußten wir annehmen. Anfang 1942 hat man unseren kleinen Liebling zum Transport geholt, nachdem seine Mutter von der Gestapo in das Sammelkader Sperlgasse eingeliefert wurde. Ich kann es mit Worten nicht schildern, was das für meine arme Mutter bedeutete. Dieser Schlag war für uns ganz furchtbar; aber mit Gottes Hilfe hat der Bub in einem Heim in Wien 2 überlebt. In der Nacht vom 18. auf den 19. 5. 1942, es war der Geburtstag meiner Schwester, wurde meine Mutter von der SS mit allen Juden im Haus geholt. Als ich um $^1/_2$ 12 Uhr nachts mit noch ein paar Mädchen von der Arbeit kam und in die Novaragasse einbog, traute ich meinen Augen nicht. Menschen wurden von der SS mit Peitschen auf Lastwagen getrieben, wurden geschlagen und getreten, sie haben mehrere Häuser ausgehoben, es war ganz furchtbar. Ich habe mir den gelben Stern sofort vom Kleid gerissen – denn der mußte ja fest angenäht sein – und habe zur Wohnung geschaut. Ich ging gar nicht mehr in das Haus, denn ich sah schon, daß man auch dieses nicht verschone. Es mag vielleicht unglaublich klingen, aber ich ging die ganze Nacht wie eine Verlorene durch die Straßen, wenn ich Schritte hörte, drückte ich mich in eine Nische oder Haustor, es war ja Verdunkelung. Um 5 Uhr früh wartete ich am Schwedenplatz auf meine Schwester, die von der Nachtarbeit kam. Wir gingen auf die Kultusgemeinde, um zu erfahren, was mit unserer Mutter geschieht. Am späten Nachmittag haben wir erfahren, daß meine Mutter nach Theresienstadt kommt und wir uns bei der SS melden sollen und nach Polen verschickt werden. Es war damals so eine Verlautbarung, daß Leute über 60 Jahre nach Theresienstadt kommen

und die jüngeren nach Polen. Vielleicht kann man sich vorstellen, in welcher Verzweiflung meine Schwester und ich waren. Wir konnten uns nicht vorstellen, unsere Heimat zu verlassen und wenn, dann gemeinsam mit unserer geliebten Mutter. Also wir haben beschlossen, nach Meidling zu Bekannten zu gehen. Dort verbrachten wir die Nacht und haben uns in eine leere Wohnung, wo schon Juden ausgehoben waren, eingenistet; dies ging aber nicht lange, wir mußten bei Nacht und Nebel weg, sonst hätte man uns erwischt. Und so haben wir das große Glück gehabt, daß wir untertauchen konnten.

Ich habe damals bei einer »nur Bekannten« wohnen können. Eine junge Frau in meinem Alter, mit zwei kleinen Kindern, der Mann war eingerückt. Es ist meine heute beste Freundin Frau Anna Kuchar, whft. Währingergürtel 130. Als ich zu ihr kam, hatte ich 200 DM, mein Vermögen, und sie hat im wahrsten Sinne des Wortes, das bißchen, was sie gehabt hat, mit mir geteilt. Die zweite Frau, die mir mein Leben gerettet hat, ist Frau Franziska Cechal, ihr Mann war auch eingerückt, und sie lebte mit ihrer kleinen Tochter. Frau Cechal wohnt im 23. Bezirk, Reibergasse 39. Diese beiden Frauen waren alles, nur nicht begütert, die Männer sind nur Arbeiter gewesen. Sie haben ihr Leben aufs Spiel gesetzt, um meines zu retten. Von Frau Cechal muß ich noch etwas ganz Hervorragendes mitteilen: Der Bub, welcher bei uns lebte, überlebte den Krieg unter schwersten Umständen, wie ich schon erwähnte, in einem Heim mit anderen jüdischen Kindern. Frau Cechal hat dieses Heim paarmal aufgesucht und diesen Kindern Lebensmittel, und was sie nur entbehren konnte, gebracht.

Ich schreibe das alles heute nieder – die Einzelheiten, zum Beispiel: nicht auf die Straße gehen zu können, damit einen niemand sieht, von Menschen zu leben, die selbst nicht viel hatten, diese furchtbare Angst, wirst du das Ganze überleben, wird den Menschen, die so gut zu dir sind, nichts passieren? Kein Zuhause, keine Lebensmittelmarken, nichts! Ich kann es mir oft selbst nicht vorstellen, daß ich diese Zeit überlebt habe. Meine Schwester hat sich leider Gottes im Jahre 1973 das Leben genommen, sie konnte diese furchtbare Zeit nicht überwinden, vor allem, daß unsere Mutter nicht mehr zurückgekommen ist. Meine Tante und Cousine hat dasselbe Schicksal wie meine Eltern ereilt und so sind es Millionen Menschen gewesen. Von meinen Mitarbeiterinnen sind von 60 Mädchen außer mir noch vier Mädchen im Jahre 1945 am Leben geblieben. Auch die Mutter des Buben kam nicht mehr zurück, und er lebte dann bei mir, bis er geheiratet hat, und ich bin sehr stolz auf ihn.

Sehr geehrte Frau Professor, ich könnte noch weiter erzählen, und so habe ich nur den Wunsch, die Menschen sollen wissen, welche Menschen es gegeben hat, denn wenn man hört, daß dieses Geschehen nicht wahr ist, so müßte man an der Menschheit verzweifeln, würde man nicht selbst überzeugt sein, wie gut Menschen sein können.

Rosalia Ista, geb. Wasserstein
1. Februar 1982

IV. VON YAD VASHEM ALS »GERECHTE« AUSGEZEICHNETE ÖSTERREICHER
(Stand von Ende Dezember 1996)

Becher, Edeltrud	aus Yad Vashem Stand 1985		
Beran, Christa	aus	3221	85
Boehm, Maria	aus	3037b	84
Bosko, Oswald	aus	0023	64
Bottesi, Wanda	aus	1775f	80
Buchegger, Friederike	aus	1425	78
Cechal, Friederike	aus	3037a	84
Dr. Moritz	aus	1238	77
Dickbauer, Karl	aus	1775a	80
Dietz, Anton	aus	1775d	80
Duschka, Reinhold	aus	4537	90
Edelman, Fritz & Frau;			
Tochter Brigitte	aus	5626	93
Ehn, Anna	aus	1432	78
Fasching, Maria; Kinder:	aus	1427	78
Fritz, Mitzi	aus	5054	91
Frissnegg, Anna & Ludwig	aus	2831	84
Fritz, Charlotte	aus	1424	78
Goltz-Goldlust,			
Marianne	aus	3845	88
Grausenburger, Maria	aus	1332	78
Groeger, Karl B.	aus	3381b	86
Haas, Anna-Maria	aus	2266	82
Harand, Irene	aus	0377	67
Holstein, Olga	aus	1429	78
Kleisinger,			
Dr. Ewald & Danuta	aus	0188	66
Knapp,			
Ludwig & Maria	aus	0452	68
Kreiner,			
Alois & Josephine	aus	1426	78
Kucher, Anna	aus	3037	84
Kuttelwascher,			
Otto & Mina	aus	1880	80
Lanc,			
Dr. Artur & Maria	aus	3385	86
Langbein, Hermann	aus	0305	67
Legath, Gisela; Kinder:			
Frieda, Martin	aus	5933a	94

Lingens-Reiner, Dr. Ella & Kurt	aus	1730	80
Lutz, Erwin	aus	1775b	80
Madritsch, Julius	aus	0021	64
Manzer, Anna	aus	2831	84
Matouschek, Lydia	aus	1428	78
Moser, Rudl	aus	1775c	80
Motesicky, Baron Karl	aus	1730a	80
Müller, Anna & Sohn Konstantin	aus	0877	74
Nataly, Julius	aus Yad Vashem, Stand 1985		
Neff, Dorothea	aus	1652	79
Neuschmidt, Wolfgang	aus	1775	80
Olsinger, Hilde	aus	1244	77
Petrykiewicz, Maria	aus	1775f	80
Petsche, Roman Erich	aus	2265	82
Pollreiss, Luci	aus	2325	82
Posiles, Edeltrud	aus	1423	78
Potesil, Maria	aus	1400	78
Pscheidt, Johann	aus	0002	63
Reinhard, Kurt	aus	2012	81
Saidler, Maria	aus	1390	78
Schauer, Maria	aus	2325a	82
Schmid, Anton	aus	0055	64
Semrad, Ludwig & Wanda	aus	1531	79
Smejkal, Pauline	aus	1132	79
Stecher, Edi	aus	2831	84
Steiner, Maria	aus	0431	68
Stocker, Maria	aus	1775e	80
Titsch, Raimund	aus	0022	64
Tschoegl, Florian	aus	1707	79
Tschoell, Dr. Leo	aus	0424	68
Viebeck, Anton & Toni	aus	1237	78
Wertz, Dr. Rudolf	aus	0159	66

V. EINSTELLUNG DER ÖSTERREICHER ZU JUDEN UND DEM HOLOCAUST

Durchgeführt im Auftrag des
American Jewish Committee
von Dr. Karmasin Marktforschung
Österreichisches Gallup-Institut

17. Jänner–1. März 1995

Hauptergebnisse

1. Antijüdische Gefühle sind unter den Sympathisanten der Freiheitlichen weitverbreitet, was durch eine Reihe von Items gemessen werden konnte. Diese F-Präferenten (sie machen 21 Prozent derjenigen aus, die eine dezidierte Parteipräferenz angeben) zeigen eine wesentlich stärker ausgeprägte negative Einstellung gegenüber Juden als die übrige Bevölkerung.

So glauben zum Beispiel 41 Prozent der F-Sympathisanten im Gegensatz zu 27 Prozent der übrigen Österreicher, daß die Juden »heute wie in der Vergangenheit zuviel Einfluß auf die Welt-Geschehnisse ausüben«. 36 Prozent von ihnen (gegenüber 24 Prozent der übrigen Bevölkerung) wollen Juden »lieber nicht als Nachbarn haben« und 28 Prozent von ihnen glauben, daß Juden »zuviel Einfluß in unserem Land« haben (nur 17 Prozent der anderen Österreicher stimmen hier zu).

Ein ähnliches Bild zeigt sich auch bei den Holocaust-spezifischen Fragen: 43 Prozent der F-Sympathisanten im Gegensatz zu 31 Prozent der übrigen Österreicher stimmen der folgenden Aussage zu: »Jetzt, 50 Jahre nach dem Ende des Zweiten Weltkrieges, ist es an der Zeit, die Erinnerungen an den nationalsozialistischen Holocaust hinter uns zu lassen.«

Weiters glauben 41 Prozent der F-Sympathisanten, aber nur 25 Prozent der übrigen Österreicher, daß »die Juden den nationalsozialistischen Holocaust für ihre eigenen Absichten ausnutzen«, und immerhin 17 Prozent von ihnen halten es für »möglich, daß die Ausrottung der Juden durch die Nazis niemals stattgefunden hat« – nur 5 Prozent aller anderen Österreicher teilen diese Meinung.

Die F-Sympathisanten neigen auch viel eher als die übrigen Österreicher dazu, verschiedene Minderheiten in einem negativen Licht zu sehen. Einige Beispiele: 60 Prozent von ihnen (gegenüber 42 Prozent der übrigen Bevölkerung) wollen Zigeuner

»lieber nicht als Nachbarn haben«. Die entsprechenden Werte für Türken liegen bei 56 Prozent (39 Prozent), für Kroaten bei 43 Prozent (31 Prozent) und für Slowenen bei 35 Prozent (26 Prozent).

Ähnliche Werte finden sich auch bei der Beurteilung, daß bestimmte Volksgruppen »durch ihr Verhalten Feindseligkeit in unserem Land herausfordern«: 51 Prozent der F-Sympathisanten (aber 37 Prozent der restlichen Bevölkerung) glauben dies von Serben, 27 Prozent (17 Prozent) von Rumänen und 22 Prozent (12 Prozent) von Polen.

2. Generell hat sich die Einstellung der Österreicher gegenüber Juden im Lauf der Zeit verbessert. Nur mehr 19 Prozent der Österreicher sind jetzt der Ansicht, daß Juden »zuviel Einfluß in unserem Land« haben – 1991 lag dieser Wert noch bei 28 Prozent.

Dementsprechend meinen 1995 29 Prozent aller Österreicher, daß die Juden »heute wie in der Vergangenheit zuviel Einfluß auf die Welt-Geschehnisse ausüben«, während 1991 noch 37 Prozent aller Österreicher hier zustimmten.

26 Prozent der Österreicher wollen 1995 Juden »lieber nicht als Nachbarn haben« (gegenüber 31 Prozent im Jahr 1991). Etwas geringer ist der Abstand, wenn man fragt, ob »die Juden den nationalsozialistischen Holocaust für ihre eigenen Absichten ausnutzen«: heute beträgt die Zustimmung hier 28 Prozent, während sie vor vier Jahren bei 32 Prozent lag.

3. Während die Österreicher in manchen Bereichen der Holocaust-Frage über durchaus fundiertes Wissen verfügen, zeigen sie sich in anderen Aspekten äußerst uninformiert.

So sind zum Beispiel 82 Prozent imstande, den Begriff Holocaust ziemlich genau zu definieren; weiters wissen 91 Prozent der Österreicher, daß es sich bei Auschwitz, Dachau und Treblinka um Konzentrationslager handelte. Zudem wissen 84 Prozent, welches Symbol – nämlich einen gelben Stern – die Juden während des Zweiten Weltkrieges an ihrer Kleidung tragen mußten.

Andererseits wissen nur 31 Prozent der Österreicher, daß rund sechs Millionen Juden während des Holocaust von den Nazis ermordet wurden.

Bezüglich der Rolle Österreichs im Holocaust und im Zweiten Weltkrieg teilt sich die Bevölkerung etwa zu gleichen Teilen in jene, die meinen, Österreich wäre »1938 das erste Opfer Hitlerdeutschlands« gewesen (28 Prozent), und jene, die finden, ihr Land wäre »als Mittäter auch mitverantwortlich für die Ereignisse bis 1945« gewesen (29 Prozent).

Ebenfalls ziemlich gleich groß sind die Anteile derer, die meinen, daß »wir Österreicher 1945 den Krieg mitverloren« haben (42 Prozent), und derer, die behaupten, »wir Österreicher wurden 1945 von den Alliierten befreit« (49 Prozent).

4. Die Österreicher scheinen der Erinnerung an den Holocaust heute etwas aufgeschlossener gegenüberzustehen, als das in der Vergangenheit der Fall war. Dennoch zeigt etwa jeder vierte nur geringes oder kein Interesse daran, die Erinnerung an den nationalsozialistischen Holocaust zu bewahren.

So stimmen heute 33 Prozent der Österreicher der folgenden Aussage zu: »Jetzt, 50 Jahre nach dem Ende des Zweiten Weltkrieges, ist es an der Zeit, die Erinnerungen an den nationalsozialistischen Holocaust hinter uns zu lassen« (1991 lag dieser Anteil bei 53 Prozent).

Weiters vertreten 28 Prozent die Ansicht, der nationalsozialistische Holocaust hätte »heute keine Bedeutung mehr, weil es schon fast 50 Jahre her« sei.

Nicht zuletzt halten es 22 Prozent der Österreicher für gering bedeutend oder unwichtig, daß »alle Österreicher über den nationalsozialistischen Holocaust Bescheid wissen«.

5. Eine Reihe von Unterschieden zwischen verschiedenen soziodemographischen Subgruppen kann in der Studie festgestellt werden. So ist zum Beispiel mit steigender Schulbildung eine positivere Einstellung gegenüber Juden und der Erinnerung an den Holocaust verbunden, und die Einwohner von Wien neigen ebenfalls eher als andere dazu, diesem Themenkreis positiv gegenüberzustehen.

Die jüngeren Befragten haben zwar auch eine positivere Einstellung gegenüber Juden, zeigen jedoch keinen Unterschied zu den Älteren, wenn es darum geht, die Erinnerung an den Holocaust zu bewahren.

Faktisch keine einheitlichen Unterschiede gibt es in bezug auf diese Themen zwischen Männern und Frauen.

Schlußfolgerung

Die Ergebnisse der vom American Jewish Committee in Auftrag gegebenen Studie in Österreich machen, soweit sie die Freiheitliche Bewegung Jörg Haiders betreffen, zutiefst betroffen.

Mehr als einer von drei F-Wählern zeigt starke antisemitische Vorurteile. Diese Personen glauben, daß Juden zuviel Einfluß sowohl auf das Weltgeschehen als auch in der österreichischen Gesellschaft haben, sie lehnen sie als Nachbarn ab und glauben, daß die Juden den nationalsozialistischen Holocaust für ihre eigenen Zwecke benutzen. Ein signifikanter Anteil der F-Wähler steht auch der Verleugnung des Holocaust offen gegenüber.

Alles in allem sind die F-Wähler viel eher als die übrigen Österreicher geneigt, Feindseligkeit gegenüber Juden zu zeigen.

Nicht weniger betroffen als diese Manifestation eines antisemitischen Vorurteils macht die Tatsache, daß zahllose Österreicher, die selbst ganz offensichtlich frei von antijüdischer Feindseligkeit sind, bereit sind, eine politische Gruppierung zu unterstützen, die eine Heimstätte für Antisemiten geworden ist. Diese Bereitschaft ist es ja, die signifikant dazu beigetragen hat, daß die Freiheitlichen eine größere Bedeutung im politischen Leben in Österreich erringen konnten, wo sie eine ernste Gefahr für Juden darstellen.

In einem längerfristigen Vergleich ergeben die Ergebnisse der Studie ein eher gemischtes Bild. Von 1991 bis 1995 hat sich die Einstellung gegenüber Juden in Österreich wesentlich verbessert, und eine positivere Orientierung in der Frage der Erinnerung an den Holocaust konnte sich entwickeln. Gleichzeitig jedoch zeigt weiterhin etwa jeder vierte Österreicher ausdrückliche Feindseligkeit gegenüber Juden; und ein noch etwas größerer Anteil der Österreicher zeigt kein Interesse daran, die Erinnerung an den Holocaust zu bewahren.

Bezüglich des konkreten Wissens über den Holocaust zeigen sich die Österreicher generell recht gut informiert, wiewohl viele nicht imstande sind, die Rolle Österreichs bei der Katastrophe des jüdischen Volkes anzuerkennen.

Quellen und Literatur

I. QUELLEN

Akten und Fotokopien des Dokumentationsarchivs des österreichischen Widerstandes, Wien.

Akten des Yad Vashem-Archivs, Jerusalem.

Antworten auf den im Juni 1969 veröffentlichten Aufruf »Wer hat Juden geholfen?«.

Antworten aus dem 1979 an alle über 60 Jahre alten österreichischen Priester versendeten Fragebogen »Kirche und Nationalsozialismus«.

II. LITERATUR

H. G. Adler, Der verwaltete Mensch. Studien zur Deportation der Juden in Deutschland, Tübingen 1974.

H. G. Adler, Die Juden in Deutschland. Von der Aufklärung bis zum Nationalsozialismus, 2. Auflage, München 1961.

H. G. Adler, Die verheimlichte Wahrheit. Theresienstädter Dokumente, Tübingen 1958.

Theodor W. Adorno, Studien zum autoritären Charakter. Aus dem Amerikanischen von M. Weinbrenner, 2. Auflage, Suhrkamp-Taschenbuch 107, Frankfurt/Main 1976.

Antisemitismus. Die permanente Herausforderung. Mit Beiträgen von Otto Breuer, René Marcic, Albert Massiczek und Erica Wantoch, Wien–Frankfurt–Zürich 1968.

Heinz Artzt, Mörder in Uniform, Nazi-Verbrecher-Organisation, Rastatt 1987.

Auschwitz, Zeugnisse und Berichte. Hrsg. v. H. G. Adler, Hermann Langbein, Ella Lingens-Reiner, Frankfurt/Main 1962.

David Bambier, Die öffentliche Meinung im Hitler-Staat. Die »Endlösung« und die Deutschen. Eine Berichtigung, Berlin 1995.

Yehuda Bauer, Freikauf von Juden? Verhandlungen zwischen dem nationalsozialistischen Deutschland und jüdischen Repräsentanten von 1933 bis 1945, Frankfurt 1996.

Ariel Bauminger, Les Justes, Jerusalem 1969.

Ruth Beckermann, Die Mazzesinsel, Juden in der Wiener Leopoldstadt 1918–1932, Wien 1984.

Alex Bein, Der jüdische Parasit. Bemerkungen zur Semantik der Judenfrage. In: Vierteljahreshefte f. Zeitgeschichte, 13 (1965), S. 121ff.

Alex Bein, Die Judenfrage. Biographie eines Weltproblems, Bd. 1–2, Stuttgart 1980.

Wolfgang Benz, Dimensionen des Völkermords. Die Zahl der jüdischen Opfer des Nationalsozialismus, München 1991.

George E. Berkley, Vienna and his Jews. The Tragedy of Success, 1880–1980s, Cambridge 1988.

Tamar Bermann, Produktivierungsmythen und Antisemitismus. Eine soziologische Studie, Wien 1973.

Bruno Blau, Das Ausnahmerecht der Juden in Deutschland 1933 bis 1945, Düsseldorf 1945.

P. Ludger Born SJ, Die Erzbischöfliche Hilfsstelle für nichtarische Katholiken in Wien. Hrsg. und bearbeitet von P. Lothar Groppe SJ, 3. Auflage, Wien 1979 (Wiener Katholische Akademie, Miscellanea, LXII).

Leon Botstein, Judentum und Modernität. Essays zur Rolle der Juden in der deutschen und österreichischen Kultur, Wien–Köln 1991.

Gerhard Botz, Ivar Oxaal, Michael Pollak (Hrsg.), Eine zerstörte Kultur. Jüdisches Leben und Antisemitismus in Wien seit dem 19. Jahrhundert, Buchloe 1990.

Gerhard Botz, Wohnungspolitik und Judendeportation in Wien 1938–1945. Zur Funktion des Antisemitismus als Ersatz nationalsozialistischer Sozialpolitik. Veröffentlichungen d. Hist. Inst. d. Universität Salzburg, Wien–Salzburg 1975.

Karl Dietrich Bracher, Die deutsche Diktatur. Entstehung, Struktur, Folgen des Nationalsozialismus, 5. Auflage, Köln 1979.

Christina von Braun und Ludger Heid (Hrsg.), Der ewige Judenhaß. Christlicher Antijudaismus, deutschnationale Judenfeindlichkeit, rassistischer Antisemitismus, Stuttgart 1990.

Martin Broszat, Der Staat Hitlers, Grundlegung und seine innere Einrichtung, dtv 4009, 1969.

Christopher E. Browning, Ganz normale Männer. Das Reserve-Polizeibataillon 101 und die »Endlösung« in Polen, Reinbek 1993.

Hans Buchheim, Martin Broszat, Hans-Adolf Jacobsen, Helmut Krausnick, Anatomie des SS-Staates, dtv 2915/2916, ²1979.

Jens Budischowsky, Assimilation, Zionismus und Orthodoxie in Österreich 1918–1938. Jüdisch-politische Organisationen in der Ersten Republik, ungedr. geisteswiss. Diss., Wien 1990.

Ursula Büttner (Hrsg.), Die Deutschen und die Judenverfolgung im Dritten Reich, Hamburg 1992.

John Bunzel, Bernd Marin, Antisemitismus in Österreich. Sozialhistorische und soziologische Studien, Innsbruck 1983.

Philippe Burrin, Hitler and the Jews: The Genesis of the Holocaust, London 1994.

Francis L. Carsten, Faschismus in Österreich. Von Schönerer zu Hitler, München 1977.

Das österreichische Judentum: Voraussetzung und Geschichte. Mit Beiträgen von Anna Drabek, Wolfgang Häusler, Kurt Schubert, Karl Stuhlpfarrer und Nikolaus Vielmetti. Wien–München ³1988.

Das Tagebuch der Maria Rolnikeite, Wien–Frankfurt–Zürich 1966.

Der Gelbe Stern in Österreich. Katalog und Einführung zu einer Dokumentation, Studia Judaica Austriaca, 5, Eisenstadt 1977.

Der Himmel ist blau. Kann sein. Frauen im Widerstand Österreich 1938–1945, hrsg. von Karin Berger, Elisabeth Holzinger, Lotte Podgornik, Lisbeth N. Trallori, Wien 1985.

Der Prozeß Eichmann. Dargest. an Hand der in Nürnberg und Jerusalem vorgel. Dokumente sowie der Gerichtsprotokolle, hrsg. v. Dov B. Schmorak, Wien–Stuttgart–Basel 1964.

Die Gemeinde. Offizielles Organ der Kultusgemeinde Wien, 1958ff.

Die Kirche und die Rassenfrage. Hrsg. von Klaus-Martin Beckmann, Kirche im Volk, 34, Stuttgart–Berlin 1967.

Die Reichskristallnacht. Der Antisemitismus in der deutschen Geschichte, Köln 1960.

Willehad Paul Eckert, Ernst Ludwig Ehrlich, Judenhaß – Schuld der Christen?! Versuch eines Gesprächs, Essen 1964.

Leo Eitinger (Ed.), The Antisemitism in our Time. A Threat against us all. Proceedings of the first International Hearing on Antisemitism Oslo 7.–8. June 1983. The Nansen Committee, Oslo, Norway, 1983.

Adolf Gaisbauer, Davidstern und Doppeladler. Zionismus und jüdischer Nationalismus in Österreich 1882–1918, Wien–Köln–Graz 1988.

Günter Fellner, Antisemitismus in Salzburg 1918–1938. Veröffentlichungen d. Hist. Inst. d. Universität Salzburg, 15, Wien–Salzburg 1979.

Edward H. Flannery, The Anguish of the Jews. Twentythree Centuries of Anti-Semitism, New York–London 1965.

Bruno Frei, Sozialismus und Antisemitismus, Wien 1978.

Erich Fried, Angst und Trost. Erzählungen und Gedichte über Juden und Nazis. Grafiken von David Fried, Frankfurt/Main 1983.

Jakob Fried, Nationalsozialismus und katholische Kirche in Österreich, Wien 1947.

Hans Jochen Gamm, Pädagogische Studien zum Problem der Judenfeindschaft. Ein Beitrag zur Vorurteilsforschung, Neuwied–Berlin 1966.

G. E. R. Gedye, Die Bastionen fielen, Wien ²1981.

Hugo Gold, Geschichte der Juden in Wien. Ein Gedenkbuch, Tel Aviv 1966.

Hugo Gold, Geschichte der Juden in Österreich, Tel Aviv 1970.

Daniel J. Goldhagen, Hitlers willige Vollstrecker. Ganz gewöhnliche Deutsche und der Holocaust, Berlin 1996.

Klaus Gotto und Konrad Repgen (Hrsg.), Die Katholiken und das Dritte Reich, Mainz 1990.

Hermann Graml, Der 9. November 1938. Reichskristallnacht, Bonn 1958.

Hermann Greive, Theologie und Ideologie. Katholizismus und Judentum in Deutschland und Österreich 1918–1935, Heidelberg 1969.

Kurt R. Grossmann, Die unbesungenen Helden. Menschen in Deutschlands dunkelsten Tagen, Berlin 1957.

Murray G. Hall, Erotik und Hakenkreuz auf der Anklagebank. Der Fall Bettauer. Ein Beitrag zur Literatur- und Sozialgeschichte der Ersten Republik, Wien 1977.

Ludwig Haydn, Meter, immer nur Meter! Das Tagebuch eines Daheimgebliebenen, Wien 1946.

Friedrich Heer, Gottes erste Liebe. 2000 Jahre Judentum und Christentum. Genesis des österreichischen Katholiken Adolf Hitler, München–Esslingen 1967.

Friedrich Heer, Der Glaube des Adolf Hitler. Anatomie einer politischen Religiosität, München 1968.

I. A. Hellwing, Der konfessionelle Antisemitismus im 19. Jahrhundert in Österreich, Wien–Freiburg–Basel 1972.

Raul Hilberg, Die Vernichtung der europäischen Juden, 3 Bde., zuletzt Frankfurt/M. 1990.

Raul Hilberg, Täter, Opfer, Zuschauer. Die Vernichtung der Juden 1933–1945, Frankfurt/M. 1992.

Beatrix Hochstein, Die Ideologie des Überlebens. Zur Geschichte der politischen Apathie in Deutschland, Frankfurt–New York 1984.

Walter Hofer, Der Nationalsozialismus. Dokumente 1933 bis 1945, Fischer-Bücherei 6084, 36. Auflage, 1983.

Franz Hubmann, Das jüdische Familienalbum. Die Welt von Gestern in 375 alten Photographien, Wien–München–Zürich 1974.

Hermann Huss und Andreas Schröder (Hrsg.), Antisemitismus. Zur Pathologie der bürgerlichen Gesellschaft. Frankfurt/Main 1965.

Johannes Ivarsson, Bland judar och judekristna i Wien. In: Ein julbok still församlingarna i Göteborgs Stift 1942, Göteborg 1942.

Judenfeindschaft. Darstellung und Analyse. Hrsg. v. Karl Thieme, Frankfurt/Main 1963.

Ursula von Kardoff, Berliner Aufzeichnungen aus den Jahren 1942–1945, dtv 225, 1964.

Robert Kempner, Eichmann und seine Komplicen, Zürich–Wien 1961.

Ian Kershaw, Antisemitismus und Volksmeinung. Reaktion auf die Judenverfolgung. In: Bayern in der NS-Zeit II, Herrschaft und Gesellschaft im Konflikt, Teil A, hrsg. von Martin Broszat und Elke Fröhlich, Wien–München 1979, S. 281–348.

Ernst Klee und Volker Rieß (Hrsg.), »Schönere Zeiten«. Judenmord aus der Sicht der Täter und Gaffer, Frankfurt/M. 1989.

Victor von Klemperer, Lingua tertii Imperii. Die unbewältigte Sprache. Aus dem Notizbuch eines Philologen, dtv 5, 1959.

Jochen Klepper, Unter dem Schatten deiner Flügel. Aus den Tagebüchern der Jahre 1938–1942, dtv 235/37, 1964.

Christine Klusacek, Österreichs Wissenschaftler und Künstler unter dem NS-Regime, Wien–Frankfurt–Zürich 1966.

Kommandant in Auschwitz. Autobiographische Aufzeichnung von Rudolf Höß. Hrsg. von Martin Broszat, dtv 2908, 4. Auflage, 1978.

Ernst Koref, Die Gezeiten meines Lebens, Wien–München 1980.

Elisabeth Kreil, Das Schicksal der österreichischen Juden 1938 bis 1945, ungedruckte Seminararbeit, Salzburg 1966.

Robert Kriechbaumer, Von der Illegalität zur Legalität. Die ÖVP im Jahr 1945. Politische und geistesgeschichtliche Aspekte des Entstehens der Zweiten Republik, Wien 1985.

Otto Dov Kulka, Ghetto in an Annihilation Camp. Jewish social History in the Holocaust Period and its ultimate Limits. In: The Nazi Concentration Camps. Proceedings of the Fourth Yad Vashem International Historical Conference, Yad Vashem, Jerusalem 1984.

Otto Dov Kulka, »Public Opinion« in Nazi Germany and the »Jewish Question«. In: The Jerusalem Quarterly, 25, Fall 1982, 26, Winter 1982.

Otto Dov Kulka and Aron Rodrigue, The German Population and the Jewish in the Third Reich. Recent Publications and Trends in Research on German Society and the »Jewish Question«. In: Yad Vashem Studies XVI, 1985.

Hermann Langbein, Die Stärkeren, Wien 1949.

Hermann Langbein, Menschen in Auschwitz, Wien 1972.

Abraham Leon, Judenfrage und Kapitalismus, München 1971.

Johann Lettner, Das Schicksal der österreichischen Juden 1938 bis 1945, ungedruckte Seminararbeit, Salzburg 1966.

Primo Levi, Die Untergegangenen und die Geretteten, München 1990.

Brigitte Lichtenberger-Fenz, »... deutscher Abstammung und Muttersprache«. Österreichische Hochschulpolitik in den dreißiger Jahren, Wien 1990.

Maximilian Liebmann, Kardinal Innitzer und der Anschluß. Kirche und Nationalsozialismus in Österreich, Grazer Theologische Beiträge zur Theologiegeschichte und kirchlichen Zeitgeschichte 1, Graz 1982.

Rudolf M. Loewenstein, Psychoanalyse des Antisemitismus, edition suhrkamp 241, 1968.

Dietmar Longerich (Hrsg.), Die Ermordung der europäischen Juden – Eine umfassende Darstellung des Holocaust 1941–1945, München 1989.

Sylvia Maderegger, Die Juden im österreichischen Ständestaat 1934–1938. Veröffentlichungen d. Hist. Inst. d. Universität Salzburg, Wien–Salzburg 1973.

Julius Madritsch, Menschen in Not! Meine Erlebnisse der Jahre 1940 bis 1944 als Unternehmer im damaligen Generalgouvernement. Selbstverlag Madritsch, Wien ²1962.

Claudio Magris, Der habsburgische Mythos in der österreichischen Literatur, Salzburg 1966.

Meldungen aus dem Reich. Auswahl aus den geheimen Lageberichten des Sicherheitsdienstes der SS 1939–1944, hrsg. v. Heinz Boberach, dtv 477, 1968.

Meldungen aus dem Reich 1938–1945. Die geheimen Lageberichte des Sicherheitsdienstes der SS, 2. Auflage, hrsg. und eingeleitet von Heinz Boberach, Paperback-Ausgabe, 17 Bde., Herrsching 1984.

Otto Molden, Der Ruf des Gewissens. Der österreichische Freiheitskampf 1938–1945, 3. Auflage, Wien–München 1970.

C. Gwyn Moser, Jewish U-Boote in Austria, 1938–1945. In: Simon Wiesenthal Centre Annual II, 1984.

Jonny Moser, Die Judenverfolgung in Österreich 1938–1945, Wien–Frankfurt–Zürich 1966.

George L. Mosse, Rassismus. Ein Krankheitssymptom in der europäischen Geschichte des 19. und 20. Jahrhunderts, Königstein/Taunus 1978.

Bernd Nellessen, Der Prozeß in Jerusalem, Düsseldorf–Wien 1964.

Henry Orenstein, I shall live: Surviving against all Odds 1939–1945, New York 1989.

Harriett Pass-Freidenreich, Jewish Politics in Vienna 1918–1938, Indiana University Press 1991.

Walter M. Pehle (Hrsg.), Der Judenpogrom 1938. Von der »Reichskristallnacht« zum Völkermord, Frankfurt/M. 1988.

Sally Perel, Ich war Hitlerjunge Salomon, München 1994.

Stanislaw Piotrowsky, Hans Franks Tagebuch, Warschau 1963.

Léon Poliakov, Der arische Mythos. Zu den Quellen von Rassismus und Nationalsozialismus, Wien–München–Zürich 1977.

Léon Poliakov, Geschichte des Antisemitismus, Bd. 1–5, Worms 1977–1981.

Léon Poliakov, Josef Wulf, Das Dritte Reich und die Juden, Ullsteinbuch 33036, 1983.

Peter G. Pulzer, Die Entstehung des politischen Antisemitismus in Deutschland und Österreich 1867–1914, Gütersloh 1966.

Wilhelm Reich, Die Massenpsychologie des Faschismus, Fischer-Taschenbuch 6250, Hamburg 1977.

Eva Gabriele Reichmann, Die Flucht in den Haß. Die Ursache der deutschen Judenkatastrophe, Frankfurt 1956.

Viktor Reimann, Innitzer – Kardinal zwischen Hitler und Rom, Wien–München 1967.

Gerald Reitlinger, Die Endlösung. Hitlers Versuch der Ausrottung der Juden Europas 1939–1945, 5. Auflage, München 1979.

Jacques Le Rider, Das Ende der Illusion, Wien 1990.

Herbert Rosenkranz, »Reichskristallnacht«. 9. November 1938 in Österreich, Wien–Frankfurt–Zürich 1968.

Herbert Rosenkranz, Verfolgung und Selbstbehauptung. Die Juden in Österreich 1938–1945, Wien–München 1978.

Marsha L. Rozenblit, Die Juden Wiens 1867–1914, Wien–Köln–Graz 1989.

Reinhard Rürup, Emanzipation und Antisemitismus. Studien zur »Judenfrage« der bürgerlichen Gesellschaft, Göttingen 1975.

Hans Safrian, Die Eichmann-Männer, Wien 1993.

Jean-Paul Sartre, Betrachtungen zur Judenfrage. In: Jean-Paul

Sartre, Drei Essays, Ullsteinbuch 304, Frankfurt/Main usw. 1970.

Bernhard Schäfer, Bernd Six, Sozialpsychologie des Vorurteils, Urban-Taschenbücher 207, Stuttgart usw. 1978.

Wolfgang Scheffler, Judenverfolgung im Dritten Reich, Berlin 1964.

Baldur von Schirach, Ich glaube an Hitler, Hamburg 1967.

Henriette von Schirach, Der Preis der Herrlichkeit. Erlebte Zeitgeschichte, Berlin–München 1975.

Gerhard Schönberner, Der gelbe Stern. Die Judenverfolgung in Europa 1933–1945, Hamburg 1960.

Kurt Schubert, Der Weg zur Katastrophe. In: Der Gelbe Stern in Österreich, Eisenstadt 1977.

Harald Seewann, Zirkel und Zionsstern. Bilder und Dokumente aus der versunkenen Welt des jüdisch-nationalen Korporationsstudententums. Ein Beitrag zur Geschichte des Zionismus auf akademischem Boden, Graz 1990.

Marianne Sigg, Das Rassestrafrecht in Deutschland in den Jahren 1933–1945 unter besonderer Berücksichtigung des Blutschutzgesetzes, Aarau 1951.

Leopold Spira, Feindbild »Jud«. 100 Jahre politischer Antisemitismus in Österreich, Wien–München 1981.

Karl Stadler, Österreich 1938–1945 im Spiegel der NS-Akten, Wien–München 1966.

Anton Staudinger, Zur Österreich-Ideologie des Ständestaates. In: Das Juliabkommen von 1936, Wien 1977.

Anton Staudinger, Christlichsoziale Judenpolitik in der Gründungsphase der österreichischen Republik. In: Jahrbuch für Zeitgeschichte, Wien 1979.

Karl Stuhlpfarrer, Antisemitismus, Rassenpolitik und Judenverfolgung in Österreich nach dem Ersten Weltkrieg. In: Das österreichische Judentum, Wien ³1988.

Margarete Susman, Das Buch Hiob und das Schicksal des jüdischen Volkes, Herder Bücherei 318, Freiburg–Basel–Wien 1968.

Maria Szecsi, Karl Stadler, Die NS-Justiz in Österreich und ihre Opfer, Wien 1962.

The Jews of Austria. Edited by Josef Fraenkel, London 1967.

Theorien über den Faschismus. Hrsg. von Ernst Nolte, Köln–Berlin 1964.

Theresienstadt, Redaktion Rudolf Iltis, Wien 1968.

Bernd Tichatschek-Marin, Antisemitismus ohne Antisemiten? Zum nachfaschistischen Antisemitismus in Österreich. In: Österreichische Zeitschrift f. Soziologie, 1 (1976).

Dietmar Walch, Die jüdischen Bemühungen um die materielle Wiedergutmachung durch die Republik Österreich, Veröffentlichungen d. Hist. Inst. d. Universität Salzburg, Wien 1971.

Joseph Walk (Hrsg.), Das Sonderrecht für die Juden im NS-Staat. Eine Sammlung der gesetzlichen Maßnahmen und Richtlinien – Inhalte und Bedeutung, Heidelberg–Karlsruhe 1981.

Wegweiser durch die Verwaltung, mit besonderer Berücksichtigung der Verwaltung im Reichsgau Wien sowie in den Reichsgauen Kärnten, Niederdonau, Oberdonau, Salzburg, Steiermark und Tirol mit Vorarlberg (Stand vom 1. Februar 1942), mit einem Geleitwort von Reichsleiter und Reichsstatthalter Baldur von Schirach, hrsg. von Egbert Mannlicher, Berlin–Leipzig–Wien 1942.

Erika Weinzierl, Zu wenig Gerechte. Österreicher und Judenverfolgung 1938–1945, Graz–Wien–Köln ³1988.

Erika Weinzierl, Stereotypen christlicher Judenfeindschaft. In: Wort und Wahrheit, 25 (1970).

Erika Weinzierl, Antisemitismus in der österreichischen Literatur 1900–1938. In: Mitteilungen des Österreichischen Staatsarchivs, 20 (1971).

Erika Weinzierl, Katholizismus in Österreich. In: Kirche und Synagoge, Handbuch zur Geschichte von Christen und Juden, hrsg. von Karl Heinrich Rengstorf und Siegfried von Kortzfleisch, Bd. 2, Stuttgart 1970.

Erika Weinzierl, Antisemitismus in Österreich. Seine Wurzeln und sein Weiterbestehen. In: Austriaca, Juli 1978, Sondernummer.

Erika Weinzierl, Otto D. Kulka, Verfolgung und Neubeginn. Israelische Bürger österreichischer Herkunft, Graz–Wien–Weimar 1992.

Hilde Weiss, Antisemitische Vorurteile in Österreich. Theoretische und empirische Analyse. 2. Auflage, Wien 1996.

Widerstand und Verfolgung in Salzburg. 1934–1945. Eine Dokumentation, hrsg. vom Dokumentationsarchiv des österreichischen Widerstandes, 2 Bde., Wien 1991.

Simon Wiesenthal, Doch die Mörder leben. Hrsg. und eingeleitet von Joseph Wechsberg, München–Zürich 1967.

Robert S. Wistrich, The Jews of Vienna in the Age of Franz Joseph, Oxford 1989.

Jörg Wolkenberg (Hrsg.), »Niemand war dabei und keiner hat's gewußt.« Die deutsche Öffentlichkeit und die Judenverfolgung 1933–1945, München 1989.

Wollt ihr den totalen Krieg? Die geheimen Goebbels-Konferenzen 1939–1943. Hrsg. von Willi A. Boelcke, dtv 578, 1969.

Albert Wucher, Eichmanns gab es viele. Ein Dokumentarbericht über die Endlösung der Judenfrage, München 1964.

Yad Vashem, Die Judenretter aus Deutschland, hrsg. von Anton Maria Keim, 2. Auflage, Mainz 1984.

Zehn Gerechte. Erinnerungen aus Polen an die Besatzungszeit, Janineum, Wien 1996.

Carl Zuckmayer, Als wär's ein Stück von mir, Horen der Freundschaft, Wien 1966.

Stefan Zweig, Die Welt von Gestern. Erinnerungen eines Europäers, Berlin 1955.

Die Deutsche Bibliothek – CIP-Einheitsaufnahme

Weinzierl, Erika:
Zu wenig Gerechte : Österreicher und Judenverfolgung 1938 1945 / Erika Weinzierl. –
4. erw. Aufl. – Graz ; Wien ; Köln : Verlag Styria, 1997.
ISBN 3-222-12502-3

4., erweiterte Auflage, 1997
© 1969 Verlag Styria Graz Wien Köln
Alle Rechte vorbehalten
Kein Teil des Werkes darf in irgendeiner Form
(durch Fotografie, Mikrofilm oder ein anderes Verfahren)
ohne schriftliche Genehmigung des Verlages reproduziert
oder unter Verwendung elektronischer Systeme verarbeitet,
verfielfältigt oder verbreitet werden.
Printed in Germany
Umschlaggestaltung: Peter Salmutter, Graz
Satz: Weitzer & Partner GmbH., Graz
Druck und Bindung: Ebner Ulm
ISBN 3-222-12502-3